面向“十二五”高等教育课程改革项目研究成果

会计电算化实训指导书

——金蝶软件应用

主　编　杨　玲
参　编　魏　彦　李新娜

北京理工大学出版社
BEIJING INSTITUTE OF TECHNOLOGY PRESS

图书在版编目（CIP）数据

会计电算化实训指导书：金蝶软件应用/杨玲主编．—北京：北京理工大学出版社，2014.12（2018.1重印）

ISBN 978-7-5682-0025-7

Ⅰ.①会…　Ⅱ.①杨…　Ⅲ.①会计电算化　Ⅳ.①F232

中国版本图书馆CIP数据核字（2014）第297256号

出版发行／北京理工大学出版社有限责任公司
社　　址／北京市海淀区中关村南大街5号
邮　　编／100081
电　　话／（010）68914775（总编室）
　　　　　82562903（教材售后服务热线）
　　　　　68948351（其他图书服务热线）
网　　址／http：//www.bitpress.com.cn
经　　销／全国各地新华书店
印　　刷／北京高岭印刷有限公司
开　　本／710毫米×1000毫米　1/16
印　　张／11.75
字　　数／214千字
版　　次／2014年12月第1版　2018年1月第6次印刷
定　　价／38.00元

责任编辑／王玲玲
文案编辑／王玲玲
责任校对／周瑞红
责任印制／李志强

前　　言

会计电算化是一门专业实践性课程，其任务就是培养学生掌握会计电算化基本理论知识和基本实践技能。本教材以实训为主，以贵州省会计从业资格考试辅导教材为蓝本，在编写过程中，编者以“全面素质为基础，能力为本位”为指导思想，结合多年的教学经验，将不同课程模式与教材的特点集中到一起，最终形成了学科专业知识和实训一体的教材，为学生提供了一个完整的、连续的、可操作的学习模块。通过本教材的学习，使学生在掌握会计电算化信息系统理论知识的基础上，进一步了解单位如何开展会计电算化工作及财务软件的使用方法，希望使学生能更好地培养动手实践能力。

为了使学生更适应将来工作的需要，本教材按账套管理、基础信息设置、日常账务处理、报表管理、固定资产管理系统、薪资管理系统、应收应付管理、出纳管理进行理论与实践教学的编排。可以按 1∶1 的理论和实践进行教学安排。

本教材主要适用于高等院校会计、审计、会计电算化、财务管理等专业的会计电算化课程，并可作财务人员会计电算化上岗培训的参考资料。

由于会计工作一直处在不断的改革变化之中，为此，我们还会在今后的工作中注意搜集相关的最新会计电算化信息，努力完善这部教材。

由于作者水平有限，书中难免有疏漏之处，恳请读者批评指正。

编　者

目　录

模块一
金蝶 KIS

1.1　简　　介

金蝶 KIS 专业版，是针对小企业面临的诸多经营管理问题，充分汲取金蝶 15 年积累的企业管理知识以及若干客户的成功应用经验开发而成的，面向小型成长性企业的管理软件。它的宗旨是帮助企业利用科学的、先进的管理方法和工具创造核心竞争力，实现企业经营管理效益的最大化。它由 15 个功能模块和 11 个辅助工具构成。

1. 功能模块

业务包：采购管理、销售管理、应收应付、仓存管理、存货核算

财务包：账务处理、固定资产、工资管理、报表与分析、出纳管理

基础：初始化和基础设置

远程应用

移动应用

老板报表

2. 辅助工具

数据交换工具：航天金税接口、数据交换平台、固定资产数据、业务数据、科目初始化、组装件 BOM

辅助工具：单据自定义、KIS 专业版升级工具

套打工具：财务套打、业务套打

系统工具：网络控制

3. 加密策略

金蝶 KIS 专业版 V9. 1SP1 支持软加密和智能卡两种加密形式。

不论是软加密还是智能卡，都需要进行注册后使用。

软加密：注册绑定计算机硬件；更换电脑可以进行重新注册；符合国际软件潮流。

智能卡：注册绑定智能卡；智能卡可以拿到其他电脑上使用；丢失后需要重新购买软件。

4. 运行环境

支持 Vista：支持微软 Vista 操作系统，紧跟操作系统发展新潮流。

支持 SQL Server 2005：产品升级后顾无忧，新建账套或恢复账套皆默认为 80 模式，不支持 90 模式。80 模式：兼容 SQL Server 2000 数据库，并默认；90 模式：最新 SQL Server 2005 模式，不兼容 SQL Server 2000。

5. 系统性能提升

KIS 专业版 V9.1SP1 集成了金蝶 KIS 专业版 V9.1 发布以来所有已出补丁，安装本产品后，不需要附带安装任何 KIS 专业版 V9.1 补丁，提升了系统稳定性。

1.2 系统安装

1.2.1 系统安装

1. 系统配置要求

(1) 服务器端。

CPU：最低要求 1 GHz Pentium 4 处理器，推荐 1.7 GHz Pentium 4 处理器及以上。

内存：最低 RAM 要求 512 MB，推荐 1 GB 内存。

硬盘：需要 1 GB 以上的可用空间。

驱动器：需要 CD-ROM 或 DVD-ROM 驱动器。

显示器：Super VGA（1 024×768 像素）或更高分辨率的显示器（颜色设置为 32 位真彩色）。

鼠标：Microsoft 鼠标或兼容的指点设备。

(2) 客户端。

CPU：最低要求 600 MHz Pentium Ⅲ处理器，推荐 1 GHz Pentium 4 处理器及以上。

内存：最低 RAM 要求 256 MB。

硬盘：需要 500 MB 以上的可用空间。

驱动器：需要 CD-ROM 或 DVD-ROM 驱动器。

显示器：Super VGA（1 024×768 像素）或更高分辨率的显示器（颜色设置为 32 位真彩色）

鼠标：Microsoft 鼠标或兼容的指点设备。

2. 操作系统要求

(1) 服务器端。

Windows Server 2003 简体中文版；Windows 2000 Server 简体中文版；Windows XP Professional 简体中文版；Windows 2000 Professional 简体中文版。

（2）客户端。

Windows Server 2003 简体中文版；Windows 2000 Server 简体中文版；Windows XP Professional 简体中文版；Windows 2000 Professional 简体中文版。

3. 默认安装目录

KIS 专业版的默认安装目录为：Program Files\Kingdee\KIS\Advance。

4. 安装组件

安装组件分为“客户端”和“服务器端”。客户端和服务器端安装都需要对环境进行检测。其中服务器端安装还需要针对是否已经安装了数据库（MS SQL Server\MSDE）进行检测，若检测到没有安装可用的数据库，则安装程序自动安装 MSDE。

5. 安装过程

KIS 专业版有两种安装模式：单机模式安装和客户端 - 服务器模式。

6. 安装前检查

①检查所选用的计算机是否符合系统配置要求。

②检查选用的计算机是否已经正确安装了符合要求的操作系统。

③检查选用的计算机是否进行了网络/虚拟网络配置。

④建议在安装之前进行病毒检查。

1.2.2 关于数据库安装

①金蝶 KIS 专业版安装盘中自带了 MSDE（SP4）数据库（在安装金蝶 KIS 专业版服务器端时，可以自动安装）。

②如果并发用户在 5 个之内，可以使用金蝶 KIS 专业版自带的 MSDE 数据库，如果希望获得更好的性能，建议使用中文版 SQL Server 数据库。

③如果并发用户超过 5 个，不建议使用金蝶 KIS 专业版自带的 MSDE 数据库，建议使用中文版 SQL Server 数据库。

④如果需要使用 SQL Server 数据库，应先安装好 SQL Server 数据库（SP4），再安装金蝶 KIS 专业版。

⑤在安装 SQL Server 时，设置“身份认证模式”的地方，应选择混合模式。安装完数据库须重新启动计算机。

1.2.3 金蝶 KIS 专业版安装

①在光盘驱动器中放入金蝶产品光盘，安装向导会自动启动。如果安装向导没有自动启动，则用鼠标右键单击光盘驱动器，选择“打开”功能，在打开的光盘路径下执行 KIS 的 Setup. exe 文件来启动安装向导。

②执行安装向导中的“环境检测”功能，按提示完成环境检测直到系统提示可以安装专业版。

③执行安装向导中的“安装金蝶 KIS 专业版”，安装程序将一步步地引导完成安装。当安装到“选择组件”（选择客户端、服务器端的界面）步骤时，如果选择了安装服务器端，则系统默认检测是否安装了需要的数据库，如果系统内未安装数据库，金蝶安装程序会自动帮客户安装上 MSDE 数据库。

④MSDE 全称是 MS SQL Server Desktop Engine，俗称 MSSQL 的桌面版。如果在安装过程中出现了如图 1－1 所示的 MSDE 的窗口提示，不影响金蝶 KIS 专业版的安装，单击“取消”按钮，继续进行金蝶 KIS 专业版的安装。安装完成后需要重新启动计算机。

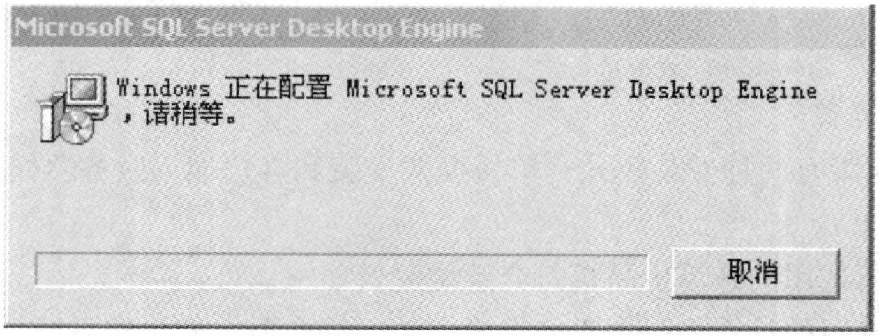
Microsoft SQL Server Desktop Engine
Windows 正在配置 Microsoft SQL Server Desktop Engine，请稍等。
取消

图 1－1

⑤重启后才能使对 Microsoft SQL Server Desktop Engine 做出的配置修改生效。单击“是”可以立即重新启动。如图 1－2 所示。

Microsoft SQL Server Desktop Engine
您必须先重新启动系统，然后才能使对 Microsoft SQL Server Desktop Engine 做出的配置修改生效。单击“是”按钮可立即重新启动；单击“否”按钮则可在以后以人工方式启动。
确定(Y)
取消(N)

图 1－2

1.2.4 金蝶 KIS 专业版使用

当进行系统登录时，出现如图 1－3 所示的信息提示，处理时单击“开始”→“金蝶 KIS 专业版”→“工具”→“加密服务器”，随之将已打开的“KIS 加密服务器”窗口关闭，即可重新进行系统登录了。

1.2.5 KIS 专业版 V9.1SP1 的三大价值

①让实施维护工作更加轻松，极大地降低了实施工程师的初期实施及后期维护成本。这是因为其提供科目初始数据的引入/引出；提供组装件 BOM 的引入/引出；提供数据交换平台，可完成基础资料的引入/引出。因为金蝶 KIS 专业版

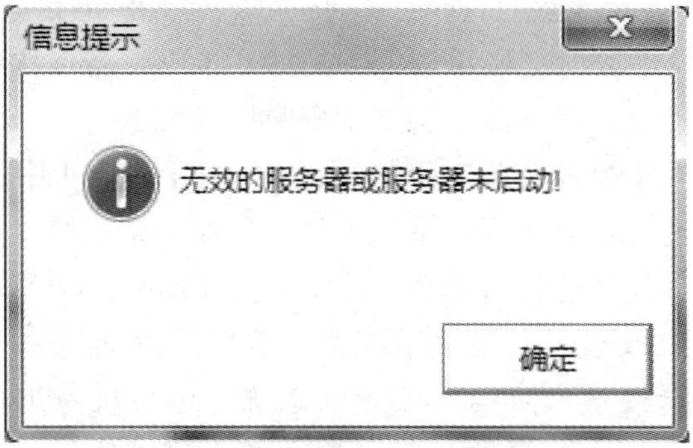

图 1－3

自带的 MSDE 数据库的性能不如中文版 SQL Server 数据库的完整，一旦基础资料的会计科目录入的信息有误，如没有设置“往来业务核算”、“数量金额辅助核算”等会计科目的相关属性，并且科目录入了期初余额，此时如果删除了期初余额，则不能正常地修改以上未设置的会计科目的科目属性。可以通过系统提供的数据交换平台完成基础资料的引出，将引出并保存在硬盘的“科目 . xls”表格中的内容进行修改后，再通过系统提供的数据交换平台完成基础资料的“科目 . xls”表格引入。

进入图 1－4 所示的数据交换平台的方式是：单击“开始”→“金蝶 KIS 专

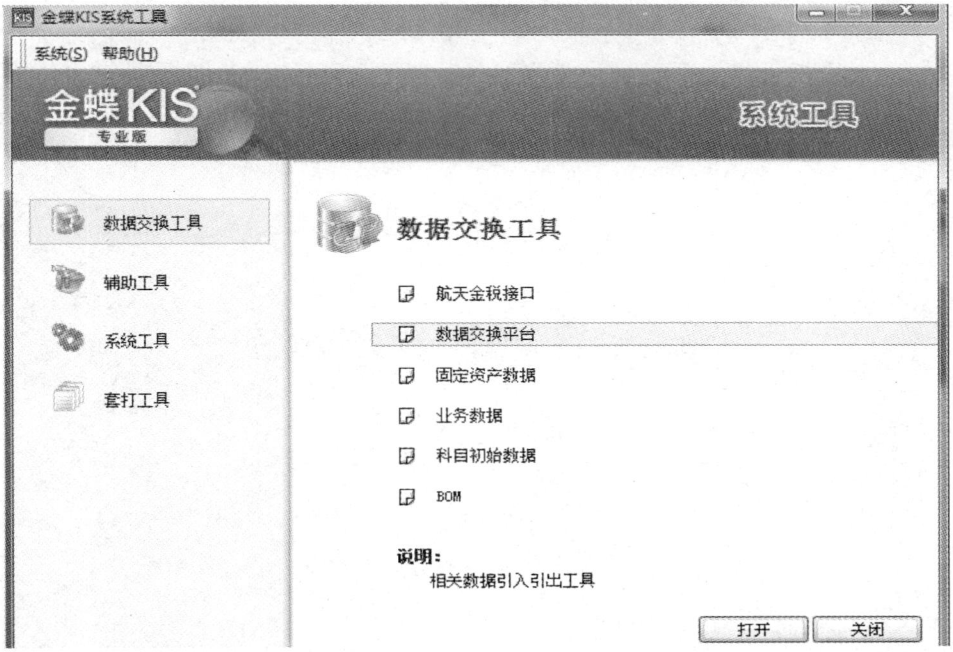

图 1－4

业版”→“工具”→“系统工具”，打开“金蝶 KIS 系统工具”窗口，选中“数据交换工具”→“数据交换平台”，单击“打开”命令按钮，打开需要引出数据的账套，按操作提示引出需要的基础资料中的数据。

②金蝶财务软件在处理业务时更加智能化。如图 1 – 4 中的航天金税接口系统，其主要作用是把企业信息管理系统和防伪税控开票系统连起来；将信息管理系统（如企业自行开发的进销存软件、营销/收费软件、财务软件及 MRPII/ERP 系统等）中的待开票数据引入接口系统中，接口系统通过一系列相关数据处理后，将待开票数据直接写入防伪税控开票系统中进行批量加密，生成发票；同时，将发票数据写入 IC 卡。防伪税控开票系统生成发票后，接口系统将生成的发票号码、开票日期等重要数据返回，同时，将发票号码、开票日期等数据写到信息管理系统，最后实现发票和清单的高速、连续打印。以上过程避免了二次手工输入的工作，避免了人为误差。

③提倡节约操作：提供自动获取业务编号生成凭证功能；套打节约纸张；易用性增强，提高工作效率。

模块二

账套管理

目的与要求

账套是存放会计业务数据资料的文件总称。它包括存储的会计科目、记账凭证、账簿、报表等会计业务数据。掌握企业在进行期初建账时，建立核算体系以及设定操作用户、设置用户权限的方法。

资料

1. 账套信息

账套号：AIS 默认。输入账套名称：A 公司。（注：考虑在教学中需要对学习账套进行检查，建议将账套名称设置为“班级姓名”。）

2. 单位信息

公司名称为 A 公司。（注：考虑在教学中需要对学习账套进行检查，建议将账套名称设置为“班级姓名”。）

3. 系统参数

系统信息：单位简称为“A 公司”，税号为 350602156503915。

会计期间：12 个月。

财务参数：启用的会计年度为 2012 年，启用的会计期间为 12 月。

业务参数：启用的会计年度为 2012 年，启用的会计期间为 12 月。

4. 用户管理

财务分工见表 2－1。

表 2－1 财务分工

用户名	用户组名	说 明	权 限
李灵	系统管理组	账套主管	已拥有所有权限
李捷	财务组	制单人	功能权限管理下全选
李敏	财务组	审核	基础资料和账务处理的查询权、审核权

实验一 建立账套

2.1 核算体系的建立

2.1.1 启动账套管理

根据案例背景资料，建立“A 公司”账套。

①单击“开始”→“程序”→“金蝶 KIS 专业版”→“工具”→“账套管理”，进入账套管理登录窗口，如图 2－1 所示。

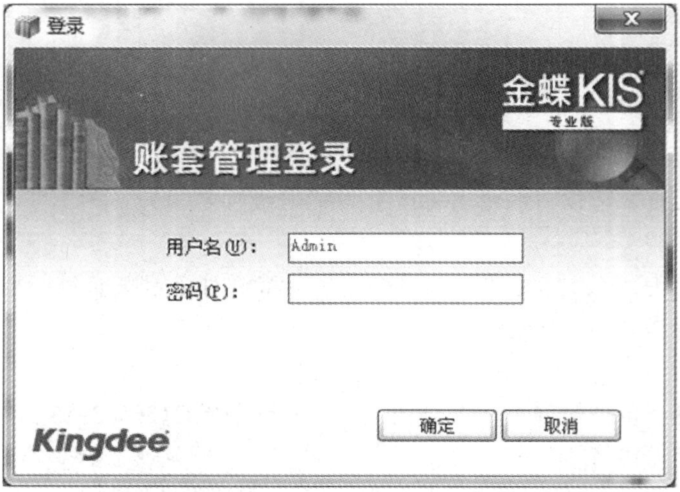

图 2－1

②第一次登录以“Admin”的身份进行注册。密码为空，单击“确定”。

2.1.2 录入建立账套信息

①选择“操作”菜单下的“新建账套”，或工具栏上的“新建”命令按钮，进入新建账套界面，如图 2－2 所示。输入账套号：AIS111，账套名称：A 公司，数据库路径根据系统资源自行修改，一般是硬盘下的路径，不能指定到磁盘的根目录或移动储存介质。(系统会将建立账套的时间自动识别为账套号)

②单击“确定”，系统提示“新建账套成功!”，则新建的账套出现在账套列表中，如图 2－3 所示。

注：如果软件的版本提高了，原版本下备份的账套可以通过新版本下的“账

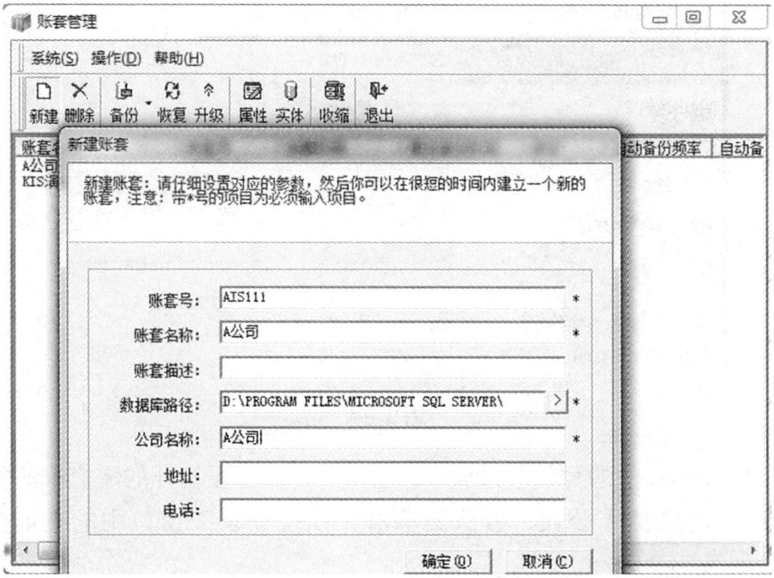

图 2－2

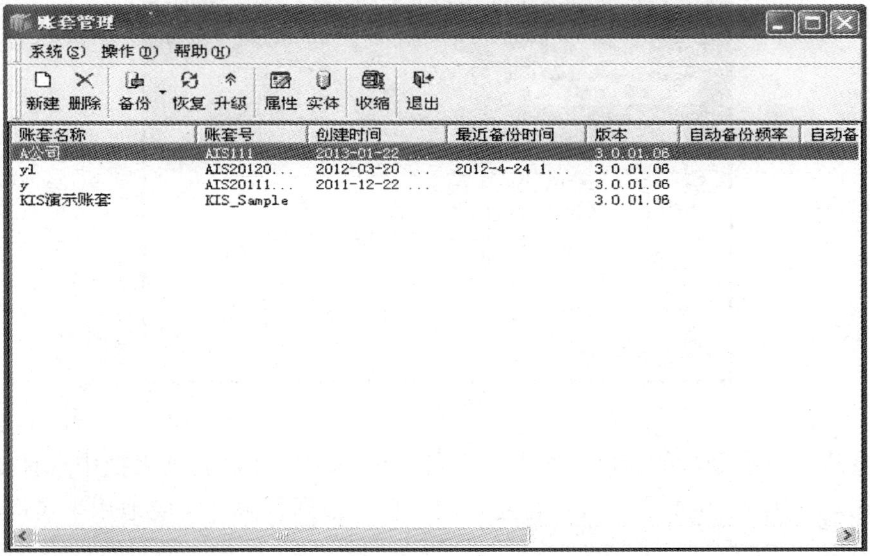

图 2－3

套管理”→“恢复”完成账套恢复，选中已恢复的账套名称，单击工具栏的“升级”，将低版本下形成的账套进行升级后方可使用。

2.1.3　启动金蝶 KIS 专业版

①关闭或最小化“账套管理”窗口，单击任务栏中的“开始”→“程序”→“金蝶 KIS 专业版”→“金蝶 KIS 专业版”，进入系统登录窗口，如图 2－4 所示。

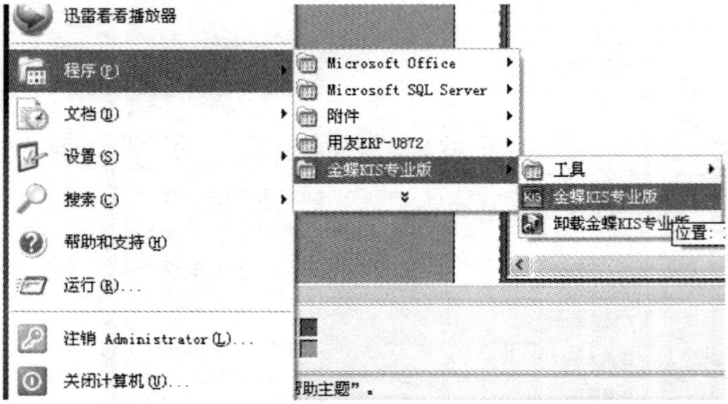

图 2 –4

②以“manager”的身份登录到“A 公司”，即可在打开的账套列表窗口里选择之前已建立的账套 A 公司，方法是单击“系统登录”窗口中的查询命令按钮 ，如图 2 –5 所示。

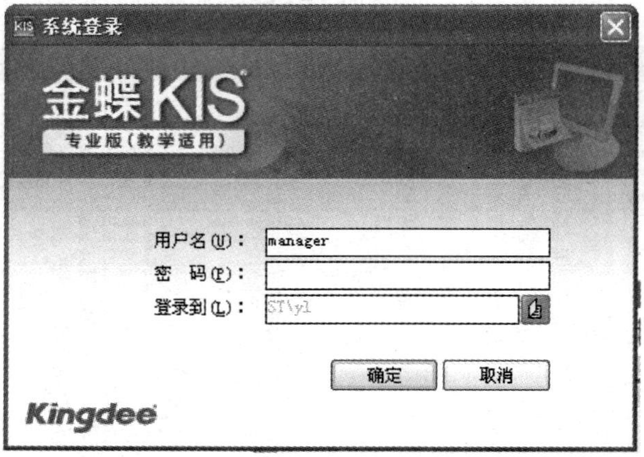

图 2 –5

③进入系统登录的窗口，输入用户名：manager，在账套列表框中选择账套：A 公司。如图 2 –6 所示。后期建立好用户后，根据权限，相应地用李灵等用户进行登录。

提示：本实验主要是完成账套的建立，系统还提供了账套的备份与恢复等账套管理功能。为保证在教学中更好地使用账套，操作时还需掌握账套管理下的其他主要功能。

1. 备份

单击“开始”→“程序”→“金蝶 KIS 专业版”→“工具”→“账套管理”，进入账套管理登录窗口，单击工具栏上的“备份”命令按钮，根据提示选择自己单位的账套，选择指定的保存路径文件夹。通过操作系统的资源管理器查看该文件

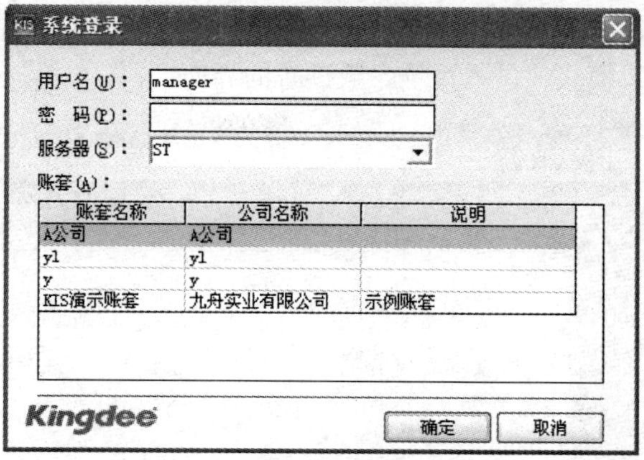

图 2-6

夹时，可以看见已生成的扩展名分别是 . dbb 和 . bak 的文件。

2. 恢复

单击“开始”→“程序”→“金蝶 KIS 专业版”→“工具”→“账套管理”，进入账套管理登录窗口，单击工具栏上的“恢复”命令按钮，可恢复账套。但恢复的账套编号和名称是不允许同系统中已有的编号和名称重复，在账套使用过程中，在恢复时根据设备的情况变更恢复的账套文件名。

3. 升级

在金蝶 KIS 专业版 V9. 1 下建立并备份的账套，在金蝶 KIS 专业版 V10. 0 下进行账套的恢复，恢复的账套会在账套列表里显示相关的账套名称，选择需要升级的账套名称，单击工具栏中的“升级”。系统会提示升级时备份账套，可以单击“否”，不进行账套的备份，直接升级。

实验二 系统参数和用户管理

2. 2 系统参数和用户管理

2. 2. 1 系统参数

①单击“开始”→“程序”→“金蝶 KIS 专业版”→“金蝶 KIS 专业版”，进入系统登录窗口。

②第一次登录以“manager”的身份登录。单击系统登录窗口中的“登录到:”文本框后的查询命令按钮，进入系统登录的账套列表框中选择账套：A 公司，进入该账套。

③选择如图2－7所示的窗口左下方的菜单“基础设置”，在右边的工作区内单击“系统参数”模块，进入系统参数设置的界面。

图2－7

④单击“系统信息”选项卡，根据资料信息可以输入企业信息的相关公司名称、税号、银行账号、地址、电话等信息，以及记账本位币信息，如图2－8所示。

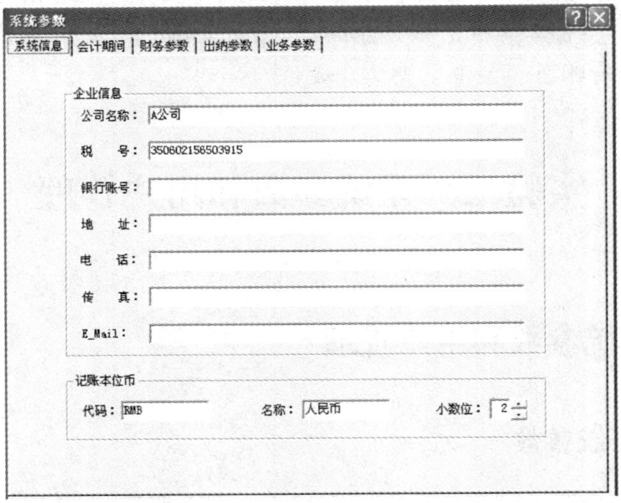

图2－8

⑤在“系统参数”窗口中单击“会计期间”选项卡，单击“设置会计期间”，按自然月份设置会计期间为2012年1月1日至2012年12月31日。单击“确认”。如图2－9所示。

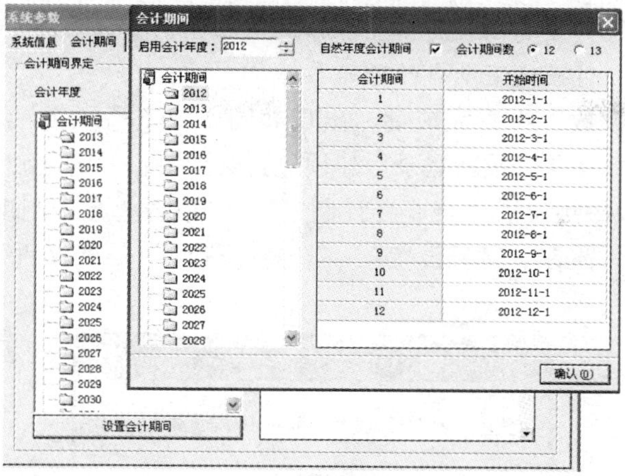

图 2－9

⑥在“系统参数”窗口中单击“财务参数”选项卡，在其中填入启用会计年度：2012；启用的会计期间是 12 月。启用的会计期间会对初始数据的准备有影响。如果是 1 月 1 日启用账套，只需要录入各科目的年初余额；如果是年度中启用账套，除了录入各科目当期的期初余额以外，还需录入年初至当期各科目的累计借、贷方发生额，这样才能保证全年的报表计算正确。

⑦在“系统参数”窗口中单击“业务参数”选项卡，在其中填入启用会计年度：2012；启用的会计期间是 12 月。出纳参数和业务参数同财务参数启用的会计期间，一旦填入并单击“确定”后，是不允许修改的，所以填入时须根据资料慎重填列。如图 2－10 所示。此外，出纳参数和业务参数的启用期间不能早于财务参数。

注：如图 2－10 所示，“业务参数”选项卡中的“基本选项”下，“审核和

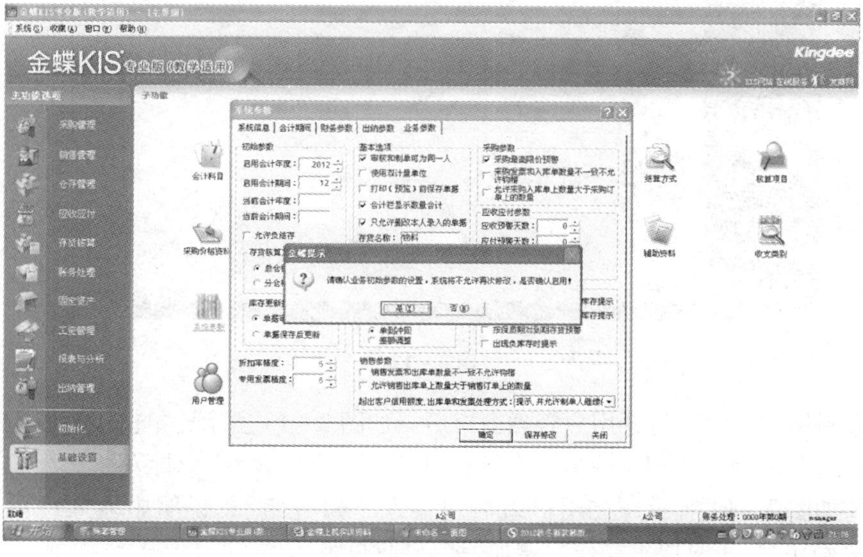

图 2－10

制单可为同一人"的复选项是针对金蝶系统的业务包下存货核算、仓库管理、采购、销售、应收应付模块下生成的原始单据。

⑧在"系统参数"设置完成后，出现如图 2－11 所示提示。修改完系统参数，系统需要重新登录。重新登录后，须进行会计科目等的基础资料的"基础设置"，在金蝶系统中预设了"企业会计制度"、"小企业会计制度"、"新会计准则"等标准模板。需在"基础设置"→"会计科目"→"文件"菜单下引入新会计准则的标准模板。

图 2－11

2.2.2 用户管理

①选择"主界面"窗口（图 2－12）左下方的菜单"基础设置"，在右边的子功能工作区内，单击"用户管理"模块，进入用户管理设置的界面。如图 2－12 所示。

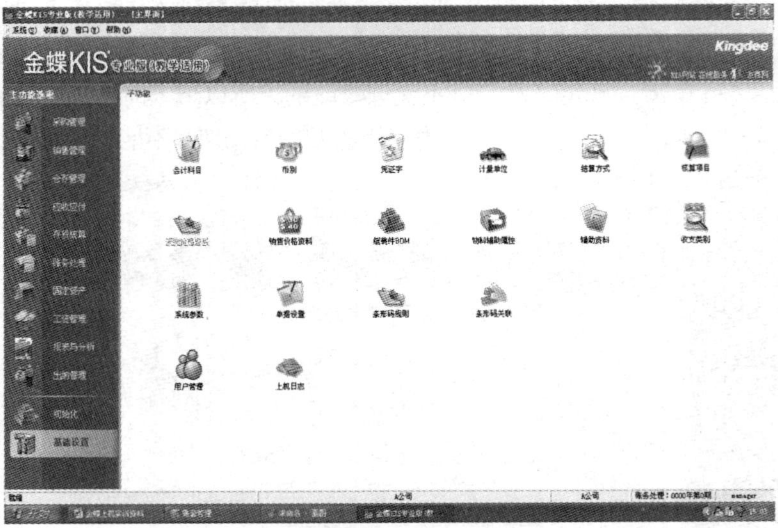

图 2－12

②新增用户组：打开用户管理窗口后，如图 2－13 所示，单击工具栏上"新增用户组"的命令按钮，或单击右键，打开"用户组属性"对话框。

③如图 2－14 所示，在用户组名中输入"财务组"，说明中输入"财务"，单击"确认"。重复以上操作，增加一个"收付组"。

④新建用户：建完用户组后，单击工具栏上的"新建用户"，或单击右键选

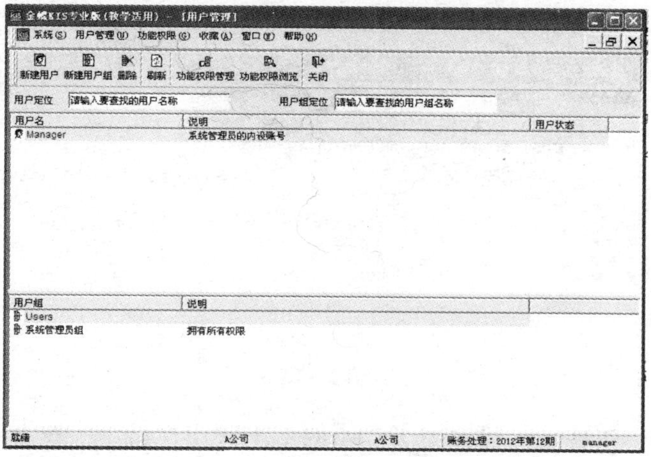

图 2－13

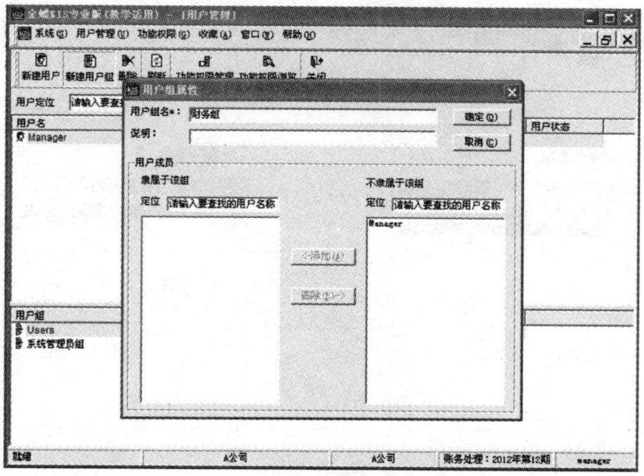

图 2－14

择“新建用户”菜单，打开“用户”属性对话框，如图 2－15 所示。在用户选项卡中输入用户姓名“李灵”，用户说明是“账套主管”。

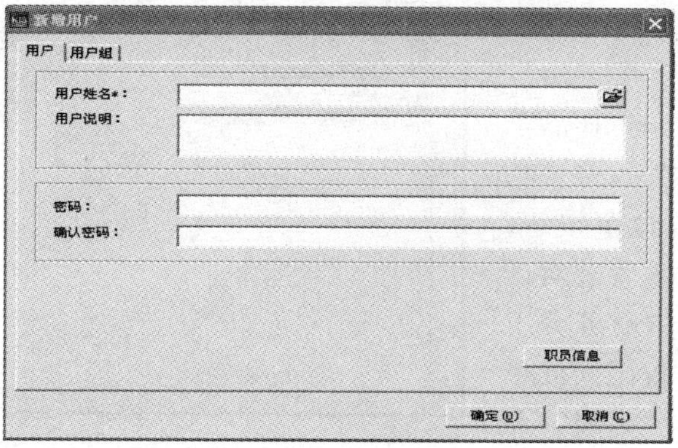

图 2－15

新增完用户后的结果如图 2－16 所示。

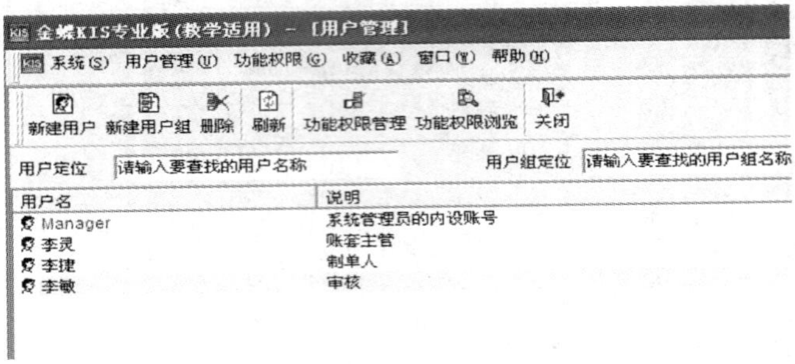

图 2－16

⑤单击用户组选项，或在图 2－14 的下半区用户组中，双击“系统管理员组”，将李灵选中并“添加”到隶属的系统管理组，如图 2－17 所示。

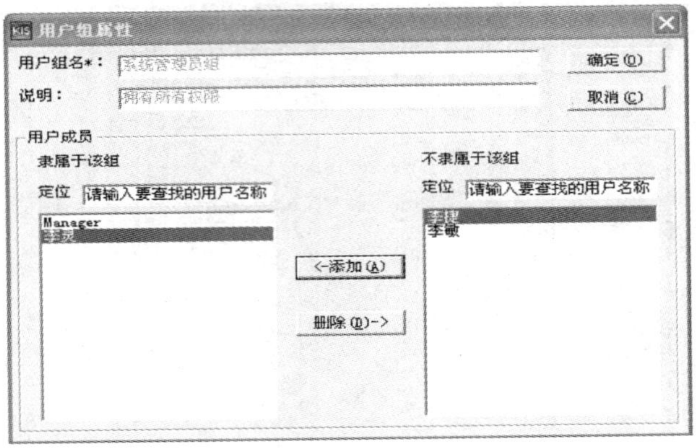

图 2－17

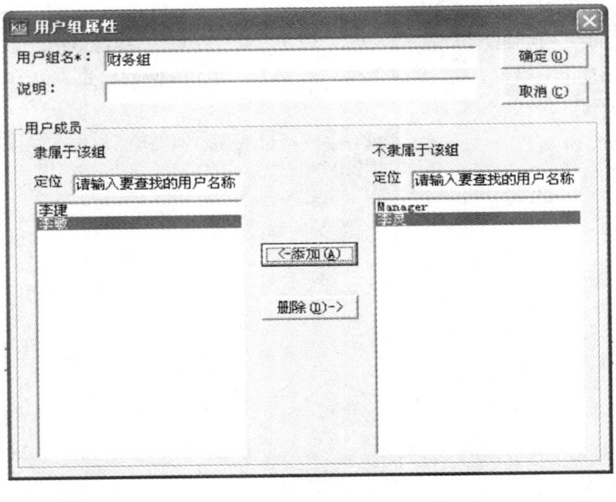

图 2－18

双击“财务组”，将李捷和李敏分别选中并“添加”到隶属的财务组，如图 2－18 所示。

⑥用户授权：在“用户管理”窗口中，选中“李捷”，单击工具栏上的“功能权限管理”的命令按钮，打开“李捷”权限管理对话框。根据模块二中财务分工的资料选择所需权限，或单击图 2－19 所示“高级”命令按钮，打开图 2－20 所示

的“用户权限”窗口，勾选具体的明细功能权限，如“账务处理－凭证”下的“新增”、“修改”、“删除”。单击用户权限窗口的下方命令按钮“授权”→“关闭”。

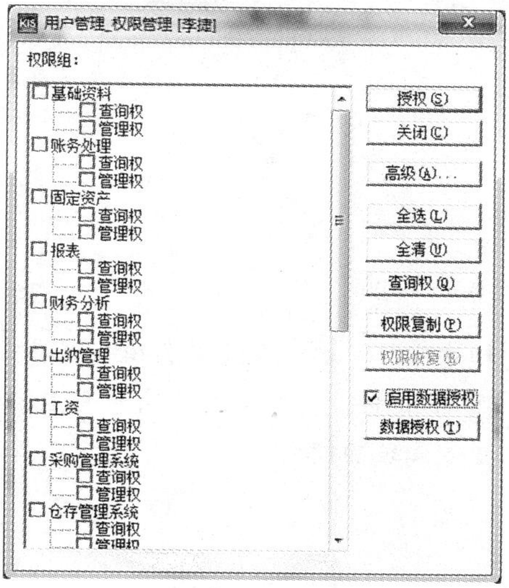

图 2－19

图 2－20

⑦在图 2－19 所示的“用户管理_权限管理［李捷］”窗口中，单击“数据授权”，选择供应商 01.001 和 01.002。此项授权需要将核算项目中的供应商档案新增完后才能进行。（注：在金蝶 KIS 专业版 V10.0 下有此功能）

提示：用户管理是对账套使用者的管理。属于系统管理组的用户，则拥有所有系统的操作权，因此不用按图 2－19 所示进行各模块的查询权和管理权的授权。

模块三

基础设置

目的与要求

掌握企业在进行期初建账时，建立及设置各项基础档案的方法，包括在填制凭证和单据时所需的科目、币别、客户、供应商等信息。对这些常用的基础数据，系统提供了基础设置等管理功能。

资料

（一）定义部门档案（表3－1）

表3－1 部门档案

部门编码	部门名称	核算科目代码
1	生产部	
1.01	生产一部	5001.01
1.02	生产二部	5001.01
1.03	车间管理部	5101.04
2	财务部	6602.12
3	人事部	6602.12
4	供应部	6602.12
5	销售部	6602.12

（二）定义职员档案（表3－2）

表3－2 职员档案

人员编码	姓名	行政部门编码	职员类别	性别
001	杨义	1.01	生产人员	男
002	周挺	1.01	生产人员	男
003	王丰	1.02	生产人员	男
004	张东	1.02	生产人员	男

续表

人员编码	姓名	行政部门编码	职员类别	性别
005	杨月	1.03	车间管理人员	男
006	李灵	2	企业管理人员	女
007	李捷	2	企业管理人员	女
008	李敏	2	企业管理人员	女

（三）定义客户分类（表3－3）

表3－3　客户分类

分类编码	分类名称
01	泉州

（四）定义客户档案（表3－4）

表3－4　客户档案

客户编码	客户名称	客户简称	所属开户银行	银行账号	客户分类
001	泉州龙江公司	龙江公司	中国工商银行漳州分行	100548972200145796	泉州
002	福建力佳股份有限公司	力佳公司	中国建设银行泉州分行	250842576635545652	泉州

注意：如果将表3－4的客户分类档案资料增加上级组01泉州，则客户编码001改为01.001，002改为01.002，并且表3－3中的客户分类可不进行设置。

（五）定义供应商分类（表3－5）

表3－5　供应商分类

分类编码	分类名称
01	泉州

注：或将供应商分类档案资料作为上级组，增加表3－6所列的供应商的编码01.001和01.002。

（六）定义供应商档案（表3－6）

表3－6　供应商档案

供应商编码	供应商名称	供应商简称
01.001	漳州市供电公司	漳州市供电公司
01.002	泉州华兴有限公司	泉州华兴有限公司

（七）设置会计科目（表3－7）

①应收账款、预收账款、应收票据科目的辅助核算设置为“客户”，则它们的受控系统自然是应收系统；应付账款、预付账款、应付票据科目的辅助核算设置设为“供应商”，则它们的受控系统自然为应付系统。把上述所列科目均设置为“往来业务核算”。

注：如果需要在账务处理模块下进行往来核销，则须在“财务参数”中设置“启用往来业务核算”。

②编码方案：科目编码方案为4222。科目分级显示用句点“.”分隔。

表3－7 会计科目表

级次	科目编码	科目名称	往来业务核算	计量单位	辅助账类型	账页格式	余额方向
1	1001	库存现金			现金科目、日记账	金额式	借
1	1002	银行存款			银行科目、日记账	金额式	借
1	1003	存放中央银行款项				金额式	借
1	1011	存放同业				金额式	借
1	1012	其他货币资金				金额式	借
1	1021	结算备付金				金额式	借
1	1031	存出保证金				金额式	借
1	1101	交易性金融资产				金额式	借
1	1121	应收票据	是		客户	金额式	借
1	1122	应收账款	是		客户	金额式	借
1	1123	预付账款	是		供应商	金额式	借
1	1131	应收股利				金额式	借
1	1132	应收利息				金额式	借
1	1221	其他应收款				金额式	借
2	1221.01	李强				金额式	借
2	1221.02	应交个人所得税				金额式	借
2	1221.03	财产保险费				金额式	借
2	1221.04	报刊费				金额式	借
2	1221.05	租赁费				金额式	借
2	1221.06	赵明				金额式	借

续表

级次	科目编码	科目名称	往来业务核算	计量单位	辅助账类型	账页格式	余额方向
1	1231	坏账准备				金额式	贷
1	1401	材料采购				金额式	借
1	1402	在途物资				金额式	借
2	1402.01	甲材料		千克		数量金额辅助核算	借
2	1402.02	乙材料		千克		数量金额辅助核算	借
1	1403	原材料				金额式	借
2	1403.01	甲材料		千克		数量金额辅助核算	借
2	1403.02	乙材料		千克		数量金额辅助核算	借
1	1404	材料成本差异				金额式	借
1	1405	库存商品				金额式	借
2	1405.01	A 产品		件		数量金额辅助核算	借
2	1405.02	B 产品		件		数量金额辅助核算	借
1	1406	发出商品				金额式	借
1	1407	商品进销差价				金额式	贷
1	1408	委托加工物资				金额式	借
1	1411	周转材料				金额式	借
2	1411.01	包装物				金额式	借
3	1411.01.01	纸箱		个		数量金额辅助核算	借
2	1411.02	低值易耗品				金额式	借
3	1411.02.01	在库				金额式	借
4	1411.02.01.01	其他				金额式	借
4	1411.02.01.02	刀具		副		数量金额辅助核算	借
4	1411.02.01.03	办公用品		套		数量金额辅助核算	借

续表

级次	科目编码	科目名称	往来业务核算	计量单位	辅助账类型	账页格式	余额方向
3	1411.02.02	在用				金额式	借
4	1411.02.02.01	刀具		副		数量金额辅助核算	借
4	1411.02.02.02	办公用品		套		数量金额辅助核算	借
3	1411.02.03	摊销				金额式	借
1	1461	融资租赁资产				金额式	借
1	1471	存货跌价准备				金额式	贷
1	1501	持有至到期投资				金额式	借
2	1501.01	国库券				金额式	借
3	1501.01.01	成本				金额式	借
1	1512	长期股权投资减值准备				金额式	贷
1	1531	长期应收款				金额式	借
1	1532	未实现融资收益				金额式	贷
1	1601	固定资产				金额式	借
1	1602	累计折旧				金额式	贷
1	1603	固定资产减值准备				金额式	贷
1	1604	在建工程				金额式	借
1	1605	工程物资				金额式	借
1	1606	固定资产清理				金额式	借
1	1701	无形资产				金额式	借
2	1701.01	专利权				金额式	借
1	1702	累计摊销				金额式	贷
1	1703	无形资产减值准备				金额式	贷
1	1711	商誉				金额式	借
1	1801	长期待摊费用				金额式	借
1	1811	递延所得税资产				金额式	借
1	1901	待处理财产损溢				金额式	借
1	2001	短期借款				金额式	贷

续表

级次	科目编码	科目名称	往来业务核算	计量单位	辅助账类型	账页格式	余额方向
2	2001.01	工行				金额式	贷
3	2001.01.01	流动资金借款				金额式	贷
1	2002	存入保证金				金额式	贷
1	2003	拆入资金				金额式	贷
1	2101	交易性金融负债				金额式	贷
1	2111	卖出回购金融资产款				金额式	借
1	2201	应付票据	是		供应商	金额式	贷
1	2202	应付账款	是		供应商	金额式	贷
1	2203	预收账款	是		客户	金额式	贷
1	2211	应付职工薪酬				金额式	贷
2	2211.01	福利费				金额式	贷
2	2211.02	社会保险费				金额式	贷
2	2211.03	工资				金额式	贷
1	2221	应交税费				金额式	贷
2	2221.01	应交个人所得税				金额式	贷
2	2221.02	应交增值税				金额式	贷
3	2221.02.02	进项税额				金额式	贷
3	2221.02.03	销项税额				金额式	贷
2	2221.03	应交企业所得税				金额式	贷
2	2221.04	应交城市维护建设税				金额式	贷
2	2221.05	应交教育费附加				金额式	贷
2	2221.06	未交增值税				金额式	贷
1	2231	应付利息				金额式	贷
2	2231.01	贷款利息				金额式	贷
1	2232	应付股利				金额式	贷
1	2241	其他应付款				金额式	贷
1	2401	递延收益				金额式	贷
1	2501	长期借款				金额式	贷
1	2502	应付债券				金额式	贷

续表

级次	科目编码	科目名称	往来业务核算	计量单位	辅助账类型	账页格式	余额方向
1	2701	长期应付款				金额式	贷
1	2702	未确认融资费用				金额式	借
1	2711	专项应付款				金额式	贷
1	2801	预计负债				金额式	贷
1	2901	递延所得税负债				金额式	贷
1	4001	实收资本				金额式	贷
2	4001.01	国家资本				金额式	贷
2	4001.02	漳州科华有限公司				金额式	贷
1	4002	资本公积				金额式	贷
1	4101	盈余公积				金额式	贷
1	4102	一般风险准备				金额式	贷
1	4103	本年利润				金额式	贷
1	4104	利润分配				金额式	贷
2	4104.01	未分配利润				金额式	贷
1	4201	库存股				金额式	借
1	5001	生产成本				金额式	借
2	5001.01	直接材料			部门核算	金额式	借
2	5001.02	直接人工			部门核算	金额式	借
2	5001.03	制造费用			部门核算	金额式	借
1	5101	制造费用				金额式	借
2	5101.01	折旧费				金额式	借
2	5101.02	材料费			部门核算	金额式	借
2	5101.03	低值易耗品摊销				金额式	借
2	5101.04	工资			部门核算	金额式	借
1	5201	劳务成本				金额式	借
1	6001	主营业务收入				金额式	贷
1	6011	利息收入				金额式	贷
1	6021	手续费及佣金收入				金额式	贷
1	6031	保费收入				金额式	贷

续表

级次	科目编码	科目名称	往来业务核算	计量单位	辅助账类型	账页格式	余额方向
1	6041	租赁收入				金额式	贷
1	6051	其他业务收入				金额式	贷
1	6061	汇兑损益				金额式	贷
1	6101	公允价值变动损益				金额式	贷
1	6111	投资收益				金额式	贷
1	6301	营业外收入				金额式	贷
1	6401	主营业务成本				金额式	借
1	6402	其他业务成本				金额式	借
1	6403	营业税金及附加				金额式	借
1	6411	利息支出				金额式	借
1	6421	手续费及佣金支出				金额式	借
1	6601	销售费用				金额式	借
2	6601.01	折旧费				金额式	借
2	6601.02	其他				金额式	借
2	6601.03	广告费				金额式	借
2	6601.04	差旅费				金额式	借
1	6602	管理费用				金额式	借
2	6602.01	低值易耗品摊销				金额式	借
2	6602.02	修理费				金额式	借
2	6602.03	业务招待费				金额式	借
2	6602.04	工资			部门核算	金额式	借
2	6602.05	福利费			部门核算	金额式	借
2	6602.06	工会经费			部门核算	金额式	借
2	6602.07	办公费				金额式	借
2	6602.08	折旧费			部门核算	金额式	借
2	6602.09	累计摊销				金额式	借
2	6602.10	其他				金额式	借
2	6602.11	电话费				金额式	借
2	6602.12	材料费			部门核算	金额式	借

续表

级次	科目编码	科目名称	往来业务核算	计量单位	辅助账类型	账页格式	余额方向
1	6603	财务费用				金额式	借
1	6701	资产减值损失				金额式	借
1	6711	营业外支出				金额式	借
1	6801	所得税费用				金额式	借
1	6901	以前年度损益调整				金额式	借

（八）定义核算项目的项目核算

①增加核算项目类（单击“增加”按钮）：编码009，名称：项目核算。

②项目分类：编码1，名称：产品（该分类通过新增“上级组”设置）。

③在项目核算的产品分类中增加表3－8所示的档案。

表3－8 产品档案

项目编号	项目名称	所属分类码
1.01	A产品	1
1.02	B产品	1

注：在增加5001.01直接材料、5001.02直接人工、5001.03制造费用时，可以将它们的属性定义为项目核算。但鉴于本书前后业务联系，以上科目按会计科目表中的内容设置辅助核算项目。

（九）定义凭证字

①“记账凭证”（注：在后续填制凭证时，选择通用记账凭证；在增加或修改凭证字为“记”时，需将其设为默认值，详见实验二财务设置）。

②专用记账凭证：收款凭证、付款凭证、转账凭证。

（十）设置外币

币别代码：USD，币别名称：美元；汇率：6.275，固定汇率。

（十一）定义结算方式（表3－9）

表3－9 结算方式

结算方式编码	结算方式名称
JF01	现金支票
JF02	转账支票
JF03	现金结算
JF04	商业承兑汇票

续表

结算方式编码	结算方式名称
JF05	银行承兑汇票
JF06	信汇
JF07	电汇
JF08	委托付款
JF09	托收
JF10	银行汇票结算

（十二）存货

1. 存货分类（基础设置－物料辅助属性管理－辅助属性－基本类）（表3－10）

表3－10　辅助属性

分类编码	分类名称	属性值编码	属性值
01	材料	01	材料产地
02	库存商品	01	商品尺寸
03	应税劳务	01	接收单位

2. 计量单位（表3－11）

表3－11　计量单位

计量单位编码	计量单位名称	计量单位组编码	计量单位组名称	计量单位组类别
001	千克	01	材料数量组	无换算率
002	副	01	材料数量组	无换算率
003	套	01	材料数量组	无换算率
004	台	01	材料数量组	无换算率
005	件	02	商品数量组	无换算率
006	个	01	材料数量组	无换算率
007	千米	03	劳务数量组	无换算率
008	千瓦时	03	劳务数量组	无换算率

3. 仓库（基础设置 - 核算项目 - 仓库）（表 3 - 12）

表 3 - 12 仓库

代 码	名 称	仓库管理员	仓库类型
01	原料库	杨义	普通仓
02	成品库	杨义	普通仓

4. 存货档案（基础设置 - 核算项目 - 物料）（表 3 - 13）

表 3 - 13 物料

存货编码	存货名称	计价方法	默认仓库	辅助属性类别	计量单位组名称	主计量单位名称	物料属性	存货科目代码	销售收入科目代码	销售成本科目代码
001	甲材料	先进先出	原料库	材料	数量	千克	外购	1403. 01	6051	6402
002	乙材料	先进先出	原料库	材料	数量	千克	外购	1403. 02	6051	6402
003	纸箱	先进先出	原料库	材料	数量	个	外购	1411. 01. 01	6051	6402
004	运输费	先进先出	原料库	应税劳务	数量	千米	外购	6602. 10	6001	6401
005	电费	先进先出	原料库	应税劳务	数量	千瓦时	外购	6602. 10	6001	6401
006	A 产品	先进先出	成品库	库存商品	数量	件	自制	1405. 01	6001	6401
007	B 产品	先进先出	成品库	库存商品	数量	件	自制	1405. 02	6001	6401
008	刀具	先进先出	原料库	材料	数量	副	外购	1411. 02. 01. 02	6051	6402
009	办公用品	先进先出	原料库	材料	数量	套	外购	1411. 02. 01. 03	6051	6402
010	其他	先进先出	原料库	材料	数量	个	外购	1411. 02. 01. 01	6051	6402

（十三）收支类别（表 3－14）

表 3－14　收支类别

代码	名称	类　别	科　目
01	押金	收入类别	其他应付款
02	罚款	支出类别	营业外支出

实验一　定义各项基础档案

3.1　定义各项基础档案

3.1.1　辅助资料

①用“李灵”的名字重新登录系统。在“登录到:”文本框后选择账套：A公司，如图 3－1 所示。

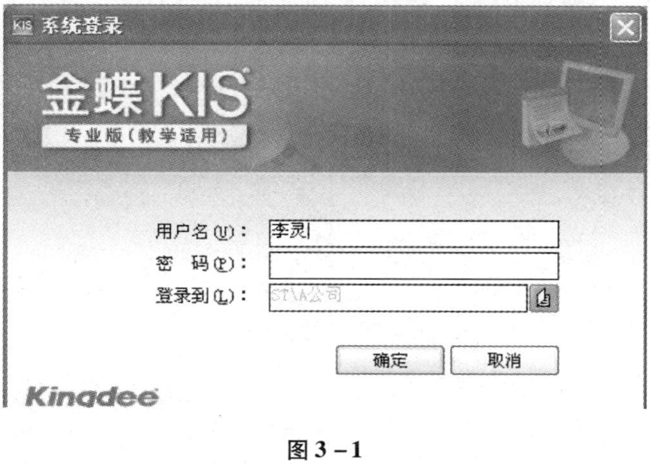

图 3－1

②选择窗口左下方的菜单“基础设置”，在右边的工作区内单击“辅助资料”模块，进入“职员类别”的新增界面。如图 3－2 所示。模块三资料（二）中的职员档案表 3－2 中的“职员类别”在“辅助资料”中添加。先单击“职员类别”，然后在右边空白的工作区单击，再单击“新增”命令按钮。

③在图 3－2 所示的窗口的工具栏中，“管理”命令按钮是针对辅助核算项目下各种档案的增加、修改、删除等操作的另一个途径。

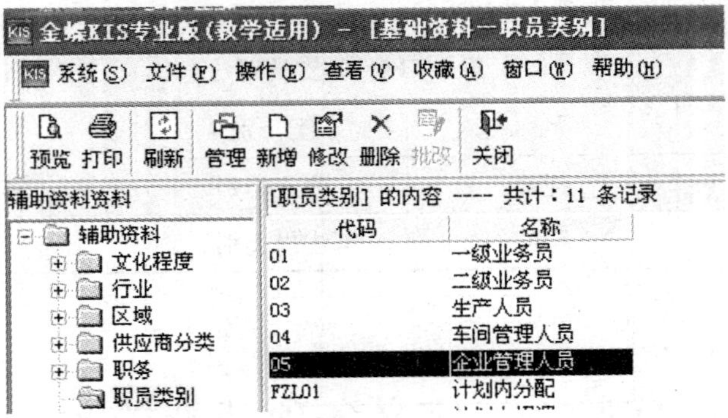

图 3－2

3.1.2 核算项目

①单击“基础设置”→“核算项目”→“部门”，在右边的工作区空白处单击，然后再单击工具栏中的“新增”的命令按钮，如图 3－3 所示。根据模块三资料（一）中的部门档案表 3－1 中的资料进行添加。

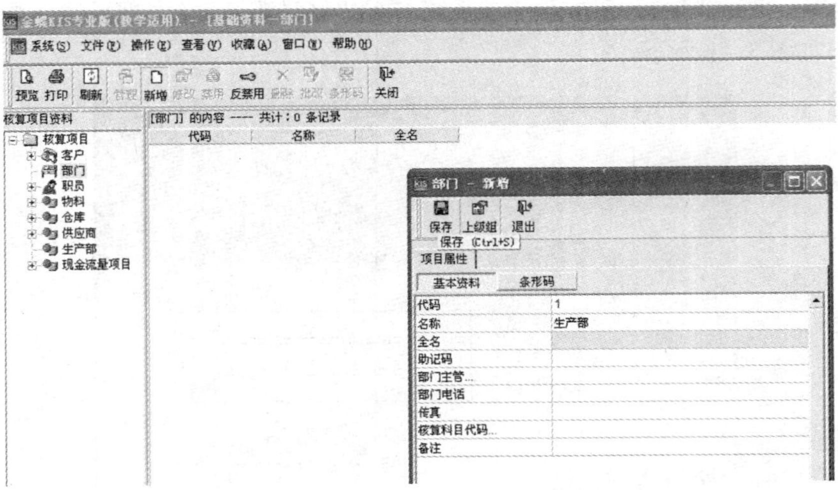

图 3－3

②其余核算项目档案（图 3－4）的操作步骤同第①步操作，具体见模块三各资料表中的内容。

③定义客户分类时，可以在“辅助资料”→“客户分类”下新增分类“01 泉州”，也可在“核算项目”→“客户”→“新增”对话框中选择“上级组”，新增分类代码和分类名称“01 泉州”。

④通过“核算项目”→“客户”定义客户档案时，设置了上级组 01 泉州，先选中“泉州”分类，单击“［01（泉州）］的内容”的空白工作区，再单击

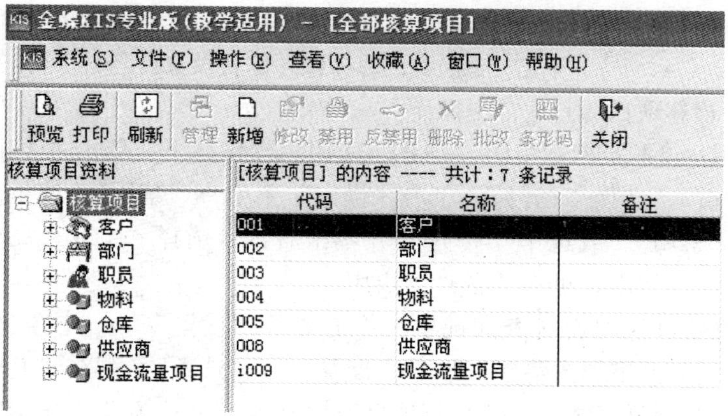

图 3-4

“新增”，可以新增客户档案。新增资料见表 3-4。选用上级组增加下级时，表 3-4 中的客户分类列不需填列。

⑤在“基础设置”→“辅助资料”下可增加客户分类和供应商分类。通过“核算项目”→“客户”定义客户档案时，在增加表 3-4 的档案时，编码改为 001 和 002，则可选用客户分类编码“01 泉州”。

⑥增加完供应商档案后，返回“用户管理”，选择“李敏”→“功能权限管理”，选择“启用数据权限”复选项，单击“数据权限”，将供应商资料全选，单击“授权”。（注：此功能在金蝶 KIS 专业版 V10.0 下才能用）

⑦完成模块三中的资料（八）需经过以下步骤：“基础设置”→“核算项目”→“操作”→“新增核算类别”→“确定”，如图 3-5 所示。或单击核算项目窗口的左边工作区，再单击工具栏上的“新增”，也可以打开核算项目类别新增的对话框。

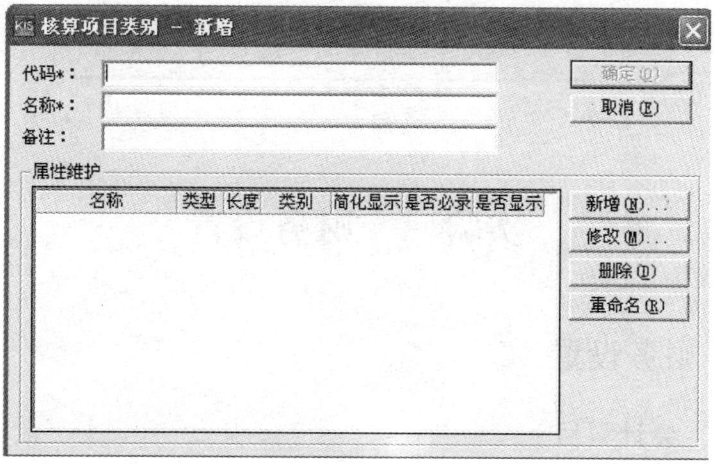

图 3-5

⑧核算项目下的各类档案，都可以通过“文件”→“引出数据”选择 MS Excel 97—2002（*.xls），单击“确定”，选择保存位置及文件名，单击“保存”。

⑨关于核算项目的其他常用操作。

- 禁用：将职员档案中的“杨月”禁用。操作如下：单击“基础设置”→“职员”，选择“杨月”，单击“操作”菜单→“禁用”，或单击工具栏上的“禁用”，或选中“杨月”并单击右键，选择“禁用”→“是”。反之，“反禁用”可将“杨月”启用。
- 核算项目基础资料查询选项：单击“基础设置”→“核算项目→“客户”，打开下拉主菜单，单击“查看”→“选项”，可在“基础资料查询选项”对话框中选择“核算项目简化显示”复选项及“显示禁用基础资料”复选项，如图3-6所示（本步骤中的“客户”，可替换成“部门”、“职员”等类别）。在显示选项中，可将部门、科目等的显示级次设定为“显示所有明细”。

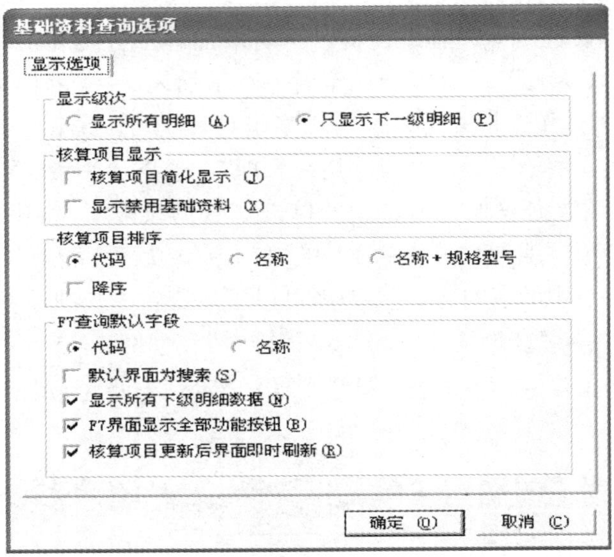

图3-6

实验二　财务设置

3.2　财务设置

3.2.1　会计科目

①单击“基础设置”→“会计科目”，进入会计科目对话框，单击“文件”→

"从模板中引入会计科目"，从科目模板类型中选择"新会计准则科目引入"。如图3－7所示。需要新增的明细科目参看表3－7。

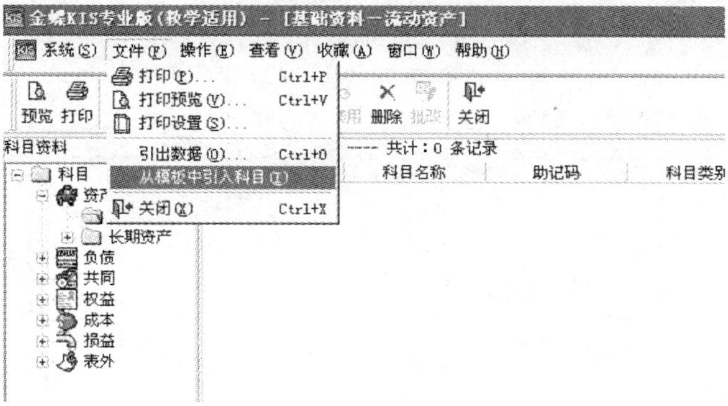

图3－7

②单击"基础设置"→"会计科目"，进入会计科目对话框，单击"新增"或"修改"，可以设定科目的复选项是"数量金额辅助核算"，同时设置计量单位组和计量单位。其中计量单位组需要双击进行选择。如图3－8所示。

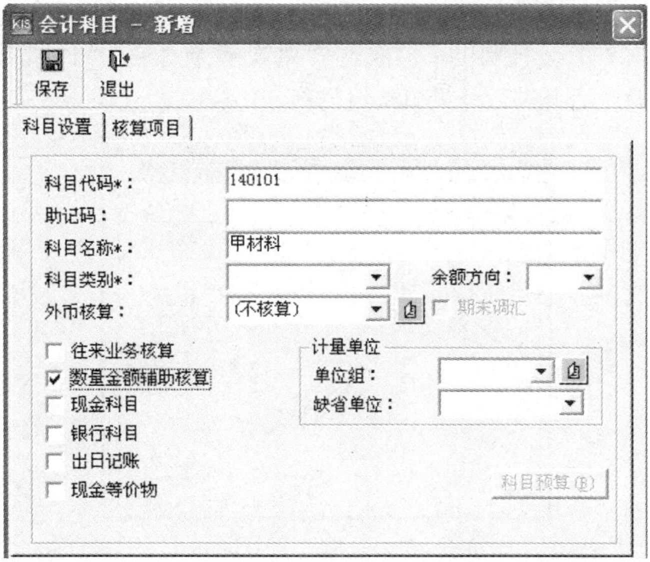

图3－8

③增加会计科目时，科目编码在上下级间时，需用"."分隔。如1002.01，不能设为100201。图3－8所示的甲材料科目编码140101，需修改为1401.01。

④增加会计科目时，需设定科目的类别，如流动资产、长期资产、流动负债、长期负债等。

⑤针对应收、应付科目，需要选中“往来业务核算”复选项，选择时单击“增加核算项目类别”才能进行“核算项目”如客户、供应商的选择。如图3－9所示。

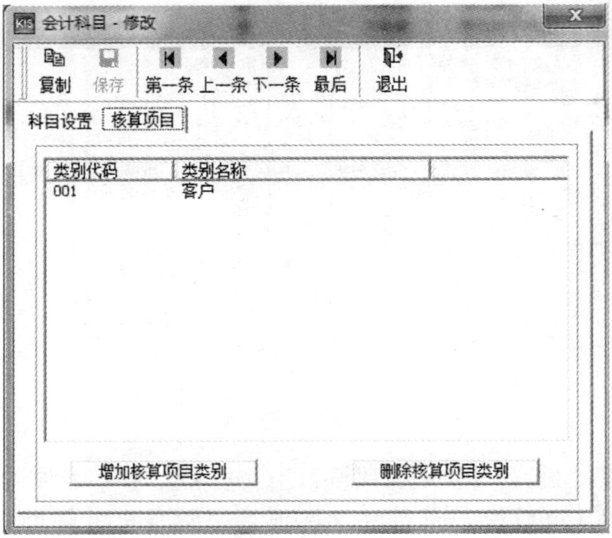

图3－9

3.2.2 计量单位组

①参见“3.2.1 会计科目”，或在“基础设置”→“计量单位”下打开图3－10所示的对话框进行计量单位组的新增。

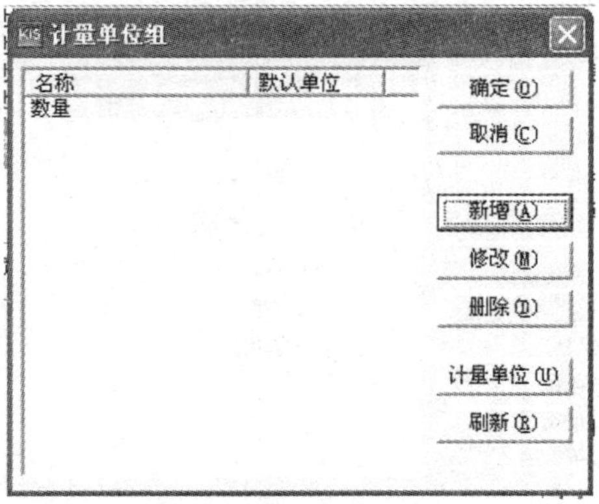

图3－10

②在“基础设置”下的“计量单位”中进行设置时，单击工具栏上的“新增”按钮或单击菜单“操作”→“新增计量单位组”。录入计量单位组名“数量组”，单击“确定”，完成该操作。反复以上操作可完成新的计量单位组的新增，需要完成的计量单位组名见模块三表3－11。

③在图3－11所示界面中，先选中数量组，然后单击右边空白处，再单击工

具栏上的“新增”按钮，打开“计量单位 - 新增”对话框，输入计量单位的代码、名称、换算率，单击“确定”按钮。具体内容见表 3 - 11。完成的内容如图 3 - 11 所示，所有计量单位组下的计量单位最终操作结果以资料内容为准。

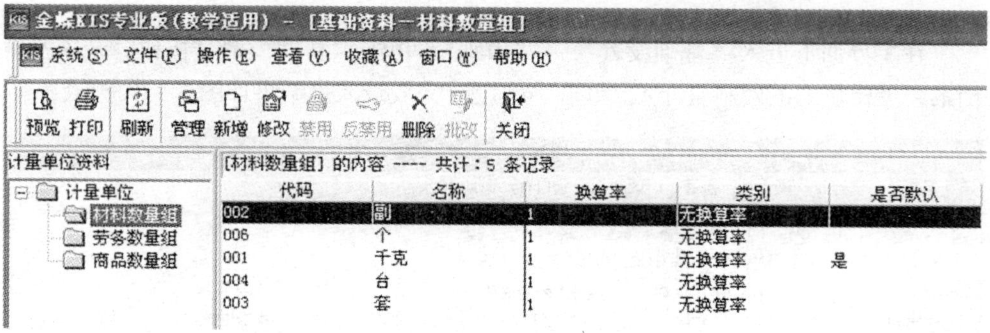

图 3 - 11

注意：必须先建立计量单位组，再建立计量单位，代码不能重复。另外，每个计量单位组中必须设置一个单位为基本计量单位。在增加存货类的会计科目时，也可补充增加计量单位。

3.2.3　设定凭证字

①按资料要求增加通用凭证的凭证字：记。单击“基础设置”→“凭证字”，打开凭证字窗口，单击工具栏中的“新增”按钮，在凭证字对应的文本框中录入“记”，单击“确定”按钮。选中“记”字，单击右键，可选择设为默认值，将“记”设为默认。

②增加专用记账凭证：收、付、转，并完成相应的科目范围限制。用与步骤①同样的方法在凭证字文本框中录入“收”，科目范围选择“借方必有”，通过参照，选择库存现金、银行存款的科目代码“1001，1002”；设置凭证字为“付”时，科目范围是“贷方必有 1001，1002”，如图 3 - 12 所示，设置凭证字为“转”时，科目范围是“借和贷必无 1001，1002”。

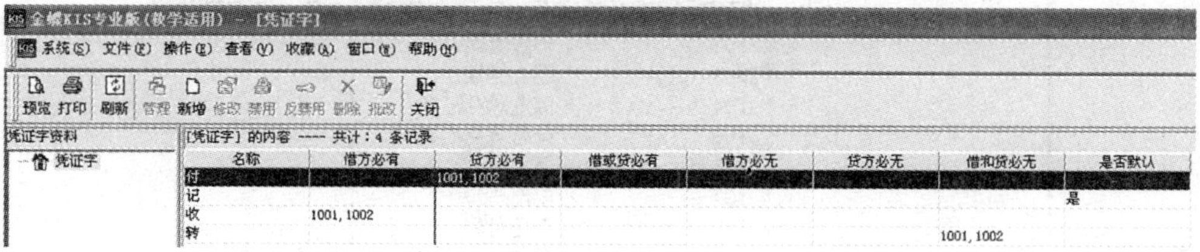

图 3 - 12

③将设置以上凭证字时打开的对话框中的复选项“限制多借多贷凭证”进行勾选。

3.2.4 设币别

在主界面下进入“基础设置”→“币别”，单击“新增”命令按钮，录入资料档案，见模块三的资料（十），单击“确定”完成录入。结果如图 3－13 所示。

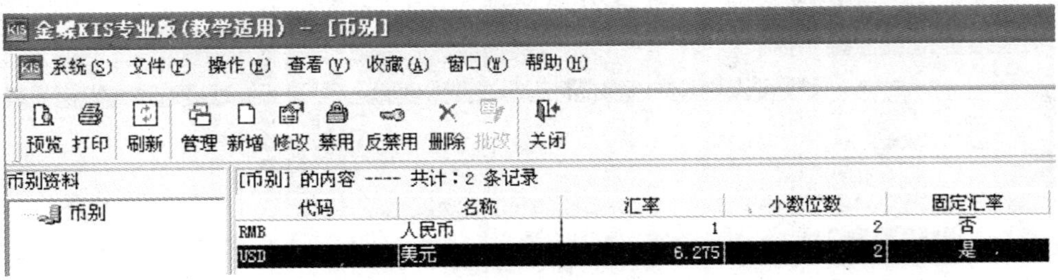

图 3－13

3.2.5 结算方式

①在主界面下进入“基础设置”→“结算方式”，或在“基础设置”→“辅助资料”→“结算方式”中单击工具栏的“新增”命令按钮，然后录入资料档案，见模块三的资料（十一），单击“确定”完成录入。依据资料重复以上操作完成录入。

②根据需要，可根据结算方式种类设定科目代码，如银行存款、应收账款等。如图 3－14 所示。

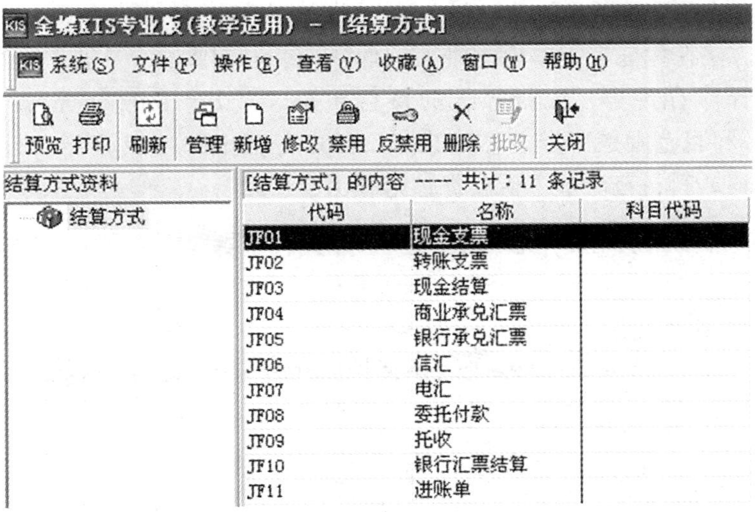

图 3－14

3.2.6　物料

①单击“基础设置”→“物料辅助属性管理”→“辅助属性”→“基本类”→“新增”命令按钮，打开“辅助属性”窗口，输入如图3－15所示的名称：材料、库存商品、应税劳务，其代码分别为01、02、03。

②同时新增自定义属性，用相同的名称完成存货类别的设定，选中“材料”，单击右边的工作区，再单击工具栏上的“新增”按钮，在其类别属性代码中输入“01”，属性值输入“材料产地”；选中“库存商品”，在其类别属性代码中输入“01”，属性值输入“商品尺寸”；选中“应税劳务”，在其类别属性代码中输入“01”，属性值输入“接受单位”。新增的辅助属性基本类如图3－15所示。

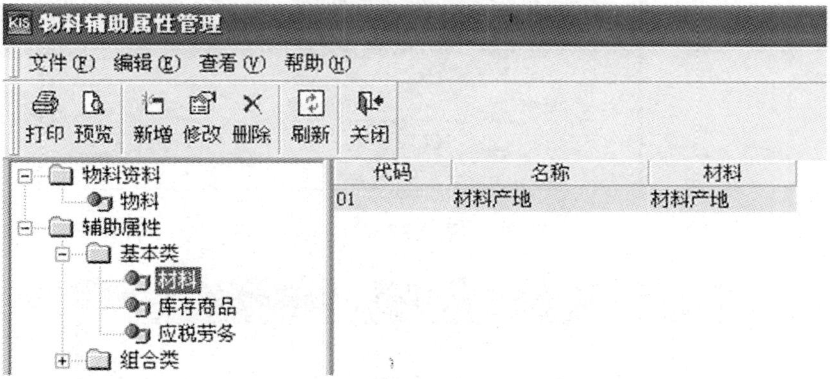

图3－15

③增加完辅助属性后，修改物料下的所有材料的“辅助属性”选项卡片的“是否选择”为“是”，如图3－16所示。具体步骤是：选中图3－16左边的“物料”，双击右边工作区的“001 甲材料”，弹出物料对话框，选中“辅助属性”页签，在“是否选择”下的复选项中打“√”，单击“确认”退出。再双击下一个材料，重复以上步骤完成物料的操作。如果在此没有进行物料的辅助属性的勾选，在填制发票等相关单据时，就不能完成辅助属性的参照选择。

④存货档案需在“基础设置”→“核算项目”→“物料”下进行增加。在增加档案时，先单击空白的工作区一次，再单击工具栏上的“新增”命令按钮，同时除存货的代码和名称外，需要设定存货科目代码、销售收入科目代码、销售成本科目代码、辅助属性类别、计量单位组、存货计价方法（所有物料统一用先进先出法）。增加的物料信息如图3－17所示。

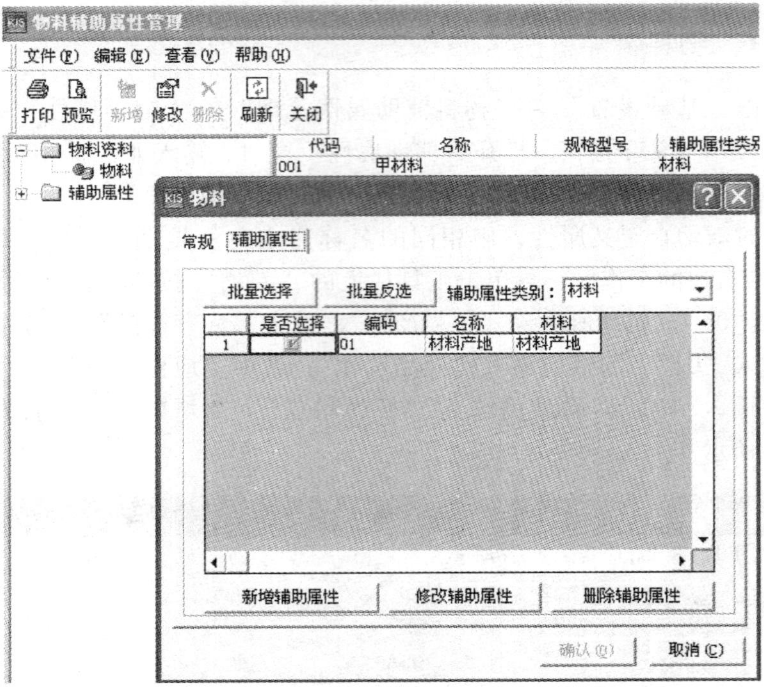
物料辅助属性管理
文件(F) 编辑(E) 查看(V) 帮助(H)
打印 预览 新增 修改 删除 刷新 关闭
物料资料
物料
辅助属性
代码 名称 规格型号 辅助属性类别
001 甲材料 材料
物料
常规 辅助属性
批量选择 批量反选 辅助属性类别： 材料
是否选择 编码 名称 材料
1 01 材料产地 材料产地
新增辅助属性 修改辅助属性 删除辅助属性
确认(O) 取消(C)

图 3－16

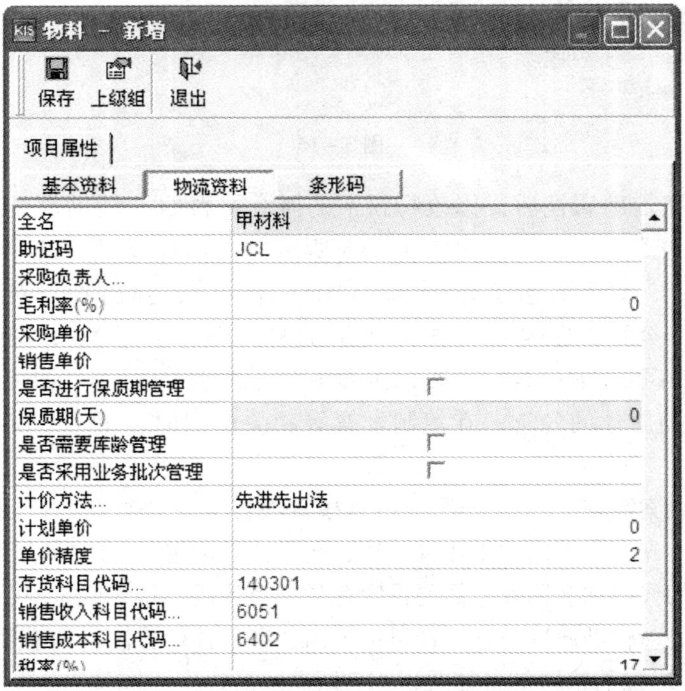
物料 － 新增
保存 上级组 退出
项目属性
基本资料 物流资料 条形码
全名 甲材料
助记码 JCL
采购负责人...
毛利率(%) 0
采购单价
销售单价
是否进行保质期管理
保质期(天) 0
是否需要库龄管理
是否采用业务批次管理
计价方法... 先进先出法
计划单价 0
单价精度 2
存货科目代码... 140301
销售收入科目代码... 6051
销售成本科目代码... 6402
17

图 3－17

3.2.7　收支类别

①收支类别是为“应收应付”模块下的“其他收入单”和“费用支出单”而设计的，其包含收入类别和支出类别。通过设置收支类别，可统计核算非主营业务收支的资金。

②具体操作是在主界面下进入“基础设置”→“收支类别”，单击工具栏中的“新增”命令按钮。如选择“收入类别”，单击“新增”的代码“001”，名称：押金。具体内容详见模块三的表 3 - 14，操作结果如图 3 - 18 所示。

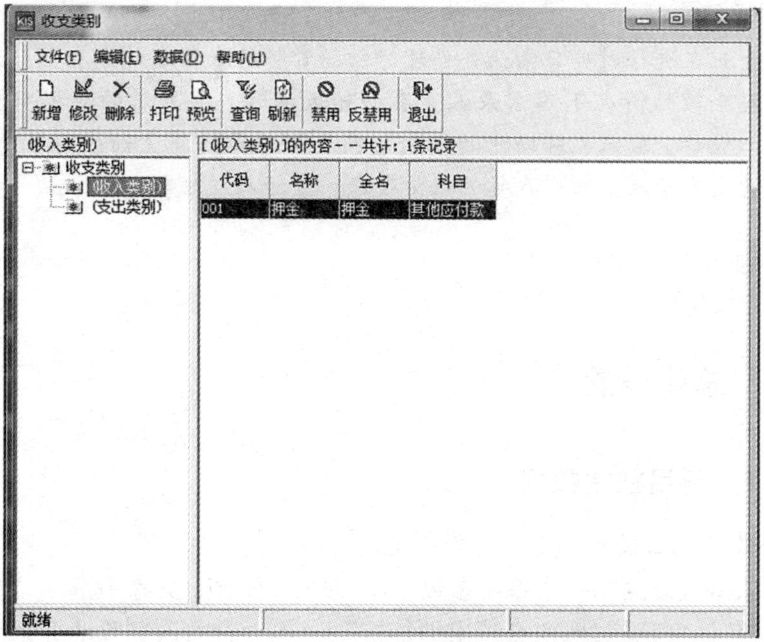

图 3 -18

模块四
初始化

目的与要求

掌握企业在进行财务日常业务处理时初始资料的准备工作。在企业无初始余额和累计发生额的情况下不需录入。有初始数据时，要录入的数据有全部本位币、外币、数量金额账、辅助账的期初余额及本年累计发生额；固定资产原值、累计折旧的发生额及余额；存货的数量余额、金额及发生额。

资料

4.1 总账设置

4.1.1 科目初始数据

1. 修改“基础设置”中的财务参数

①在“基础设置”→“系统参数”→“财务参数”页签中选中“凭证过账前必须审核”、“凭证过账前必须出纳复核”、“不允许修改删除业务系统凭证”、“银行存款科目必须输入结算信息”参数。设置“启用往来业务核算”，则在录入科目初始数据时，单击有“√”的标识，打开“往来业务”的对话框，可录入客户、期初余额、业务发生时间等信息。

②在“基础设置”→“系统参数”→“业务参数”基本选项页签中取消“审核制单可为同一人”。

③其他页签均按系统默认值。

2. 在“初始化”→“科目初始数据”菜单中录入总账会计科目及辅助核算的期初余额

（1）录入会计科目余额（表4－1）。

表4-1　科目余额表

科目代码	科目名称	结存数量	方向	期初余额
1001	库存现金		借	1 500.00
1002	银行存款		借	86 865.00
1122	应收账款		借	127 900.00
1221	其他应收款		借	4 435.00
1221.01	李强		借	3 000.00
1221.02	应交个人所得税		借	135.00
1221.03	财产保险费		借	1 000.00
1221.04	报刊费		借	100.00
1221.05	租赁费		借	200.00
1231	坏账准备		贷	640.00
1403	原材料		借	150 000.00
1403.01	甲材料	45 000.00	借	90 000.00
1403.02	乙材料	15 000.00	借	60 000.00
1405	库存商品		借	244 000.00
1405.01	A产品	2 500.00	借	100 000.00
1405.02	B产品	1 800.00	借	144 000.00
1411	周转材料		借	44 125.00
1411.01	包装物		借	30 000.00
1411.01.01	纸箱	3 000.00	借	30 000.00
1411.02	低值易耗品		借	14 125.00
1411.02.01	在库		借	14 125.00
1411.02.01.01	其他		借	4 710.00
1411.02.01.02	刀具	500.00	借	4 710.00
1411.02.01.03	办公用品	1 000.00	借	4 705.00
1501	持有至到期投资		借	50 000.00
1501.01	国库券		借	50 000.00
1501.01.01	成本		借	50 000.00
1601	固定资产		借	1 000 000.00
1602	累计折旧		贷	88 000.00
1701	无形资产		借	180 000.00

续表

科目代码	科目名称	结存数量	方向	期初余额
1701.01	专利权		借	180 000.00
1702	累计摊销		贷	16 500.00
2001	短期借款		贷	20 000.00
2001.01	工行		贷	20 000.00
2001.01.01	流动资金借款		贷	20 000.00
2202	应付账款		贷	5 000.00
2211	应付职工薪酬		贷	40 000.00
2211.01	福利费		贷	40 000.00
2221	应交税费		贷	7 685.00
2221.01	应交个人所得税		贷	135.00
2221.03	应交企业所得税		贷	2 000.00
2221.04	应交城市维护建设税		贷	350.00
2221.05	应交教育费附加		贷	200.00
2221.06	未交增值税		贷	5 000.00
2231	应付利息		贷	1 000.00
2231.01	贷款利息		贷	1 000.00
4001	实收资本		贷	1 500 000.00
4001.01	国家资本		贷	1 027 375.00
4001.02	漳州科华有限公司		贷	472 625.00
4002	资本公积		贷	30 000.00
4101	盈余公积		贷	20 000.00
4103	本年利润		贷	100 000.00
4104	利润分配		贷	60 000.00
4104.01	未分配利润		贷	60 000.00

（2）录入辅助核算项目－客户的期初余额（图 4－1）。

核算项目初始余额录入 （科目：1122 应收账款 ）

客户	本年累计借方	本年累计贷方	期初余额	业务发生时间
	原币	原币	原币	
01001-龙江公司			111,520.00	2012-11-22
01002-力佳公司			16,380.00	2012-11-30

图 4－1

（3）录入辅助核算项目－供应商的期初余额（图4－2）。

核算项目初始余额录入 （科目：2202 应付账款 ）

供应商	本年累计借方	本年累计贷方	期初余额	业务发生时间
	原币	原币	原币	
01001-漳州市供电局			5,000.00	2012-11-30

图4－2

4.1.2　固定资产初始数据

（1）固定资产类别（表4－2）。

表4－2　资产类别

类别编码	类别名称
01	房屋
02	设备

（2）使用状况：使用中－正常使用。

（3）变动方式：默认系统设置（表4－3）。

表4－3　变动方式

增减方式名称	减少方式
增减方式目录表	出售
增加方式	盘亏
购入	投资转出
投资者投入	捐赠转出
捐赠	报废
盘盈	毁损
在建工程转入	融资租出
融资租入	拆分减少

（4）相关科目：固定资产科目1601，累计折旧科目1602。

（5）部门对应折旧科目（表4－4）。

表 4 –4　折旧费用分配科目

部门编码	部门名称	折旧科目
1	生产部	
1.01	生产一部	5101.01，折旧费
1.02	生产二部	5101.01，折旧费
1.03	车间管理部	5101.01，折旧费
2	财务部	6602.08，折旧费
3	人事部	6602.08，折旧费
4	供应部	6601.01，折旧费
5	销售部	6601.01，折旧费

（6）录入原始卡片（表4 –5）。

表 4 –5　固定资产卡片

编码	备注	入账日期	名称	类别	变动方式	使用状态
1	新增	2011 –11 –15	厂房	房屋	购入	正常使用
2	新增	2011 –11 –17	办公用房	房屋	购入	正常使用
3	新增	2011 –11 –19	机床设备	设备	购入	正常使用
4	新增	2012 –02 –21	办公设备	设备	购入	正常使用
5	新增	2012 –12 –14	电子焊接机	设备	购入	正常使用
编码	预计净残值	预计使用期	已使用期间	折旧方法	累计折旧	原值本币
1	12 080.00	118	12	平均年限	29 354.40	302 000.00
2	1 520.00	93	12	平均年限	4 696.80	38 000.00
3	19 200.00	180	12	平均年限	30 528.00	480 000.00
4	7 200.00	67	9	平均年限	23 420.80	180 000.00
5	0.00	120	0	平均年限	0.00	50 000.00
编码	折旧费用项目	经济用途	开始使用日期	部门	数量、审核人	制单人
1	制造费用 –折旧	经营用	2011 –11 –15	生产一部	1，manager	李灵
2	管理费用 –折旧	经营用	2011 –11 –17	财务部	1，manager	李灵
3	制造费用 –折旧	经营用	2011 –11 –19	生产一部	1，manager	李灵
4	管理费用 –折旧	经营用	2012 –02 –21	财务部	1，manager	李灵
5	制造费用 –折旧	经营用	2012 –12 –14	生产一部	1，李灵	李捷

注：1. 卡片编号5，不是原始卡片，而是本期发生的新增的固定资产。
2. 原始卡片增加方式，均为直接购入的方式，使用状况均为“在用”，各卡片均为“平均年限法（一）”

实验一　总账的初始设置

4.1.1　系统参数

①单击“基础设置”→“系统参数”→“财务参数”，选中“凭证过账前必须审核”、“凭证过账前必须出纳复核”、“不允许修改/删除业务系统凭证”、“银行存款科目必须输入结算信息”参数。如图 4－3 所示。

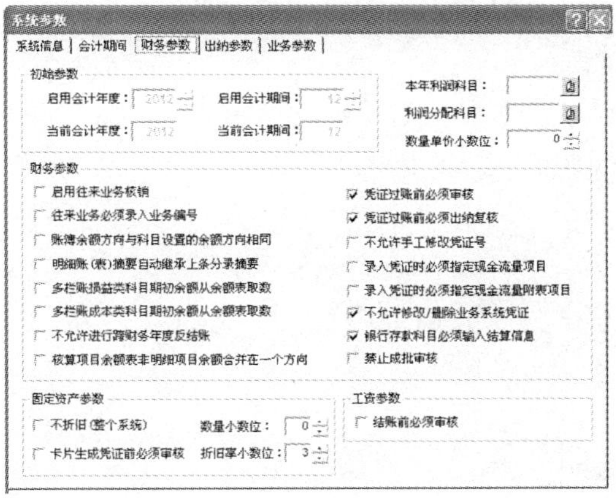

图 4－3

②单击“基础设置”→“系统参数”→“业务基础参数”，取消“审核和制单可为同一人”（注：鉴于练习时的操作比较烦琐，业务系统下的单据的制单、审核可以为同一人，此复选项可以打钩），如图 4－4 所示。

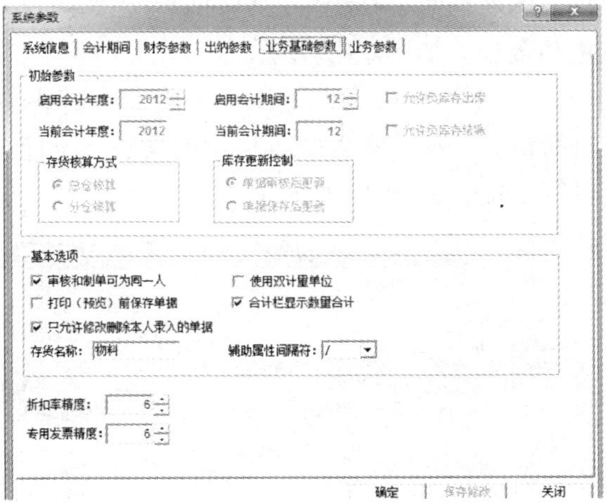

图 4－4

4.1.2 科目初始数据

①单击“初始化”→“科目初始数据”，单击科目对应的期初余额的单元格，录入期初数据。

②有核算项目的余额，如图4-5所示，单击有“√”的单元格，打开“核算项目初始余额录入”对话框，然后根据资料录入数据，单击“插入”命令按钮可插入空白记录栏。

科目		本年累计借方		本年累计贷方		期初	期初余额		核算
代码	名称	数量	原币	数量	原币	数量	方向	原币	项目
1001	库存现金						借	1,500.00	
1002	银行存款						借	86,865.00	
1003	存放中央银行款项						借		
1011	存放同业						借		
1012	其他货币资金						借		
1031	存出保证金						借		
1101	交易性金融资产						借		
1111	买入返售金融资产						借		
1121	应收票据						借		√
1122	应收账款						借	127,900.00	√
1123	预付账款						借		√
1131	应收股利						借		
1132	应收利息						借		
1221	其他应收款						借	4,435.00	
122101	李强						借	3,000.00	
122102	应交个人所得税						借	135.00	
122103	财产保险费						借	1,000.00	
122104	报刊费						借	100.00	
122105	租赁费						借	200.00	
122106	赵明						借		
1231	坏账准备						贷	640.00	
1321	代理业务资产						借		
1401	材料采购						借		
140101	甲材料						借		
140102	乙材料						借		
1402	在途物资						借		
1403	原材料						借	150,000.00	
140301	甲材料					45,000.0000	借	90,000.00	
140302	乙材料					15,000.0000	借	60,000.00	
1404	材料成本差异						借		
1405	库存商品						借	244,000.00	
140501	A产品					2,500.0000	借	10,000.00	
140502	B产品					1,800.0000	借	144,000.00	

图4-5

③当一级科目和明细科目是末级科目时，可直接录入期初余额，在首次录入时，手工验证总账与其所属的明细账是否相等。

④有数量金额核算的期初数，在选中的科目记录栏的数量期初和原币期初单元格内分别录入数量和金额。如图4-5所示。

⑤单击工具栏的“平衡”按钮，进行试算平衡，有外币的情况下，单独选中某一币别时不能进行试算平衡；在综合本位币的状态下不能进行期初余额的修改，但是可以进行试算平衡，如图4-6所示。

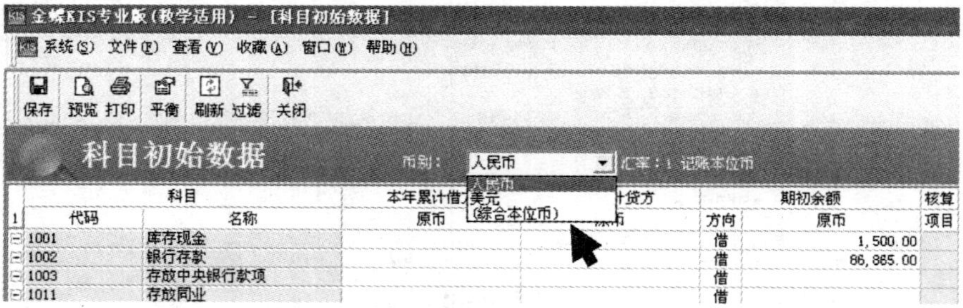

图4-6

⑥在期初余额录入的对话框中单击“收藏”→“报表”→“试算平衡表”，可进行试算平衡的数据查看。或在主界面下单击“初始化”→“科目初始数据”，在币别的文本框下选择“综合本位币”，单击工具栏上的“平衡”。试算平衡结果如图4－7所示。单击“关闭”退出。

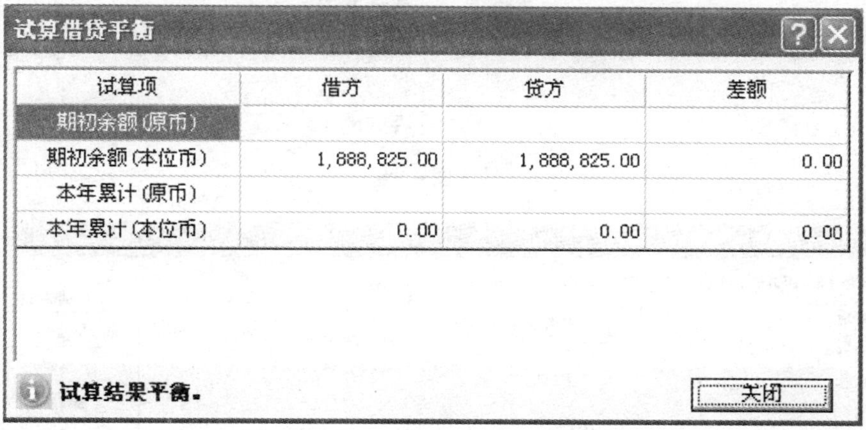

图4－7

实验二　其他模块初始设置

4.2.1　固定资产初始数据

①单击“初始化”→“固定资产初始数据”，打开“固定资产管理”对话框。

②单击“新增”命令按钮，打开固定资产卡片的“变动－新增”对话框，在此对话框下按资料录入相应档案，如固定资产类别、使用状况、变动方式、使用部门、原值、累计折旧等。

③单击固定资产卡片“变动－新增”对话框中的“资产类别”文本框后的查询命令按钮，按资料新增类别档案，或进行档案的选择。资料参见表4－2。或在主界面下单击“固定资产”→“账簿报表”，如图4－8所示，可将资产类别、变动方式、使用状态等信息在此先行设置。

④单击“保存”命令按钮进行保存。

⑤在“固定资产”模块下的“卡片查询”中查询已录入的固定资产卡片，或在固定资产管理对话框单击“查看”→“过滤条件”，或直接单击工具栏上的“过滤”工具按钮，通过输入查询条件可查询已录入的固定资产卡片。如需修改，可单击图4－9中的“编辑”命令按钮。

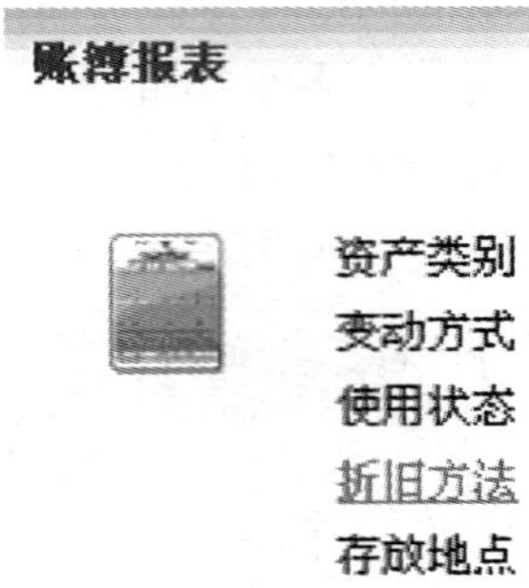

图 4 – 8

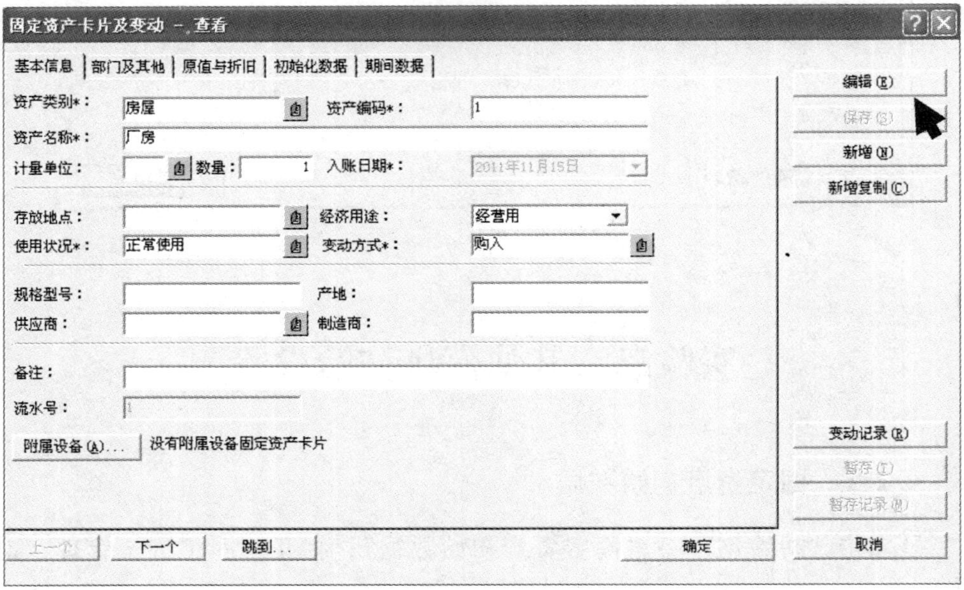

图 4 – 9

⑥单击“初始化”→“启用财务系统”可进行下一步的日常业务处理，关闭财务系统的初始化。再单击一次“启用财务系统”即可完成财务系统的反初始化。固定资产的日常业务如要正常进行，需要启用财务系统。

4.2.2 应收款设置

由主界面下的“初始化”进入“应收应付初始数据”对话框。

单击“客户”工具栏：

①客户代码可通过按 F7 键或单击“查看”→“基础资料查询”菜单录入。

②在“应收账款”单元格录入龙江公司的应收账款“111 520”。

③单击“新增”命令按钮插入行，客户代码可通过按 F7 键或单击“查看”→“基础资料查询”菜单录入，然后录入力佳公司的应收账款“16 380”。

④单击“保存”命令按钮进行保存并进行本页合计。结果如图 4－10 所示。

客户代码	客户名称	应收账款	预收账款	期初余额
01001	龙江公司	111,520.00	0.00	111,520.00
01002	力佳公司	16,380.00	0.00	16,380.00
本页小计		127,900.00	0.00	127,900.00
合计		127,900.00	0.00	127,900.00

图 4－10

3.2.3　应付款设置

（1）单击“供应商”工具栏：

①供应商代码可通过按 F7 键或单击“查看”→“基础资料查询”菜单录入。

②在“应付账款”单元格录入漳州市供电局的应付账款“5 000”。

③单击“保存”命令按钮进行保存并进行本页合计。结果如图 4－11 所示。

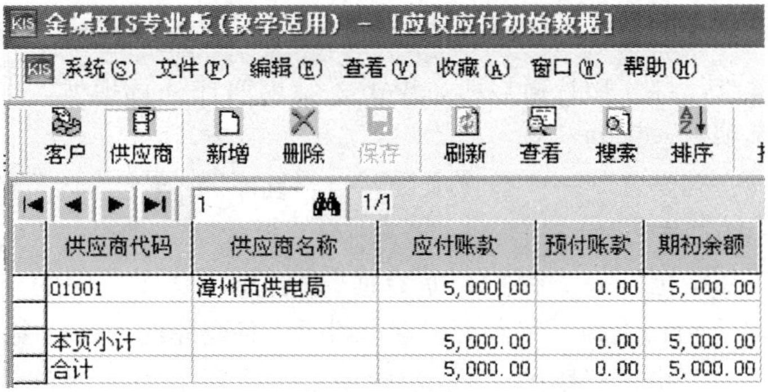

供应商代码	供应商名称	应付账款	预付账款	期初余额
01001	漳州市供电局	5,000.00	0.00	5,000.00
本页小计		5,000.00	0.00	5,000.00
合计		5,000.00	0.00	5,000.00

图 4－11

（2）在“账套管理”下将初始化的数据进行系统数据备份后，再进行业务系统的启用。备份的数据可另外保留，以防在学习过程中数据损坏。

（3）由系统管理员李灵启用业务系统。执行此操作时，主界面下的“初始化”→“暂估入库单”和“未核销出库单”如果有单据，必须已审核才能启用。启用后，系统会提示要求确认是否已完成各系统的初始化，实施完毕后，需重新启用系统，单击“是”，可启用。如图 4－12 所示。

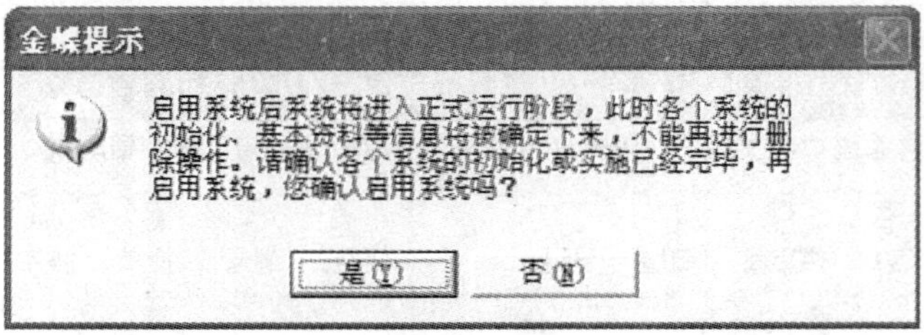
金蝶提示
启用系统后系统将进入正式运行阶段，此时各个系统的初始化、基本资料等信息将被确定下来，不能再进行删除操作。请确认各个系统的初始化或实施已经完毕，再启用系统，您确认启用系统吗？
是(Y)
否(N)

图 4－12

注：为保证能正确、连续地完成账套练习，务必在启用所有初始化系统时做好数据的备份工作。

4.2.4 存货初始数据

①单击“基础设置”→“核算项目”→“物料”，在物料内容的窗口中根据资料录入物料的档案。

②单击“基础设置”→“物料的辅助属性”→“辅助属性”→“基本类”→“新增”，增加各个基本类：材料、库存商品、应税劳务。

③选择材料基本类，单击右边空白的工作区，单击“新增”，增加材料基本类的类别属性编码 01，属性值：材料产地。同理，增加库存商品基本类的类别属性编码 01，属性值：商品尺寸；应税劳务基本类的类别属性编码 01，属性值：接收单位。

④单击“基础设置”→“物料的辅助属性”→“物资资料”，选择每一个物料档案进行修改，打开物料窗口时，单击“辅助属性”选项卡，单击“是否选择”前的复选项框，打上“√”。

⑤单击“基础设置”→“核算项目”→“仓库”，在仓库内容的窗口中根据资料录入仓库的档案。

⑥单击“初始化”→“存货初始数据”，选择“仓库”中的“原料库”或“成品库”，在“物料代码”字段下根据资料录入各仓库的物料档案。

⑦单击每一个物料档案的“批次/顺序号”字段名下的绿色命令按钮，打开每种物料的对话框，录入期初数量和期初余额，入账日期全部设为 2012－11－30。

⑧参照模块三存货资料的“物料代码”、“辅助属性”等信息，单击图 4－13 所示的“批次/顺序号”，录入“年初数量”和“年初金额”，完成原料库物料的信息录入。

⑨完成图 4－14 所示的成品库下的物料的录入后（成品库物料的录入操作步骤同⑦、⑧），单击“对账”工具按钮，进行总账和明细账的对账。

⑩“对账”后，工具按钮变换“录入”和“传递”，可单击“传递”工具

按钮，将存货的初始数据传递到“科目的初始数据”中。

⑪删除时，选中需要被删除的物料代码，单击工具栏上的“删除”命令，可删除物料档案数据。

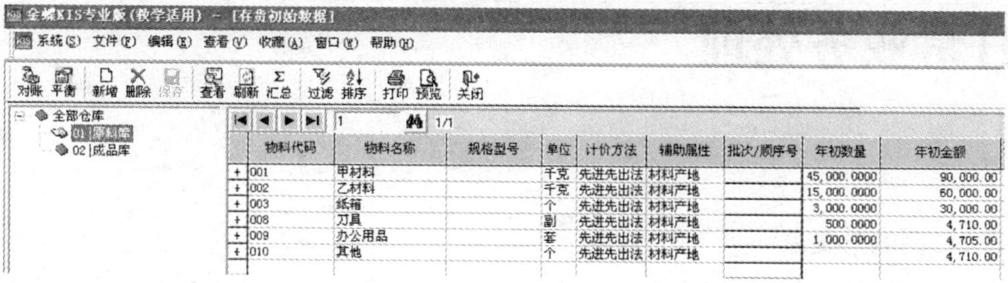

图 4 -13

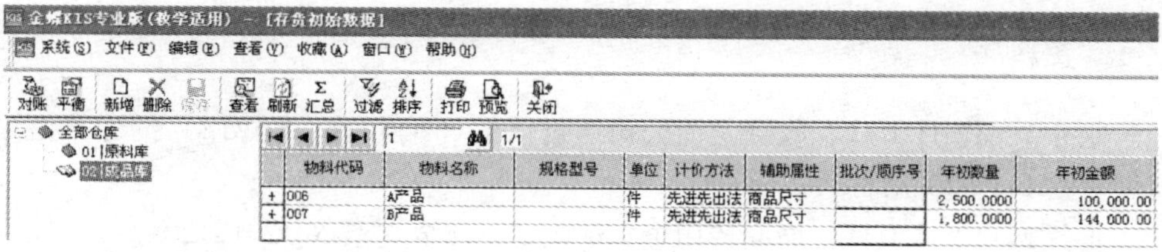

图 4 -14

模块五

日常业务处理

目的与要求

掌握企业在进行所有业务处理时，进行应收、应付、账务处理的日常财务核算、查询和期末处理的方法。

资料

业务1：12月1日，收到龙江公司通过信汇（编号No. 201212）的方式汇来前欠货款111 520元。

业务2：12月1日，提取备用金2 000元。现金支票No. 20121201。

业务3：12月2日，从泉州华兴有限公司购买材料，收到采购专用发票，甲材料5 000千克，每千克2元，价值10 000元；乙材料5 000千克，每千克4元，价值20 000元。发票注明税金5 100元。尚未验收入库，且款项也未支付。

业务4：12月2日，采购上述材料发生运费3 000元，取得增值税专用发票，增值税率假设为7%（此数据是为数据完成而假设的），其中甲材料负担930元（数量5 000），乙材料负担1 860元（数量5 000），可抵扣的进项税额是甲材料65元，乙材料145元。转账支票号No. 20121202。供应商：01. 003物流公司。

业务5：12月3日，向力佳公司销售A产品600件，售价50元，价税合计35 100元。货款尚未收到。

业务6：12月3日，用转账支票票号No. 20121203支付广告费1 000元，业务员的电话费800元，共计1 800元。

业务7：12月4日，代付报刊费1 200元，转账支票号No. 20121204。

业务8：12月5日，赵明预借差旅费500元，现金付讫。

业务9：12月5日，归还前欠泉州华兴有限公司的货款35 100元，转账支票号No. 20121205。

业务10：12月7日，支付个人所得税135元，转账支票号No. 20121206。

业务11：12月7日，购买办公用品100元，转账支票号No. 20121207。

业务12：12月8日，生产领用材料甲材料34 300千克，价值68 600元；乙材料13 000千克，价值52 000元。其中生产一部生产A产品甲材料20 300千克，价值 40 600 元；生产二部生产 B 产品领用甲材料 11 500 千克，价值 23 000 元，领用乙材料 13 000 千克，价值 52 000 元，车间管理部一般耗用领用甲材料 1 500 千克，价值 3 000 元，供应部领用甲材料 1 000 千克，价值 2 000 元。

业务 13：12 月 8 日，向龙江公司销售 B 产品 500 件，单价 100 元，价值 50 000 元，开具增值税专用发票销项税额是 8 500 元，款项存入银行。结算方式：进账单。结算号：20121208。交货方式：提货。

业务 14：12 月 9 日，从银行借入半年期借款 60 000 元。结算方式：进账单。结算号：20121209。

业务 15：12 月 10 日，从泉州华兴公司采购甲、乙两种材料，取得增值税专用发票。其中购进甲材料 5 000 千克，单价 2 元，价值 10 000 元；购进乙材料 3 750 千克，单价 4 元，价值 15 000 元，增值税额 4 250 元。货款未付，未入库。附件张数 3 张。

业务 16：12 月 12 日，销售部赵明回来报销差旅费 350 元，退回现金 150 元。

业务 17：12 月 14 日，生产一部购进电子焊接机一台，已投入使用，价值 50 000 元。预计使用期间数是 120，折旧方法是平均年限法的第一种。取得专用发票，价款 50 000 元，税金 8 500 元。转账支票号是 No. 20121208。

业务 18：12 月 18 日，取得漳州科华有限公司的投资，通过转账已入账 100 000 元。结算号：201213。

业务 19：12 月 21 日，李强退还前借款项 3 000 元。通过转账付讫。结算号：201214。

业务 20：12 月 24 日，材料入库，甲材料 10 000 千克，价值 20 930 元；乙材料 8 750 千克，金额 36 860 元。

业务 21：12 月 31 日，在固定资产模块计提折旧。

业务 22：12 月 31 日，向漳州市供电局支付罚款，支出现金 500 元。

业务 23：12 月 31 日，向龙江公司出售甲材料 1 000 千克，不含税单价 5 元，售价 5 000 元。开具专用发票，通过转账方式收讫。结算号：201215。附件张数 2 张。

业务 24：12 月 31 日，结转向龙江公司发出的甲材料成本。销售 1 000 千克，单价 2，金额 2 000 元。

业务 25：12 月 31 日，结转发出商品成本，B 商品 500 件，单位成本 80 元，金额 40 000 元。

业务 26：12 月 31 日，结转发出商品成本，A 商品 600 件，单位成本 40 元，金额 24 000 元。

业务 27：12 月 31 日，计提无形资产摊销 1 500 元。附件张数 1 张。

业务 28：12 月 31 日，缴纳城市建设税 104. 3 元，教育费附加 44. 7 元。附件张数 3 张。

注：

①本账套所有业务的结算号均为虚拟的。

②本资料的业务包含了采购管理、销售管理、应收应付、存货核算的日常业务处理内容，具体详见每笔业务的操作步骤。

③出纳的初始化及日记账的查询日常业务处理见记账以后的账簿查询练习。

实验一 日常业务处理

5.1 总账日常操作

5.1.1 填制凭证

业务1：

①单击金蝶 KIS 专业版主界面下的“系统”→“重新登录”，更换操作员为李捷。

②先在“应收应付”→“收款单”→“选单”→“期初应收”中选择“龙江公司”，根据资料录入日期“12 月 1 日”；结算账户：银行存款，结算方式：信汇，收款金额：111 520 元，结算号：20121201。单击“保存”。

③上述单据制单完成后，可立即审核以上单据。（若在“系统参数”→“业务参数”中选择制单和审核不能为同一人，审核时需更换操作员。审核人查找单据时通过“应收应付”→“账簿报表”→“收款单序时簿”，选择上述内容的单据进行“审核”。）

④单击“账簿报表”→“凭证模板”，双击应收款单，将模板中“科目”栏中的其他科目修改为“应收账款”。在会计科目表中，“应收账款”科目已被设置为客户的辅助核算，因此，在凭证模板的表格中，单击应收账款科目栏对应的核算项目单元格，打开“核算项目取数”窗口，在“对应单据项目”单元格中选择“购货单位”。单击“保存”→“退出”。

⑤在主界面下进入“应收应付”→“生成凭证”，选择事务类型“应收款”，打开“过滤”对话框，单击“确定”，打开“生成记账凭证”对话框，单击“文件”→“按单生成凭证”，或单击工具栏命令“按单”→“确定”。生成凭证如图 5－1 所示。

注：删除或审核时如提示用户冲突，用如下方法解决：单击“开始”→“所有程序”→“金蝶 KIS 专业版”→“工具”→“系统工具”→“打开网络控制工具”→“输入用户名密码”→“清除所有用户”。

业务2：

①单击“账务处理”→“凭证录入”，打开凭证录入对话框，单击“新增”。

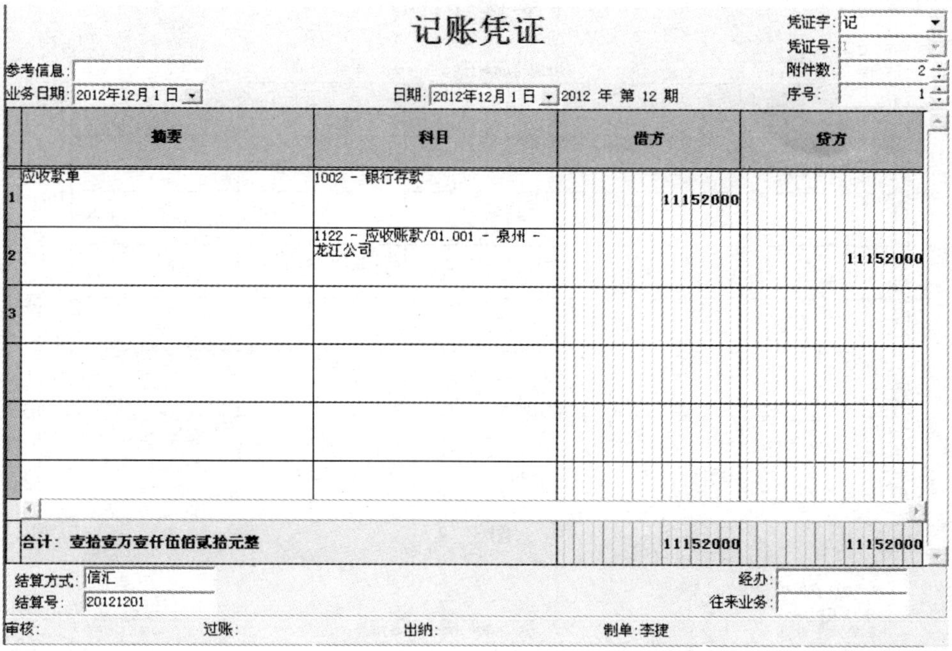

图 5－1

②在“摘要”栏下直接根据经济业务输入摘要，或双击进入“财务摘要库”编辑常用的摘要，编辑好的摘要可以在摘要栏下按 F7 键选择。

③在录入第二条记录的摘要时，可在输入法是半角状态或是英文状态下，双击键盘上的句点键“.”复制上一条记录的摘要，或是双击右斜杠键“/”（键上有问号）复制第一条记录的摘要。

④在科目栏下可直接录入最末级科目的科目全编码，或按 F7 键在科目库中查询。

⑤凭证中最后一条记录的金额栏的金额可取“＝”号，系统自动填列，并保证凭证的借贷相等。

⑥有银行存款科目的，要填列结算方式：现金支票，结算号：20121201，结算方式按 F7 键可查询或编辑。

⑦最后单击“保存”。生成凭证如图 5－2 所示。并新增下一张凭证。

业务 3：

①单击“采购管理”→“采购发票”，打开采购发票对话框，单击“新增”。

②录入信息。供应商：泉州华兴有限公司，日期：2012 年 12 月 2 日，采购方式：赊购，付款期限：2013 年 1 月 2 日。在表体的物料代码单元格按 F7 键可以参照选择之前录入的物料基础信息。如图 5－3 所示。

③在“辅助属性”栏输入物料档案的类别属性值代码。如：“材料”，在其类别属性代码中输入“01”，属性值输入“材料产地”；“库存商品”，在其类别

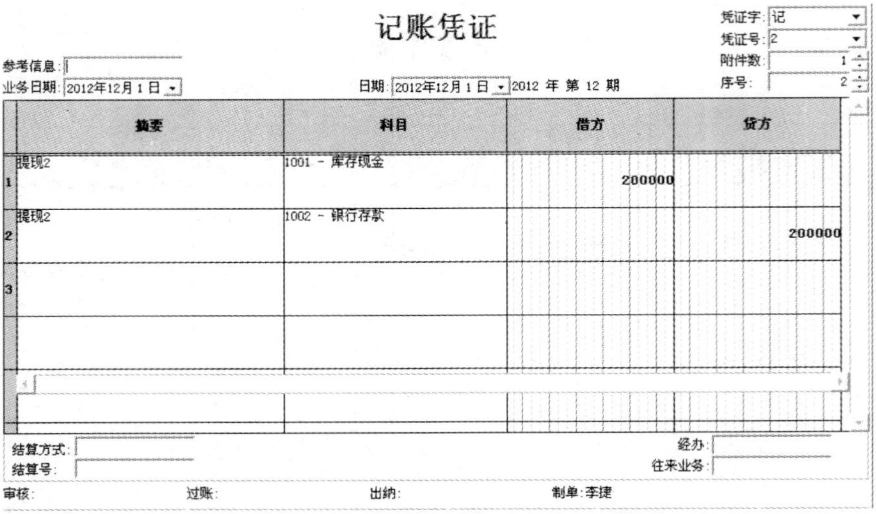

图 5－2

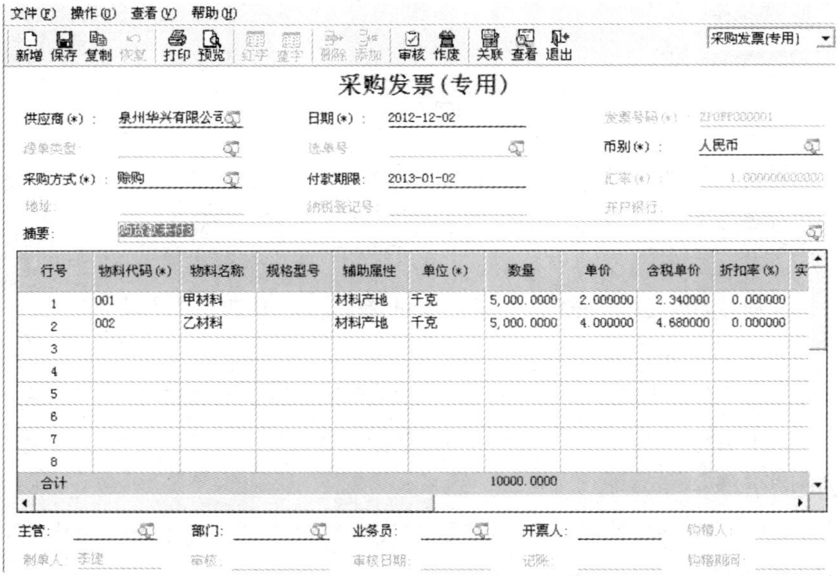

图 5－3

属性代码中输入“01”，属性值输入“商品尺寸”；“应税劳务”，在其类别属性代码中输入“01”，属性值输入“接受单位”。

④单击“保存”按钮后，工具栏出现“审核”按钮，单击“审核”进行审核。此张发票的制单人是李灵，如需李灵自己审核，“基础设置”→“系统参数”的业务参数需要修改成“制单人和审核人可为同一人”；否则，可更换操作员为李捷，打开主界面“采购管理”→“采购发票序时簿”，查到此张发票进行审核。

⑤退出采购管理后，进入主界面“存货核算”→“凭证模板”，在“事务类

型”窗口中，选择事务类型是采购发票（发票直接生成）的凭证模板，双击进入凭证模板窗口。如图 5－4 所示。

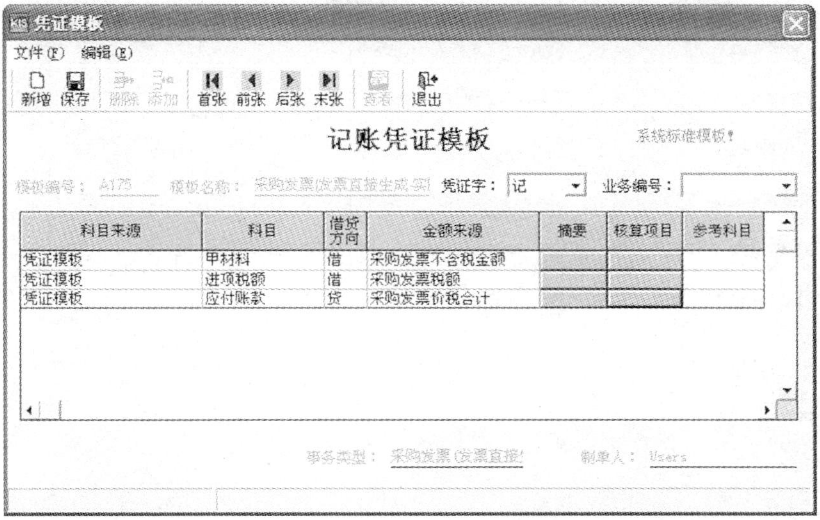

图 5－4

注：图 5－4 的“应付账款”科目需要单击“核算项目”对应的单元格，选择“供应商”。单击“保存”→“退出”。

⑥单击“存货核算”→“生成凭证”，如图 5－5 所示，选择采购发票复选项，单击工具栏上的“重设”，出现可供选择的采购发票，在需要的发票前的“选择标志”下单击打钩。在工具栏上选择“按单生成凭证”，单击“生成凭证”命令按钮，生成凭证。

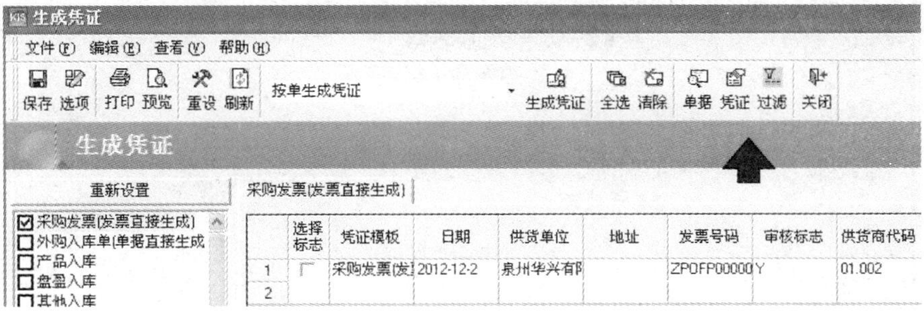

图 5－5

⑦对于生成的凭证，生成完毕后重新选择采购发票，在需要的发票前的“选择标志”下重新单击打钩。在工具栏上选择“凭证”，修改凭证日期和凭证附件张数。凭证修改日期为 2012 年 12 月 2 日。附件张数为“3”。

⑧在“存货核算”→“凭证管理”对话框中检查并修改完凭证内容后，单击“保存”退出。生成的凭证如图 5－6 所示。

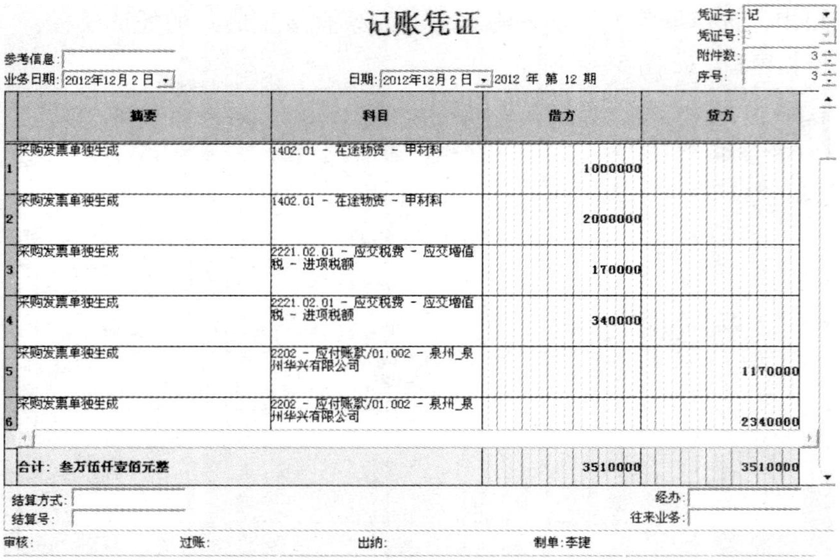

记账凭证

凭证字：记　凭证号：　附件数：3　序号：3

参考信息：

业务日期：2012年12月2日　日期：2012年12月2日　2012 年 第 12 期

	摘要	科目	借方	贷方
1	采购发票单独生成	1402.01 - 在途物资 - 甲材料	1000000	
2	采购发票单独生成	1402.01 - 在途物资 - 甲材料	2000000	
3	采购发票单独生成	2221.02.01 - 应交税费 - 应交增值税 - 进项税额	170000	
4	采购发票单独生成	2221.02.01 - 应交税费 - 应交增值税 - 进项税额	340000	
5	采购发票单独生成	2202 - 应付账款/01.002 - 泉州_泉州华兴有限公司		1170000
6	采购发票单独生成	2202 - 应付账款/01.002 - 泉州_泉州华兴有限公司		2340000
	合计：叁万伍仟壹佰元整		3510000	3510000

结算方式：　经办：

结算号：　往来业务：

审核：　过账：　出纳：　制单：李捷

图 5－6

业务 4：

①单击“采购管理”→“采购发票”，打开采购发票对话框，单击“新增”。

②录入信息。在进入供应商对话框时，单击“新增”，增加 01.003 物流公司。操作同业务 3 的②～④，将采购方式改为“现购”，甲材料金额填 930 元，税率填 7%，税额填 65 元，乙材料金额填 1 860 元，税率填 7%，税额填 145 元，此发票是李捷制单，则可换李灵审核。如图 5－7 所示。

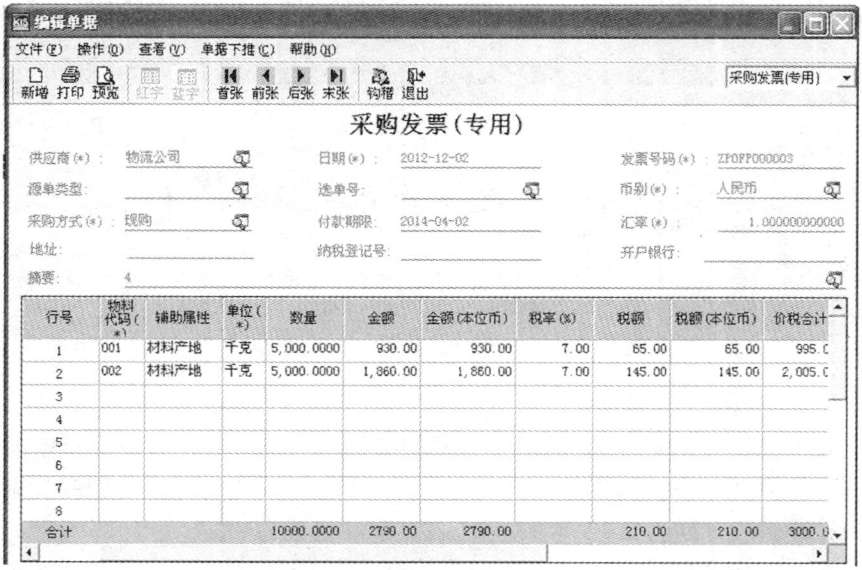

编辑单据

文件(F)　操作(O)　查看(V)　单据下推(C)　帮助(H)

新增　打印　预览　红字　蓝字　首张　前张　后张　末张　钩稽　退出　采购发票(专用)

采购发票(专用)

供应商(*)：物流公司　日期(*)：2012-12-02　发票号码(*)：ZPOFP000003

源单类型：　选单号：　币别(*)：人民币

采购方式(*)：现购　付款期限：2014-04-02　汇率(*)：1.000000000000

地址：　纳税登记号：　开户银行：

摘要：4

行号	物料代码(*)	辅助属性	单位(*)	数量	金额	金额(本位币)	税率(%)	税额	税额(本位币)	价税合计
1	001	材料产地	千克	5,000.0000	930.00	930.00	7.00	65.00	65.00	995.0
2	002	材料产地	千克	5,000.0000	1,860.00	1,860.00	7.00	145.00	145.00	2,005.0
3										
4										
5										
6										
7										
8										
合计				10000.0000	2790.00	2790.00		210.00	210.00	3000.0

图 5－7

③同业务 3 的步骤⑤，但此处的凭证模板不需设置。

④同业务 3 的步骤⑥，进入“存货核算”→“生成凭证”，进入金蝶提示，单击“确定”，选择“采购发票生成凭证”复选项，单击工具栏上的“重设”，出现可供选择的采购发票，在需要的发票前的“选择标志”下单击打钩。在工具栏上选择“按单生成凭证”，单击“生成凭证”命令按钮，生成凭证。凭证生成完毕后，重新选择采购发票，在需要的发票前的“选择标志”下单击打钩。在工具栏上选择“凭证”，修改凭证日期和凭证附件张数 3 张。将贷方科目改为“银行存款”，金额 3 000 元。生成的凭证如图 5－8 所示。

图 5－8

业务 5：

①单击“系统”→“重新登录”，更换操作员为李捷。

②先在“销售管理”→“销售发票”中录入相关信息。日期为 2012 年 12 月 3 日。收款期限为 2013 年 12 月 17 日。摘要：销售 A 产品 5。销售方式：赊销。单击“保存”进行保存，然后更换操作员李灵审核此销售专用发票。发票如图 5－9 所示。

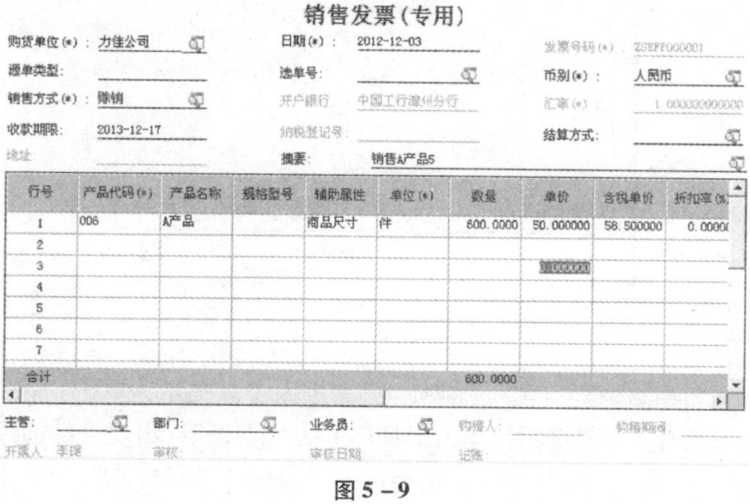

图 5－9

③退出销售管理后，进入主界面“存货核算”→“凭证模板”，选择事务类型：销售收入（赊销）的凭证模板，双击进入，如图5－10所示。将凭证模板的借方科目通过按F7键查到“应收账款”。

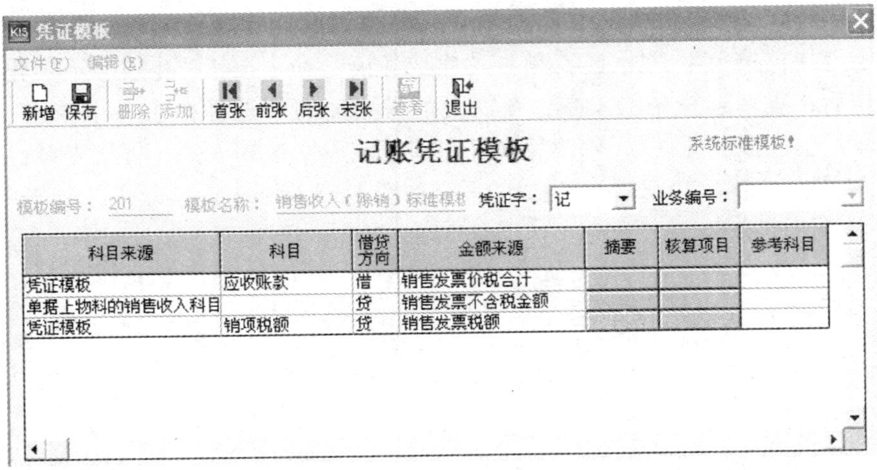

图5－10

④在“应收账款”科目的记录栏，在对应的核算项目单元格中单击，打开如图5－11所示的“核算项目取数”窗口，在“对应单据上项目”的单元格中选择“购货单位”。单击“确定”→“保存”→“退出”。

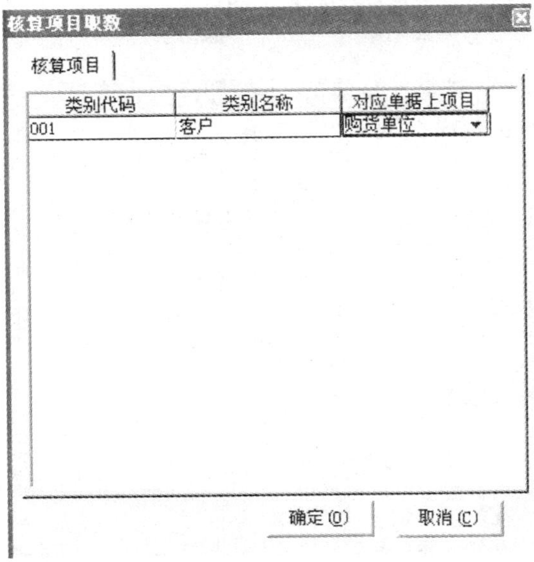

图5－11

⑤单击“存货核算”→“生成凭证”，进入金蝶提示，单击“确定”，选择“销售收入（赊销）”复选项，单击工具栏上的“重设”，出现可供选择的销售收入凭证模板，如图5－12所示，在需要的发票前的“选择标志”下单击打钩。在

工具栏上选择“按单生成凭证”，单击“生成凭证”命令按钮，生成凭证。提示凭证生成成功，单击“确定”后，重新选择销售收入（赊销），在需要的凭证模板前的“选择标志”下重新单击打钩。在工具栏上选择“凭证”，修改凭证日期为 2012 年 12 月 3 日和凭证附件张数为 2 张。

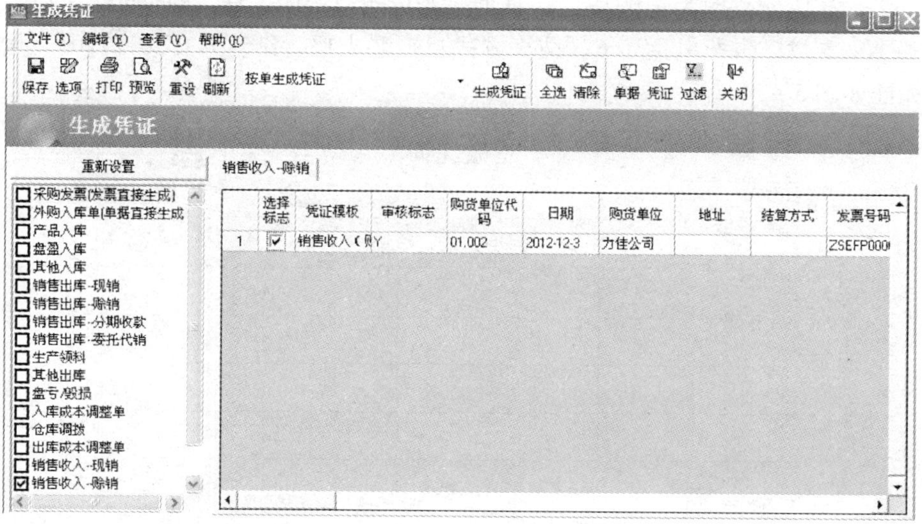

图 5－12

⑥在“存货核算”→“凭证管理”下选择凭证，单击“修改”进行相关修改后，单击“保存”，退出该凭证。形成如图 5－13 所示的凭证。

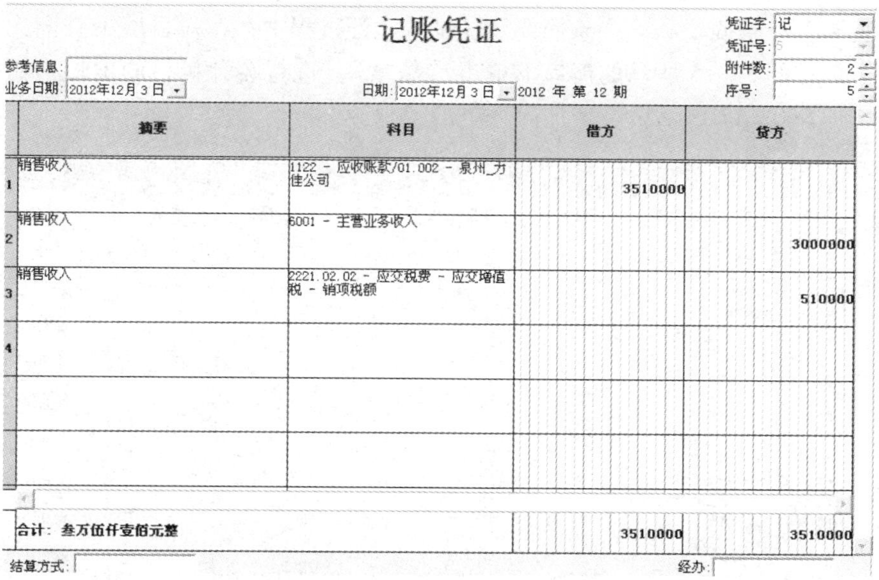

图 5－13

注：通过“存货核算”进入“凭证管理”只能查询有存货类科目及应收、应付科目的凭证，如要查询所有凭证，需通过“账务处理”进入“凭证管理”。

业务6：

①单击“账务处理”→“凭证录入”，打开凭证录入对话框，单击“新增”。

②选择凭证类型为记账凭证。日期：2012年12月3日。附件数：2张。录入摘要：支付广告费电话费6。结算方式：转账支票，结算号：20121203。增加的凭证如图5－14所示。

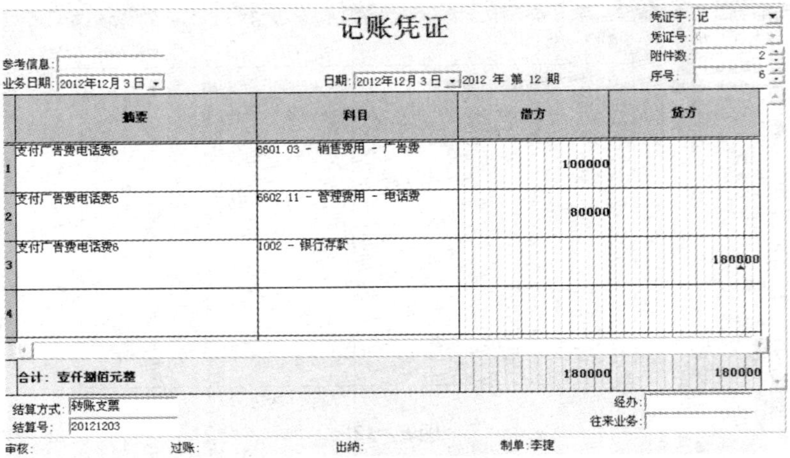

图5－14

③录入第二条摘要时，在英文状态下，敲击键盘下的“.”或“/”两次，可以复制上一条摘要和第一条摘要。在录入凭证过程中，在科目库中查询无该科目时，可在图5－15所示的窗口下单击“新增”，进行会计科目的增加，如本业务要增加6602.11电话费。增加后，单击“保存”。

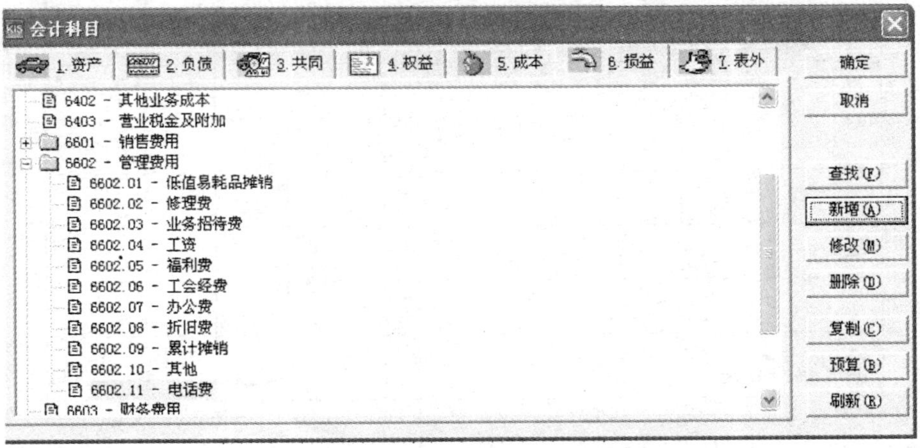

图5－15

业务 7：

①单击“账务处理”→“凭证录入”，打开凭证录入对话框，单击“新增”。日期：2012 年 12 月 4 日，附件数：1 张，结算方式：转账方式，结算号：20121204。

②单击“保存”退出。增加如图 5－16 所示的凭证。也可单击“新增”，增加下一张的同时保存上一张。

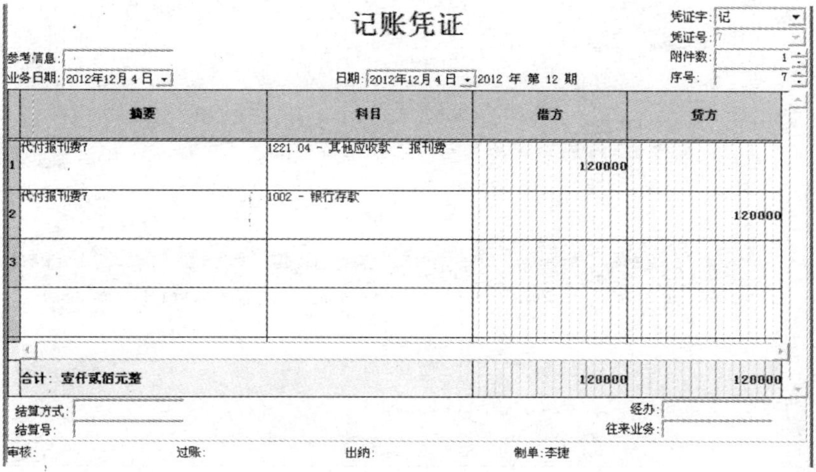

图 5－16

业务 8：

①单击“账务处理”→“凭证录入”，打开凭证录入对话框，单击“新增”。日期：2012 年 12 月 5 日，附件数为：1 张。

②单击“保存”，增加如图 5－17 所示的凭证。单击“关闭”退出。

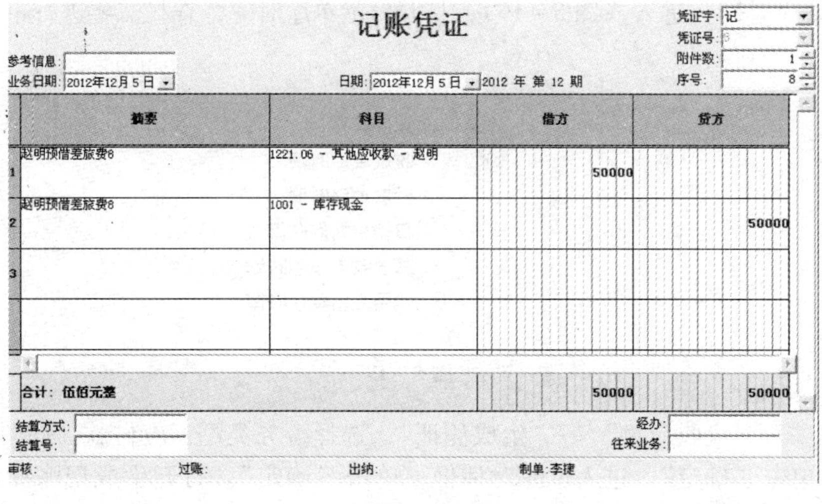

图 5－17

业务9：

①进入“应收应付”→“付款单”，打开如图5－18所示的对话框，单击“选单”，选择采购专用发票。选择供应商“01.002”，双击，打开付款单。

②单击“保存”，保存表头为“付款单据”，工具栏中会出现“审核”命令按钮，将图中付款单据进行审核。然后退出付款单据对话框。

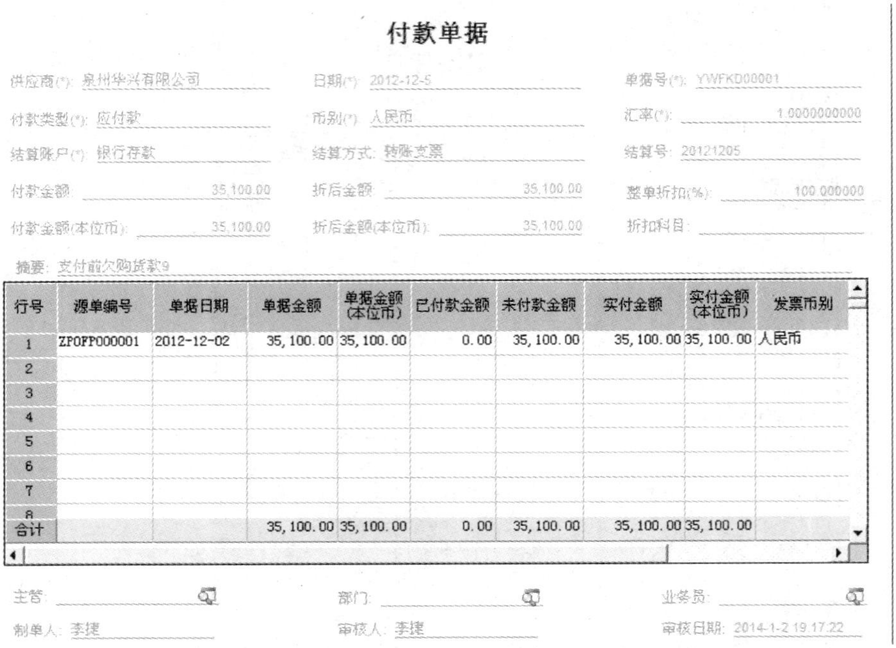

付款单据

供应商(*)：泉州华兴有限公司　日期(*)：2012-12-5　单据号(*)：YWFKD00001

付款类型(*)：应付款　币别(*)：人民币　汇率(*)：1.0000000000

结算账户(*)：银行存款　结算方式：转账支票　结算号：20121205

付款金额：35,100.00　折后金额：35,100.00　整单折扣(%)：100.000000

付款金额(本位币)：35,100.00　折后金额(本位币)：35,100.00　折扣科目：

摘要：支付前欠购货款9

行号	源单编号	单据日期	单据金额	单据金额(本位币)	已付款金额	未付款金额	实付金额	实付金额(本位币)	发票币别
1	ZPOFP000001	2012-12-02	35,100.00	35,100.00	0.00	35,100.00	35,100.00	35,100.00	人民币
2									
3									
4									
5									
6									
7									
8									
合计			35,100.00	35,100.00	0.00	35,100.00	35,100.00	35,100.00	

主管：　部门：　业务员：

制单人：李捷　审核人：李捷　审核日期：2014-1-2 19.17.22

图5－18

③如果要更换操作员审核，则从主界面“应收应付”→“账簿报表”→“付款单序时簿”进入（图5－19），打开付款单序时簿，查找需要进行审核的单据，单击“审核”。

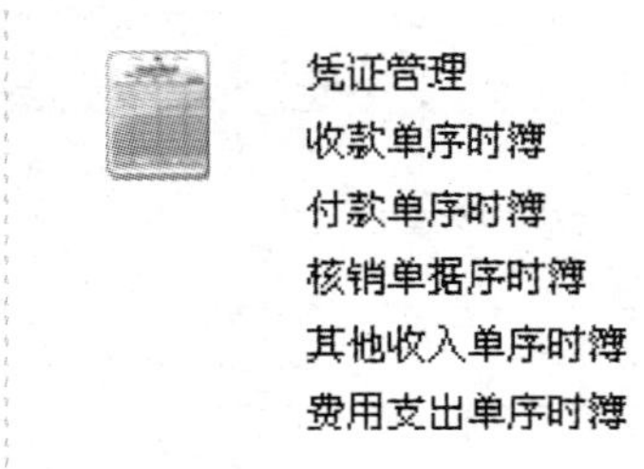

图5－19

④进入“应收应付”→“生成凭证”，选择事务类型：应付款，如图5－20所示，单击“确定”。进入过滤对话框，单击“确定”。打开生成记账凭证对话框，在单据序时簿下选中单据，单击工具栏中的“按单”，生成凭证。单击工具

栏上“凭证”按钮，可打开凭证进行修改，由于是根据“应收应付”→“凭证模板”→“应付款”类型产生凭证，如果模板上的科目定义的是“应付票据”科目，方案一是修改该模板的科目为“应付账款”；方案二是修改已生成的凭证上的科目为“应付账款”。

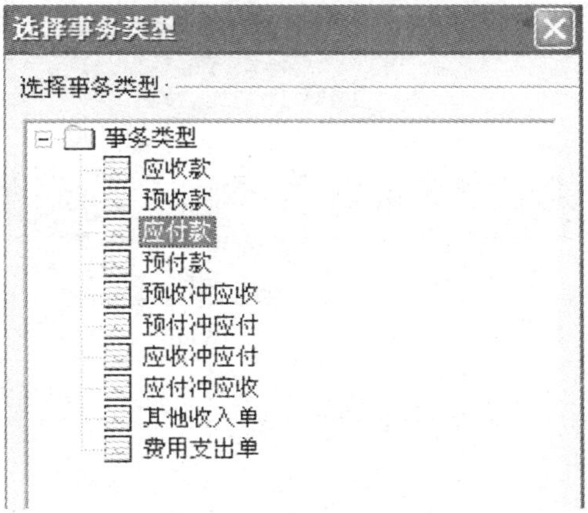

图 5 – 20

⑤如果要查找该张凭证进行修改，由于它是通过“应收应付”模块产生的凭证，因此，需单击“应收应付”模块下的“账簿报表”→“凭证管理”，打开过滤器后，单击“确定”，进入“会计分录序时簿”的窗口中，查找记字为 9 号的凭证，生成如图 5 – 21 所示的凭证，单击工具栏上的“修改”，修改完成后，单击“保存”。

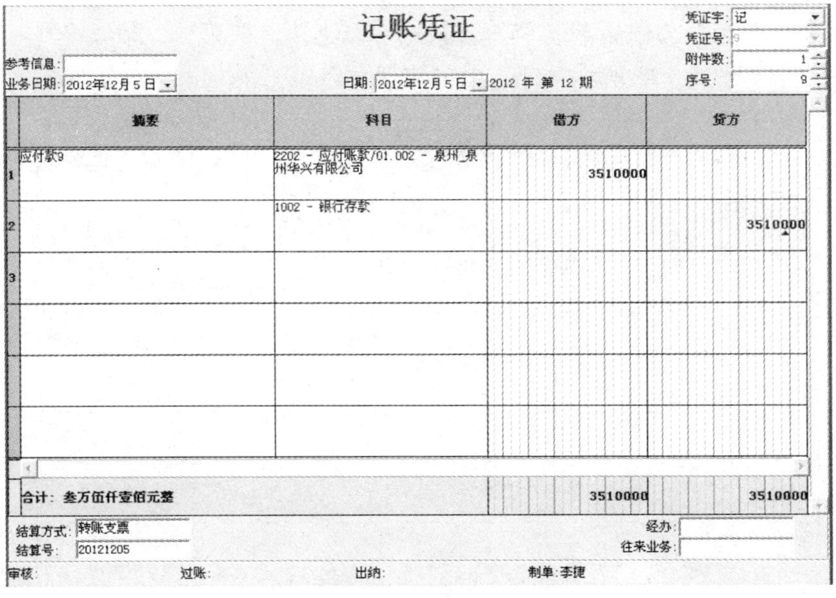

图 5 – 21

业务 10：

①单击“账务处理”→“凭证录入”，打开凭证录入对话框，单击“新增”。

②选择凭证类型为记账凭证。日期：2012 年 12 月 7 日，附件数：2 张。录入摘要：支付个人所得税 10。结算方式：转账支票，结算号：20121206。

③生成如图 5－22 所示凭证，单击“保存”或“新增”。

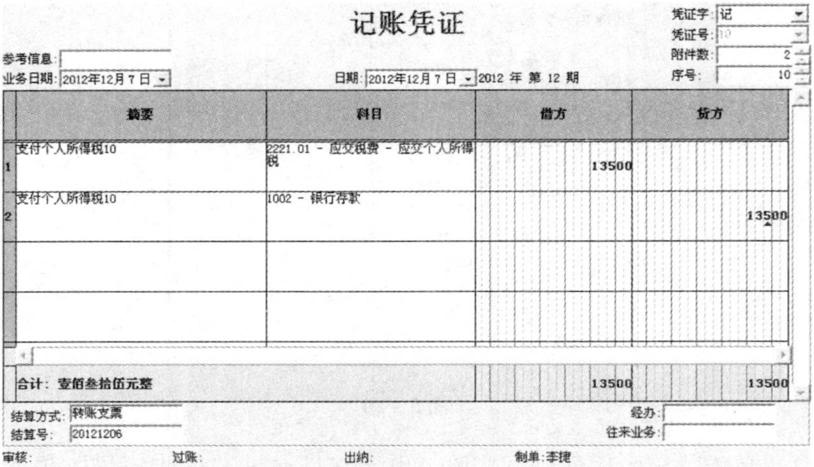

图 5－22

业务 11：

①单击“账务处理”→“凭证录入”，打开凭证录入对话框，单击“新增”。

②选择凭证类型为“记账凭证”。日期：2012 年 12 月 7 日，附件数：2 张。录入摘要：购买办公用品 11。结算方式：转账支票，结算号：20121207。

③生成如图 5－23 所示凭证，单击“保存”或“新增”。

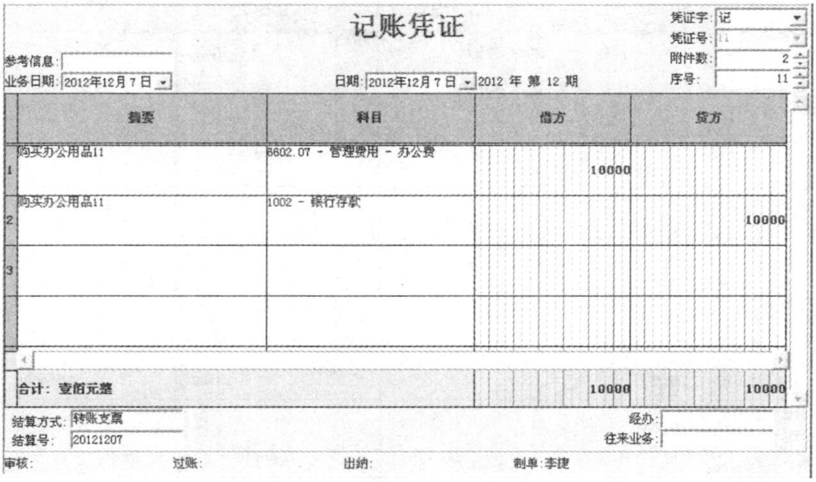

图 5－23

业务 12：

①生产领用时，按领料部门进行核算科目的设置，所以在模块二的部门档案定义时，每个部门需输入对应的核算科目代码。

②根据本模块的资料录入生产领料的领料单：进入主界面下的“仓库管理”→“生产领料”，打开图 5 - 24 所示的领料单对话框，“新增”领料单一：领料部门：生产一部，日期：2012 年 12 月 8 日，发料仓库：原料库，领料用途：生产 A 产品领用，摘要：生产领用甲材料 12。在表体中查找物料代码 001，数量 20 300 千克，单价 2 元。

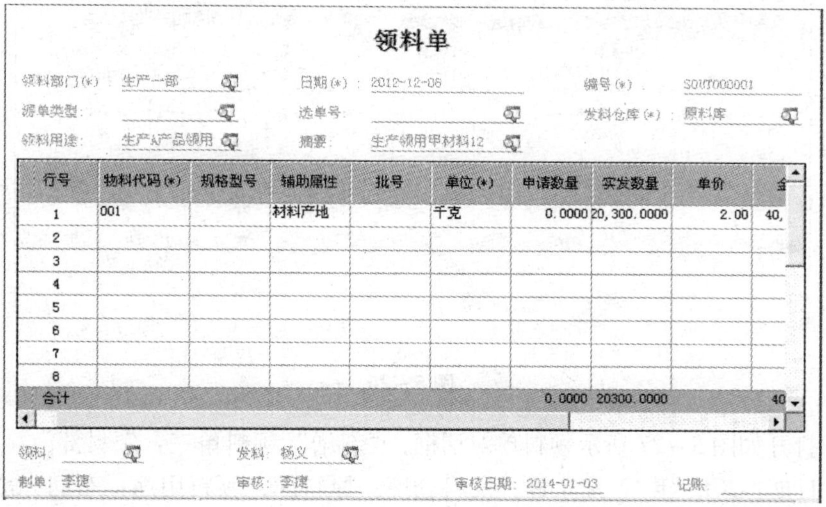

图 5 - 24

③在录入领料单的过程中，可以编辑领料用途和摘要。单击命令按钮 ，可打开相应的字段名窗口，图 5 - 25 所示是领料用途的对话框。单击“新增”命令，录入图 5 - 25 窗口中的信息。

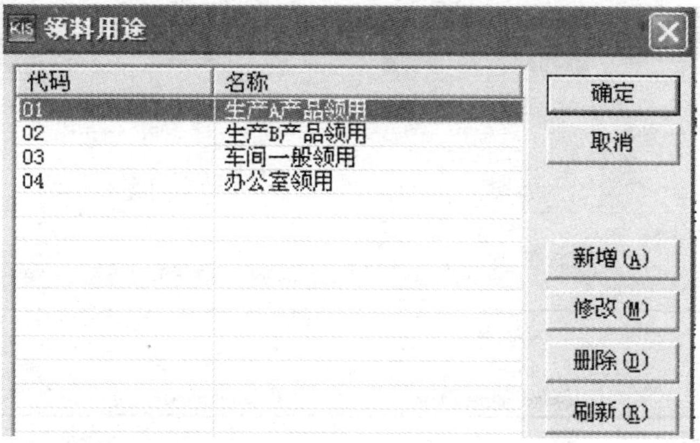

图 5 - 25

④打开图 5－26 所示的领料单对话框，“新增”领料单二：领料部门：生产二部，日期：2012 年 12 月 8 日，发料仓库：原料库，领料用途：生产 B 产品领用，摘要：生产领用材料。在表体中查找物料代码 001，数量 11 500 千克，单价 2 元；物料代码 002，数量 13 000 千克，单价 4 元。

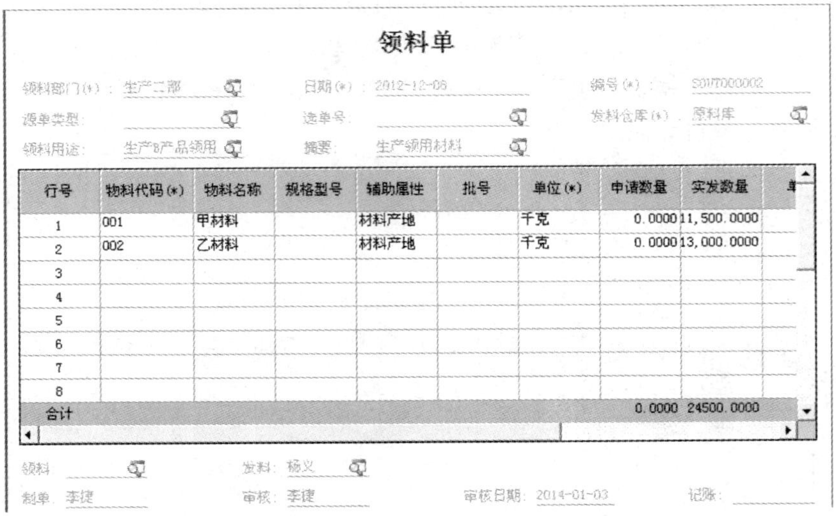

领料单

领料部门(*)：生产二部　日期(*)：2012-12-08　编号(*)：SOUT000002

源单类型：　选单号：　发料仓库(*)：原料库

领料用途：生产B产品领用　摘要：生产领用材料

行号	物料代码(*)	物料名称	规格型号	辅助属性	批号	单位(*)	申请数量	实发数量
1	001	甲材料		材料产地		千克	0.0000	11,500.0000
2	002	乙材料		材料产地		千克	0.0000	13,000.0000
3								
4								
5								
6								
7								
8								
合计							0.0000	24500.0000

领料：　发料：杨义

制单：李捷　审核：李捷　审核日期：2014-01-03　记账：

图 5－26

⑤打开如图 5－27 所示领料单对话框，“新增”领料单三：领料部门：车间管理部，日期：2012 年 12 月 8 日，发料仓库：原料库，领料用途：车间一般领用，摘要：车间耗用。在表体中查找物料代码 001，数量 1 500 千克，单价 2 元。

领料单

领料部门(*)：车间管理部　日期(*)：2012-12-08　编号(*)：SOUT000003

源单类型：　选单号：　发料仓库(*)：原料库

领料用途：车间一般领用　摘要：车间耗用

行号	物料代码(*)	辅助属性	批号	单位(*)	申请数量	实发数量	单价	金额
1	001	材料产地		千克		1,500.0000	2.00	3,000.00
2								
3								
4								
5								
6								
7								
8								
合计					0.0000	1500.0000		3000.00

领料：　发料：杨义

制单：李捷　审核：　审核日期：　记账：

就绪　物料(001)辅助属性(材料产地)批次(无)仓库(原料库)的库存数量为:13200

图 5－27

⑥打开如图 5－28 所示领料单对话框，“新增”领料单四：领料部门：供应部，日期：2012 年 12 月 8 日，发料仓库：原料库，领料用途：办公室领用，摘要：其他部门耗用。在表体中查找物料代码 001，数量 1 000 千克，单价 2 元。

图 5－28

⑦增加完的领料单需审核，可以在增加的同时单击领料单窗口中的“审核”命令按钮，也可以退出后，打开“仓库管理”→“账簿报表”→“出库类单据序时簿”，进入过滤对话框，在“事务类型”中选择“生产领料”，单击“确定”进入图 5－29 所示窗口，在图 5－29 序时簿中查找单据进行审核。如果要修改单据，必须取消“审核”，取消审核也在图 5－29 所示窗口中进行，在“操作”菜单下选择“反审核”，可以取消选中单据的审核标记。

图 5－29

⑧单击“存货核算”→“生成凭证”，进入金蝶提示，单击“确定”，选择“生产领料”复选项，单击工具栏上的“重设”，打开过滤窗口，打开如图 5－30 所示的对话框，在“事务类型”中选择“生产领料”。

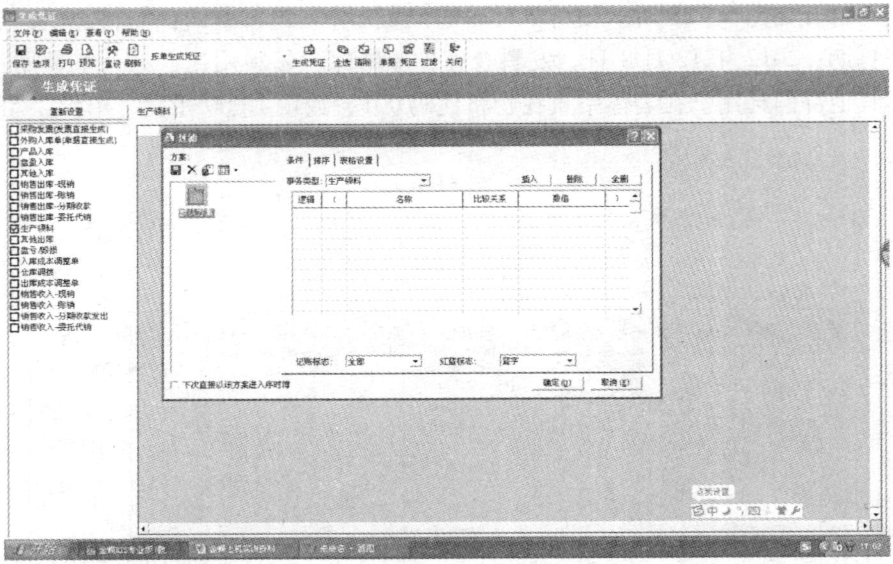

图 5－30

⑨出现可供选择的领料单，如图 5－31 所示，在需要的领料单前的“选择标志”下单击打钩。工具栏上选择“所有选择单据生成汇总凭证”，单击“生成凭证”命令按钮，生成凭证。提示凭证生成成功，单击“确定”后重新选择领料单，在需要的凭证模板生产领料前的“选择标志”下重新单击打钩。在工具栏上选择“凭证”，修改凭证日期 2012 年 12 月 8 日和凭证附件张数 4 张，单击“保存”→“关闭”。

图 5－31

⑩如果在第⑨步凭证没有被修改，则要查询凭证进行修改，需进入“存货核算”→“账簿报表”→“凭证管理”，进入“过滤”对话框，选择“全部”、“未过账”的单选项，单击“确定”，在“会计分录序时簿”下选择“记－12 号凭证”，打开如图 5－32 所示凭证，单击“修改”命令按钮，修改凭证日期 2012

年 12 月 8 日和凭证附件张数 8 张。单击“保存”→“关闭”。

图 5－32

业务 13：

①先在“销售管理”→“销售发票”中，根据业务 13 资料录入相关信息。购货单位：龙江公司，日期：2012 年 12 月 8 日，销售方式改为：现销。增加如图 5－33 所示的销售发票，单击“保存”进行保存，然后单击“审核”。（注：如果前面设置“系统参数”→“业务参数”制单与审核不为同一人，则需更换操作员为李灵，进入“销售发票序时簿”审核此销售专用发票。）

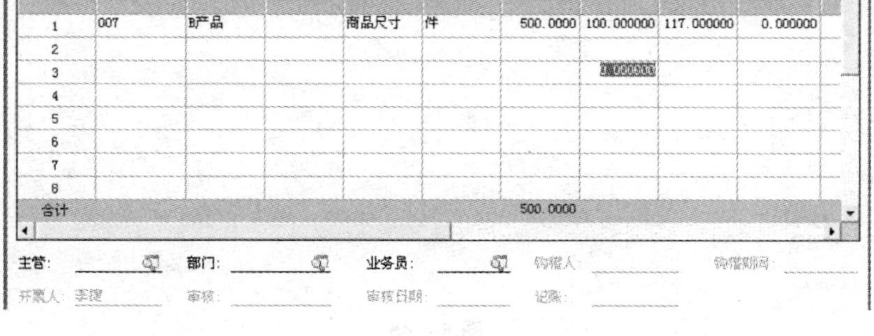

图 5－33

②用操作员李捷，单击“存货核算”→“账簿报表”→“凭证模板”，选择“事务类型”中的“销售收入-现销”，双击模板编号 XS-XX001，打开如图 5-34 所示凭证模板窗口，修改第一条记录科目为“银行存款”，第三条记录科目为“销项税额”，或按 F7 键从科目表中查找出这两科目。单击“保存”→“退出”。

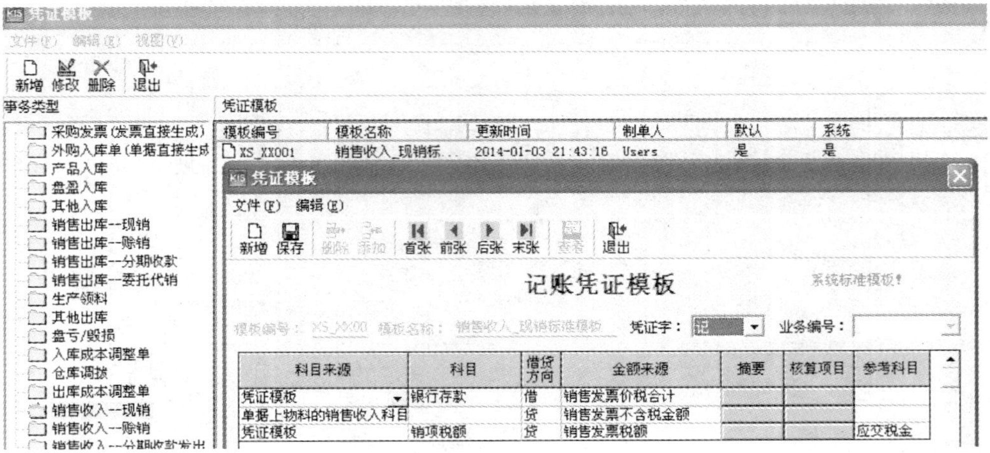

图 5-34

③单击“存货核算”→“生成凭证”，进入金蝶提示，单击“确定”，选择“销售收入-现销”复选项，单击工具栏上的“重设”，打开过滤窗口，在“事务类型”中选择“销售收入-现销”，出现可供选择的销售发票，如图 5-35 所示。在需要的凭证模板前的“选择标志”下单击打钩。在工具栏上选择“按单

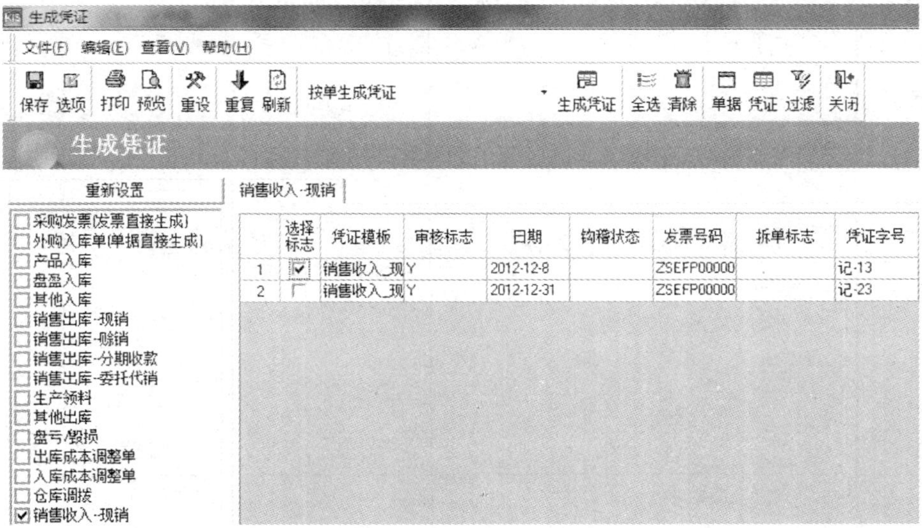

图 5-35

据生成凭证”，单击“生成凭证”命令按钮，生成凭证。

④提示凭证生成成功，单击“确定”后，重新选择“销售收入－现销”的凭证模板，在凭证模板前的“选择标志”下重新单击打钩。在工具栏上选择“凭证”，打开如图5－36所示凭证进行修改，凭证日期2012年12月8日和凭证附件张数2张，结算方式：进账单，结算号：20121208。单击“保存”→“关闭”。

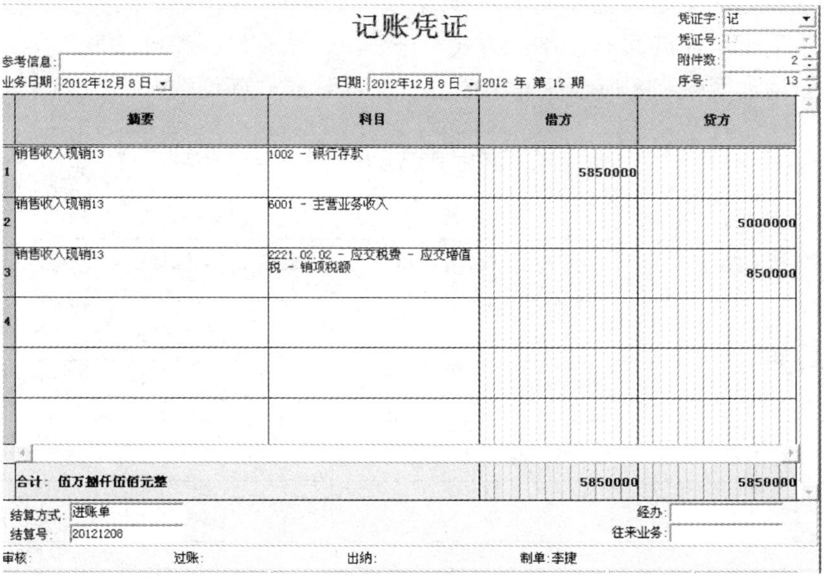

图 5－36

⑤如果进账单的这种结算方式在模块三中的资料（十一）下没有，可在图5－36所示的结算方式文本框中按F7键，打开结算方式对话框，在图5－37所示窗口中，单击“新增”命令按钮，按照已经存在的档案编号顺序增加新的

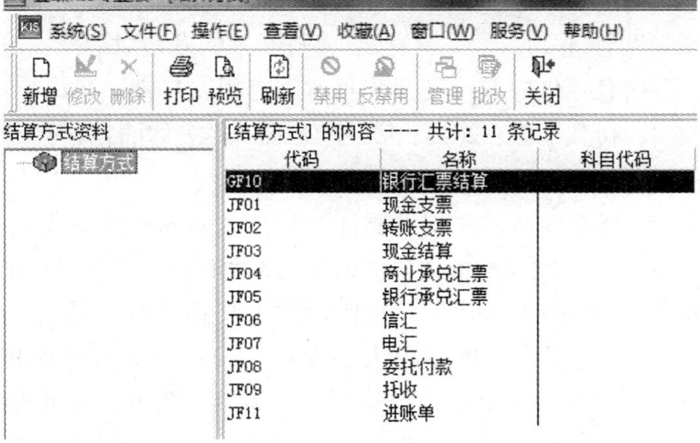

图 5－37

代码和名称“进账单”，单击“保存”。

业务 14：

①单击“账务处理”→“凭证录入”，打开凭证录入对话框，单击“新增”。或进入“凭证管理”，在会计分录序时簿下单击工具栏中的“新增”命令按钮也可以新增凭证。

②选择凭证类型为记账凭证。日期：2012 年 12 月 9 日，附件数：3 张。录入摘要：借半年期借款 14。结算方式：进账单，结算号：20121209。

③新增如图 5 – 38 所示凭证，单击“保存”或“新增”。

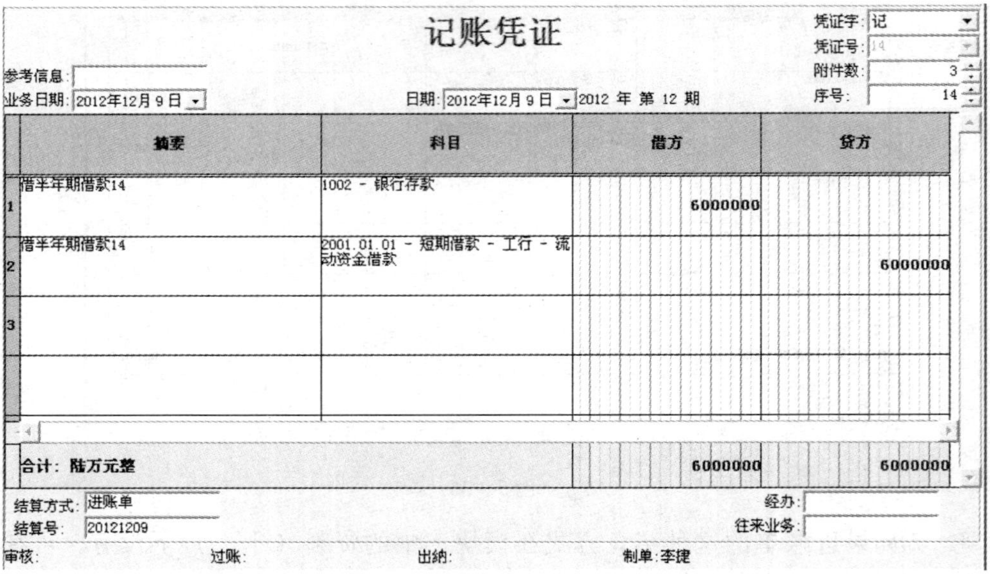

图 5 – 38

业务 15：

①单击“采购管理”→“采购发票”，打开采购发票对话框，单击“新增”。

②录入以下信息：供应商：泉州华兴有限公司，日期：2012 年 12 月 10 日，采购方式：赊购，付款期限：2013 年 2 月 18 日。在表体的物料代码单元格按 F7 键可以参照选择之前录入的物料基础信息。

③在图 5 – 39 所示窗口的“辅助属性”栏输入物料档案的类别属性值代码。如：“材料”，输入其类别属性值代码“01”，属性值显示“材料产地”。

④单击图 5 – 39 中的“保存”按钮后，工具栏出现“审核”按钮，单击“审核”进行审核。此张发票的制单人是李捷，如需李捷自己审核，“基础设置”→“系统参数”的业务参数需要修改成“制单人和审核人可为同一人”；否则，可更换操作员为李灵，打开主界面“采购管理”→“采购发票序时簿”查到此张发票来进行审核。

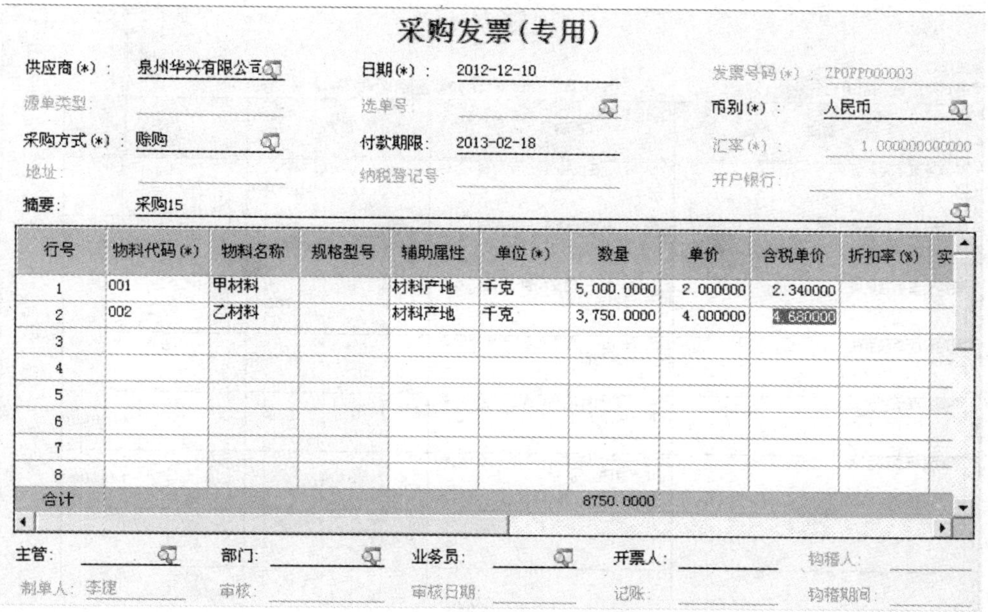

采购发票（专用）

供应商(*)：泉州华兴有限公司　日期(*)：2012-12-10　发票号码(*)：ZPOFP000003
源单类型：　选单号：　币别(*)：人民币
采购方式(*)：赊购　付款期限：2013-02-18　汇率(*)：1.000000000000
地址：　纳税登记号：　开户银行：
摘要：采购15

行号	物料代码(*)	物料名称	规格型号	辅助属性	单位(*)	数量	单价	含税单价	折扣率(%)	实
1	001	甲材料		材料产地	千克	5,000.0000	2.000000	2.340000		
2	002	乙材料		材料产地	千克	3,750.0000	4.000000	4.680000		
3										
4										
5										
6										
7										
8										
合计						8750.0000				

主管：　部门：　业务员：　开票人：　钩稽人：
制单人：李琨　审核：　审核日期：　记账：　钩稽期间：

图 5－39

⑤退出采购管理后，进入主界面“存货核算”→“凭证模板”，在“事务类型”窗口中选择采购发票（发票直接生成）的凭证模板，双击进入。本步骤在业务 3 中已做，所以不需再次修改凭证模板，可跳过本步骤。

⑥进入“存货核算”→“生成凭证”，选择采购发票生成凭证复选项，单击工具栏上的“重设”，出现可供选择的采购发票，在需要的发票前的“选择标志”下单击打钩。在工具栏上选择“按单生成凭证”，单击“生成凭证”命令按钮，生成凭证。

⑦对于生成的凭证，生成完毕后重新选择采购发票，在 2012 年 12 月 10 日发票前的“选择标志”下重新单击打钩。在工具栏上选择“凭证”，显示如图 5－40 所示凭证。

⑧修改凭证日期和凭证附件张数。凭证修改日期为 2012 年 12 月 10 日。附件张数：3。或在“存货核算”→“凭证管理”的对话框中检查并修改完凭证内容后，单击“保存”退出。

业务 16：

①单击“账务处理”→“凭证录入”，打开“凭证录入”对话框，单击“新增”。日期 2012 年 12 月 12 日，附件张数 1 张。在录入凭证时，如果科目表中没有科目 6601.04 差旅费，则需新增科目 6601.04 差旅费。

②新增如图 5－41 所示凭证，单击“保存”退出。也可单击“新增”，在增加下一张的同时保存本张凭证。

记账凭证

凭证字：记
凭证号：15
附件数：3
序号：15
参考信息：
业务日期：2012年12月10日
日期：2012年12月10日 2012 年 第 12 期

	摘要	科目	借方	贷方
1	采购发票单独生成	1402.01 - 在途物资 - 甲材料	1000000	
2	采购发票单独生成	1402.01 - 在途物资 - 甲材料	1500000	
3	采购发票单独生成	2221.02.01 - 应交税费 - 应交增值税 - 进项税额	170000	
4	采购发票单独生成	2221.02.01 - 应交税费 - 应交增值税 - 进项税额	255000	
5	采购发票单独生成	2202 - 应付账款/01.002 - 泉州_泉州华兴有限公司		1170000
6	采购发票单独生成	2202 - 应付账款/01.002 - 泉州_泉州华兴有限公司		1755000
7				
	合计：贰万玖仟贰佰伍拾元整		2925000	2925000

结算方式：
结算号：
经办：
往来业务：
审核： 过账： 出纳： 制单：李捷

图 5－40

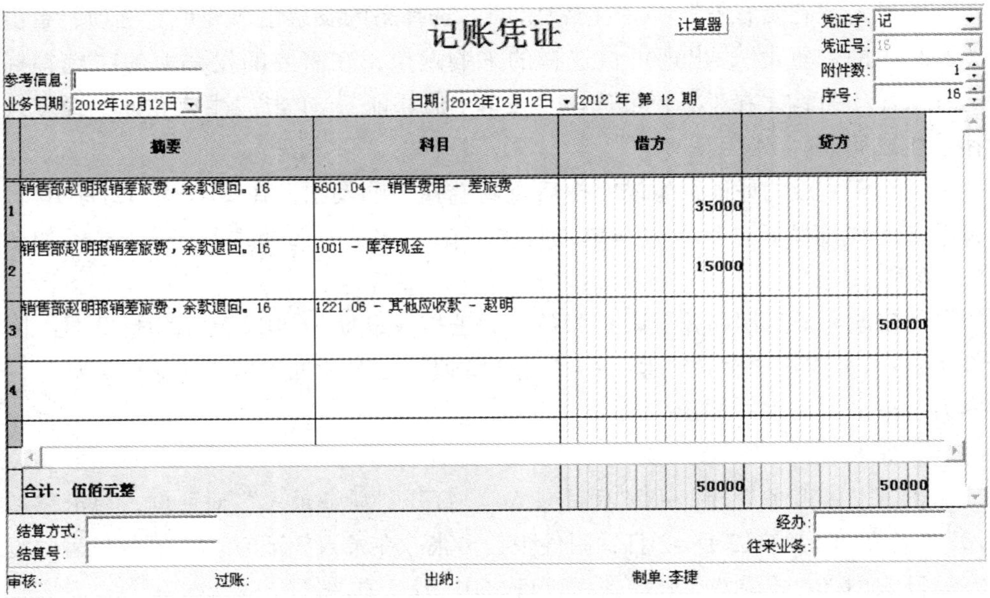

记账凭证

计算器

凭证字：记
凭证号：16
附件数：1
序号：16
参考信息：
业务日期：2012年12月12日
日期：2012年12月12日 2012 年 第 12 期

	摘要	科目	借方	贷方
1	销售部赵明报销差旅费，余款退回。16	6601.04 - 销售费用 - 差旅费	35000	
2	销售部赵明报销差旅费，余款退回。16	1001 - 库存现金	15000	
3	销售部赵明报销差旅费，余款退回。16	1221.06 - 其他应收款 - 赵明		50000
4				
	合计：伍佰元整		50000	50000

结算方式：
结算号：
经办：
往来业务：
审核： 过账： 出纳： 制单：李捷

图 5－41

业务 17：

①单击“固定资产”→“固定资产增加”，打开增加的对话框，单击“新增”。打开如图 5－42 所示对话框，将“基本信息”页签的内容按如下信息进行填列：资产类别：设备，资产编码：5，资产名称：电子焊接机，计量单位：台，入账日期：2012 年 12 月 14 日，经济用途：经营用，使用情况：正常使用，变动方式：购入，其显示结果是系统默认的购入方式的编码 001. 001。

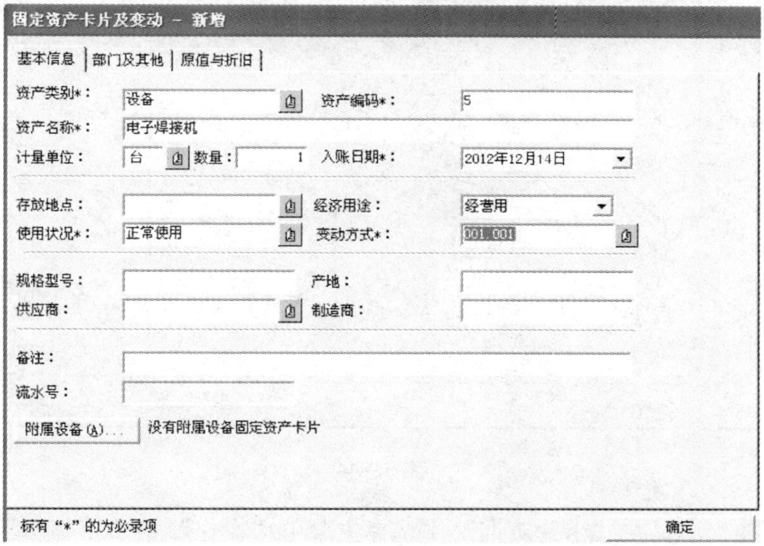

图 5－42

②选择“部门及其他”页签，打开如图 5－43 所示对话框。固定资产科目：1601，累计折旧科目：1602，单一使用部门：生产一部，折旧费用分配：单一，科目：其显示结果是编码为 5101. 01 的制造费用－折旧费。

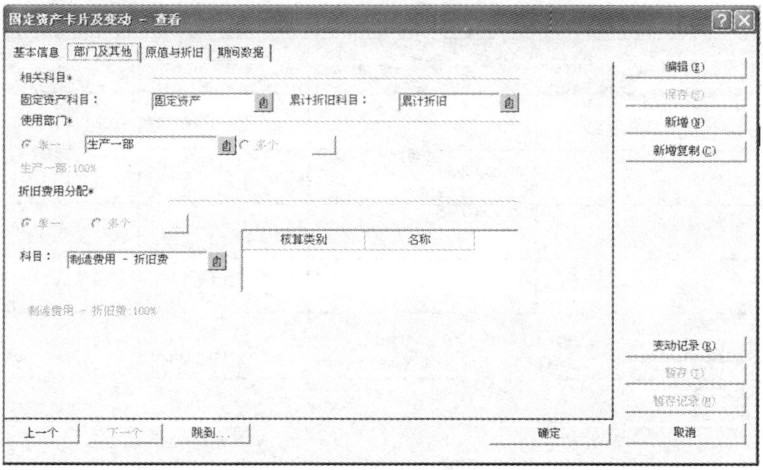

图 5－43

③选择“原值与折旧”页签，打开如图 5－44 所示对话框。原币金额：50 000，购进原值：50 000，开始使用日期：2012 年 12 月 14 日，预计使用期间数：120，折旧方法：第一种平均年限法的信息录入。单击“确定”。（参见表 4－5 中编码 5 的固定资产卡片信息，录入原始卡片，此信息在初始化时不需录入，它是本期的发生数。）

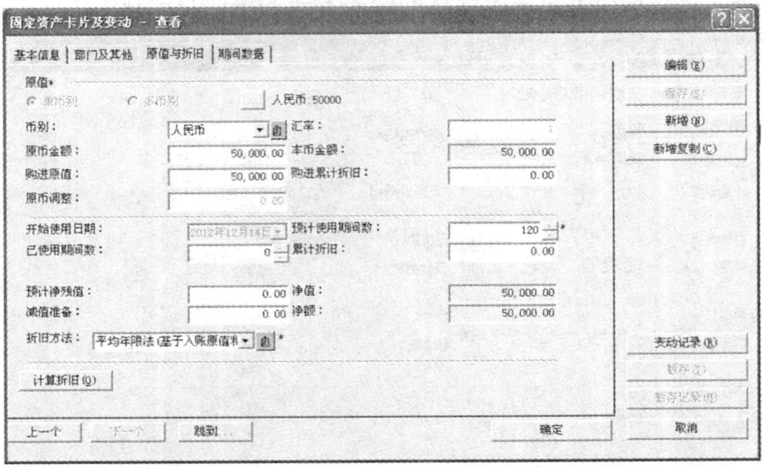

图 5－44

④更换为李灵在“卡片查询”中选择主菜单“操作”→“审核”进行审核。将操作员更换为李捷，重新进入“固定资产”→“凭证管理”。进入“过滤”对话框，单击“确定”，在固定资产的会计分录序时簿下，单击“按单”，根据向导生成，调整凭证，生成图 5－45 所示记录。

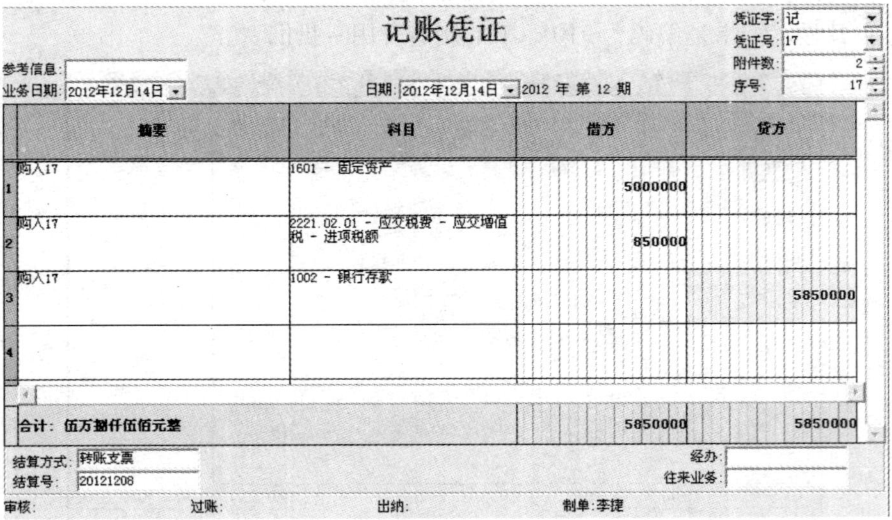

图 5－45

⑤日期：2012 年 12 月 14 日，附件张数：2 张，借方科目增加“应交税费 - 应交增值税 - 进项税额”，贷方科目：银行存款，设置结算方式：转账支票，结算号：20121208。单击“保存”。在“固定资产”→“凭证管理”的会计分录序时簿中，“凭证字号”会自动显示“记 - 17”。

业务 18：

进入主界面，单击“账务处理”→“凭证录入”→“新增”，录入日期：2012 年 12 月 18 日，附件数：3 张，摘要：接受投资 18。在录入凭证时，如果没有 4001.02 漳州科华有限公司，就新增科目 4001.02 漳州科华有限公司；如果有，在科目栏按 F7 键参照并选择。结算方式：进账单，结算号：201213。增加如图 5 - 46 所示凭证，单击“保存”或“新增”。

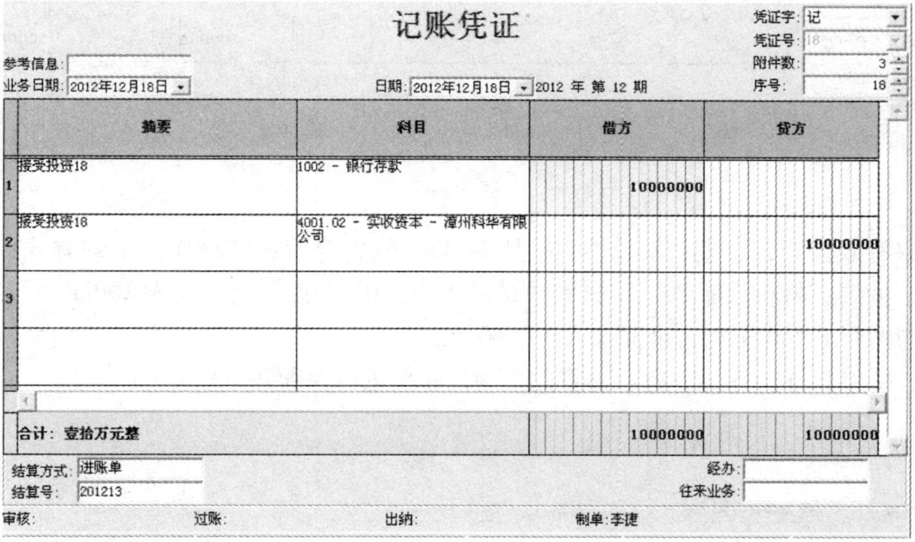

图 5 - 46

业务 19：

①进入主界面，单击“账务处理”→“凭证录入”→“新增”，录入日期：2012 年 12 月 19 日，附件数：1 张，摘要：收到李强退回借款 19，在录入凭证时，如果当前光标在科目栏，按 F7 键参照并选择。结算方式：转账，结算号：201214。增加如图 5 - 47 所示凭证，单击“保存”或“新增”。

②增加“结算方式”：JF12 转账。既可以在图 5 - 47 所示的结算方式文本框按 F7 键进行“新增”，也可以单击主界面下“基础设置”→“结算方式”→“新增”结算代码“JF12”和结算方式“转账”。

温馨提示：为了防止做的过程中数据损坏，可做备份，以备不时之需。

业务 20：

①单击“仓库管理”→“外购入库”，录入采购入库单信息，供应商：泉州

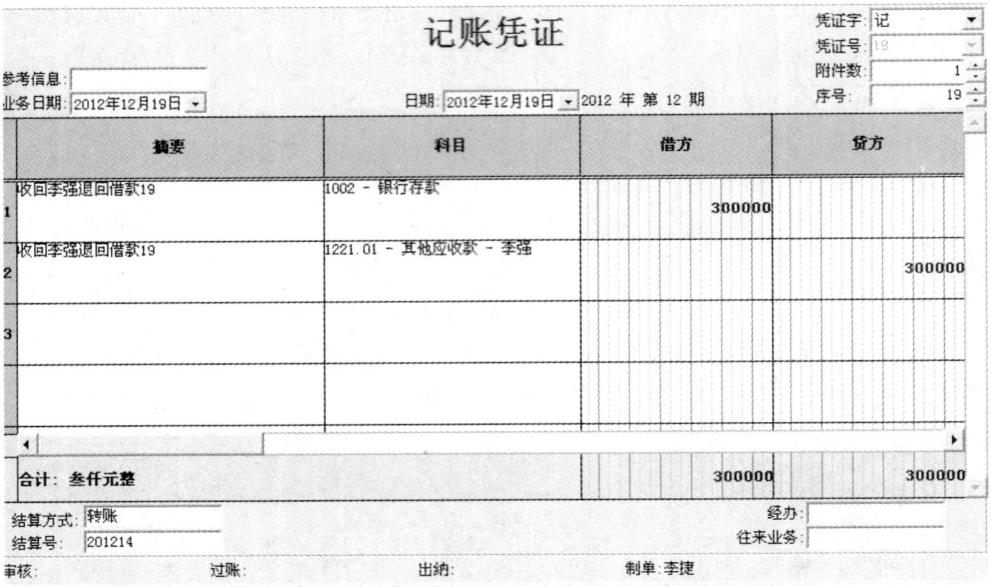

图 5－47

华兴有限公司，日期：2012 年 12 月 24 日，收料仓库：原料库，采购方式：赊购，摘要：材料入库 20。甲材料数量录入 10 000 千克，金额录入 20 930 元，乙材料数量 8 750 千克，金额录入 36 860 元。

②结果如图 5－48 所示，将此采购入库单进行保存并审核。

图 5－48

③单击“存货核算”→“账簿报表”→“凭证模板”，修改外购入库单的凭证模板，将贷方科目改为 1402.01 在途材料－甲材料代替，如图 5－49 所示。单击“保存”→“退出”。

④单击“存货核算”→“生成凭证”，打开生成凭证对话框，如图 5－50 所示，单击“外购入库单”复选项，在 12 月 24 日的凭证模板前将“选择标志”打钩，在工具栏上确认“按单生成凭证”，单击“生成凭证”命令按钮，提示凭证生成。

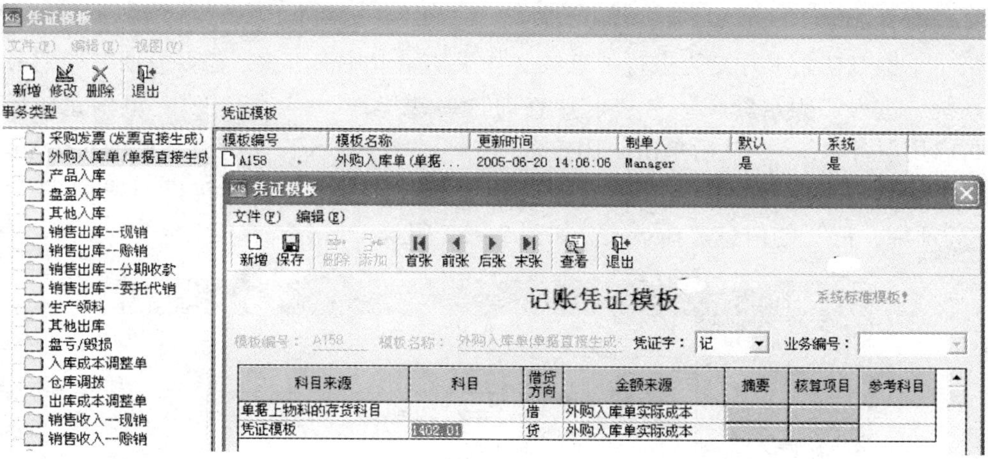

图 5 – 49

⑤如图 5 – 50 所示，重新在 12 月 24 日的凭证模板前将“选择标志”打钩，在工具栏上单击“凭证”命令按钮，可以查询并修改该凭证。

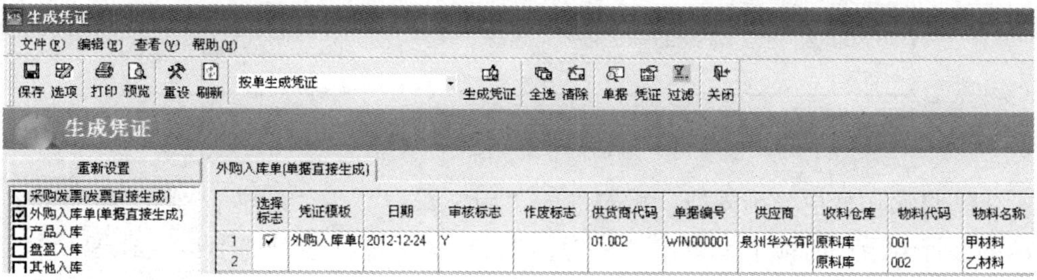

图 5 – 50

⑥或在“存货核算”→“凭证管理”对话框中检查并修改凭证内容：日期 2012 年 12 月 24 日，附件数：1 张。生成如图 5 – 51 所示凭证，单击“保存”退出。

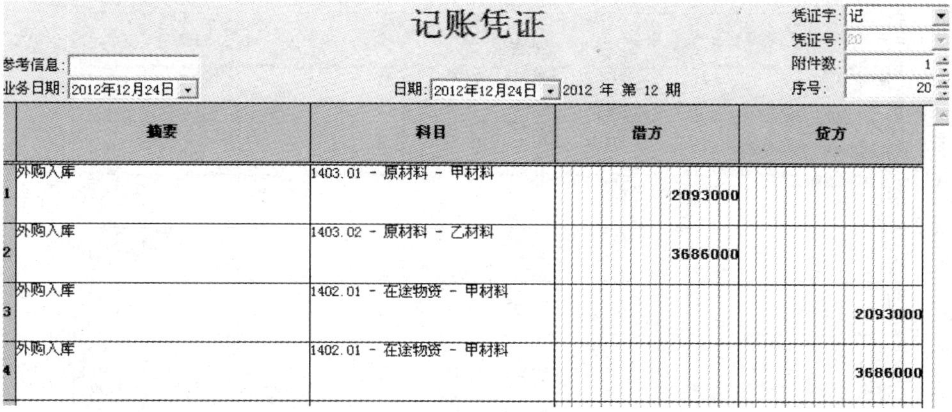

图 5 – 51

业务 21：

①检查初始卡片是否进行了审核（如果初始卡片未审核，需要返回初始财务系统，进入“固定资产”→“卡片查询”→“操作”→“审核”，审核完毕后再启用财务系统），然后单击“固定资产”→“计提折旧”，打开计提的对话框。单击“计提折旧”命令按钮，根据向导步骤，将“摘要：结转折旧费用 21”、“凭证字：记”的信息选择录入。如图 5－52 所示，单击“完成”。

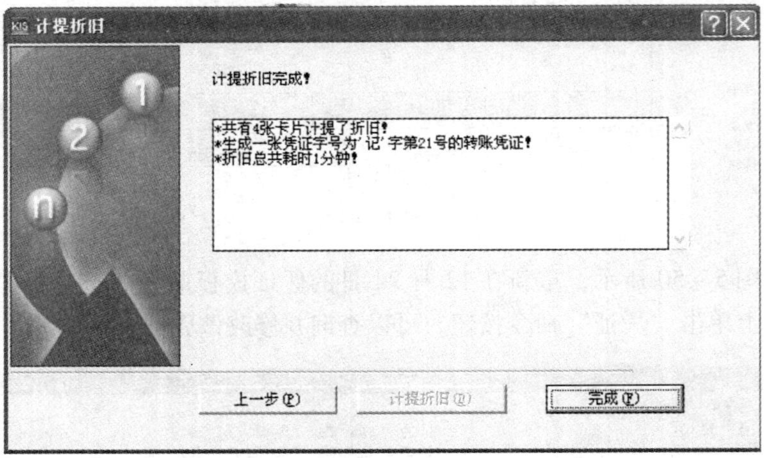
计提折旧
计提折旧完成！
*共有4张卡片计提了折旧！
*生成一张凭证字号为'记'字第21号的转账凭证！
*折旧总共耗时1分钟！
上一步(P)
计提折旧
完成(F)

图 5－52

②将操作员更换为李捷，重新进入“固定资产”→“凭证管理”。在固定资产的会计分录序时簿下，单击“序时簿”，生成凭证记录，选中记－21 号凭证，单击“修改”，日期 2012 年 12 月 31 日，摘要：结转折旧费用 21。生成如图 5－53 所示凭证，单击“保存”→“关闭”。

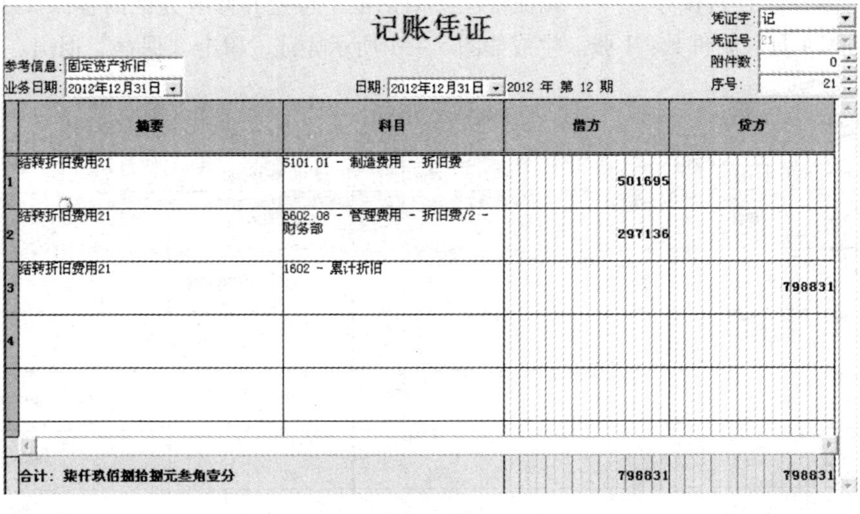

记账凭证

凭证字：记　凭证号：21　附件数：0　序号：21

参考信息：固定资产折旧

业务日期：2012年12月31日　日期：2012年12月31日　2012 年 第 12 期

	摘要	科目	借方	贷方
1	结转折旧费用21	5101.01 - 制造费用 - 折旧费	501695	
2	结转折旧费用21	6602.08 - 管理费用 - 折旧费/2 - 财务部	297136	
3	结转折旧费用21	1602 - 累计折旧		798831
4				
	合计：柒仟玖佰捌拾捌元叁角壹分		798831	798831

图 5－53

提示：

（1）在计提折旧前，先将数据进行备份，以备系统出差错时重新进入“开始”→“金蝶 KIS 专业版”→“工具”→“账套管理”→“恢复”进行数据恢复。

（2）检查系统管理员在主界面“初始化”下是否启用了财务系统，否则不能进行折旧的计提。

（3）固定资产计提折旧生成的凭证不能在财务处理模块直接删除，凭证必须进入固定资产模块删除，操作步骤如下：

①进入“固定资产”→“凭证管理”窗口，此窗口显示所有新增或变动的固定资产记录，以供生成会计凭证；

②通过工具栏的“序时簿”（查看凭证序时簿）打开凭证序时簿，对于已取消过账、取消审核的固定资产、计提折旧等相关业务凭证，可以直接删除。

业务 22：

“应收应付”的“其他收入单”和“费用支出单”用于处理非主营业务的其他收入费用等业务，包括采购运费、销售运费、差旅费、押金收入、罚款支出等各类收入费用类项，并提供财务生成凭证功能。

①单击“系统”→“重新登录”，更换操作员为李捷。

②在“应收应付”下设置“收支类别”，或单击“基础设置”→“收支类别”，如图 5－54 所示。选择“支出类别”，单击“新增”，录入代码：02，名称：罚款支出，科目：营业外支出。

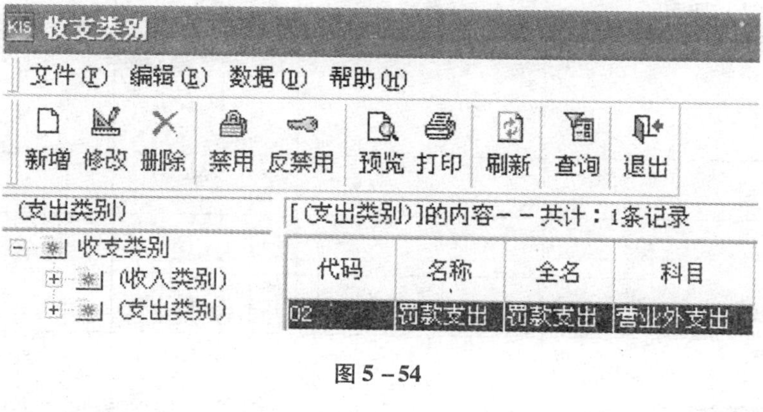

图 5－54

③在“应收应付”→“费用支出单”中录入业务 22 资料，供应商：漳州市供电公司，日期：2012 年 12 月 31 日，结算账户：银行存款，结算方式：转账支票，摘要：罚款支出 22。生成如图 5－55 所示的费用支出单，单击“保存”命令按钮保存费用支出单据。单据是需要审核的，可以在保存完后立即审核，或单击主界面“应收应付”→“账簿报表”→“费用支出单序时簿”，选单，单击“审核”命令按钮进行审核。在主菜单“操作”→“审核”下也可以进行。取消

费用支出单

供应商：漳州市供电公司　日期(*)：2012-12-31　单据号(*)：QTF000001

结算账户(*)：银行存款　结算方式：转账支票　结算号：

币别(*)：人民币　汇率(*)：1.0000000000

摘要：罚款支出22

行号	支出类别	付款金额	付款金额(本位币)	备注
1	罚款支出	500.00	500.00	

图 5－55

审核则单击“操作”下的“反审核”。

④在“应收应付”→“生成凭证”下的“选择事物类型”对话框中选择“费用支出单”，打开生成记账凭证的对话框，单击“文件”→“按单生成凭证”或工具栏上的“按单”命令按钮。

⑤单击生成的凭证中的“应收应付”→“凭证管理”，打开会计分录序时簿进行修改，选中凭证，单击“修改”，在修改凭证状态下，可将凭证中的“附件数”重置为“1”。摘要：罚款支出21，贷方科目改为库存现金。生成如图 5－56 所示的凭证。

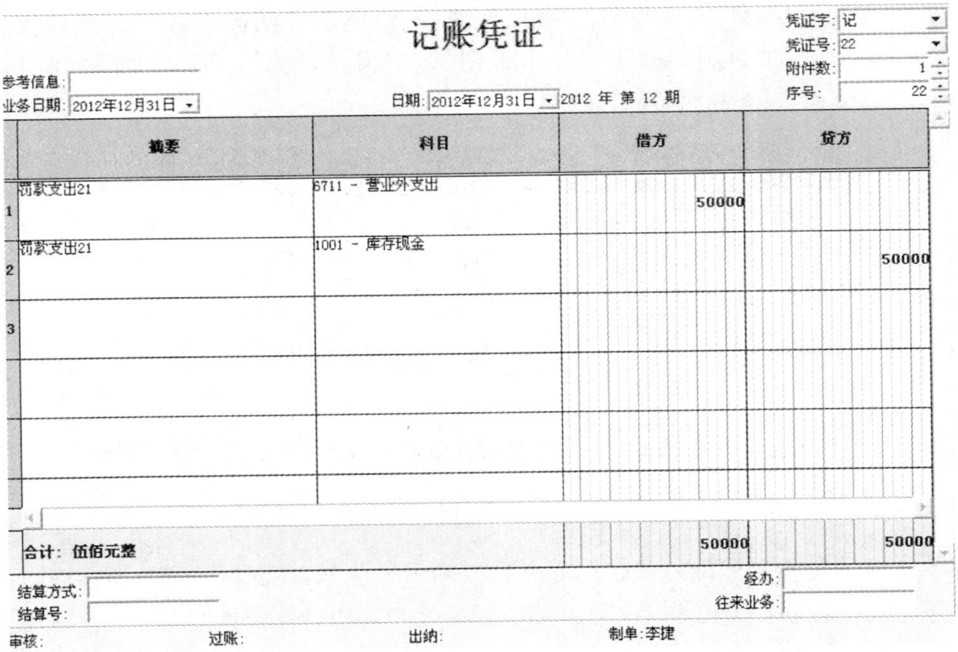

记账凭证

凭证字：记　凭证号：22　附件数：1　序号：22

参考信息：

业务日期：2012年12月31日　日期：2012年12月31日　2012 年 第 12 期

	摘要	科目	借方	贷方
1	罚款支出21	6711 － 营业外支出	50000	
2	罚款支出21	1001 － 库存现金		50000
3				
	合计：伍佰元整		50000	50000

结算方式：　经办：

结算号：　往来业务：

审核：　过账：　出纳：　制单：李捷

图 5－56

业务 23：

①打开“销售管理”→“销售发票”，在销售发票对话框中的右上角下拉列

表框里选择专用发票（在图 5－57 所示的“编辑单据”的窗口中，在右边第一个工具按钮的下拉列表框中可以选择改变发票的种类），根据业务 23 资料录入相关信息。购货单位：龙江公司，日期：2012 年 12 月 31 日，销售方式改为：现销，结算方式：转账，摘要：销售材料 23。单击“保存”进行保存，并直接进行审核。或者更换操作员为李灵，进入“销售发票序时簿”审核此销售专用发票。

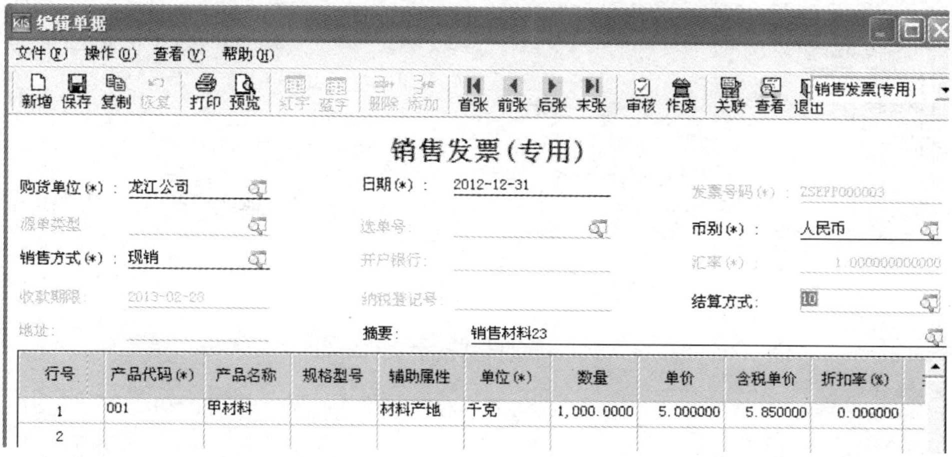

图 5－57

②因为在前面的业务中已涉及“现销”的凭证模板的设置，所以本业务直接进入“存货核算”→“生成凭证”，进入金蝶提示，单击“确定”，选择“销售收入－现销”的复选项，单击工具栏上“重设”，打开过滤窗口，在“事务类型”中选择“销售收入－现销”。出现可供选择的销售发票，在需要的凭证模板前的“选择标志”下单击打钩。在工具栏上选择“按单生成凭证”，单击“生成凭证”命令按钮，生成凭证。提示凭证生成成功，单击“确定”。上述操作在图 5－58 所示窗口中完成。

③单击“确定”，在图 5－58 中重新选择“销售收入－现销”的凭证模板，在凭证模板前的“选择标志”下重新单击打钩。在工具栏上选择“凭证”，修改凭证日期为 2012 年 12 月 31 日和凭证附件数为 2 张，结算方式：转账，结算号：201215。单击“保存”→“关闭”。（注：转账这种结算方式在模块三中的资料（十一）下如果没有，可在图 5－59 的结算方式文本框中按 F7 键，打开结算方式对话框，单击“新增”命令按钮，按照已经存在的档案编号顺序增加新的代码和名称：“转账”，单击“保存”。如果前面已经设置，在本处直接按 F7 键参照选择。）

④单击“存货核算”→“凭证管理”，找到该笔金额的凭证，选择该凭证，单击“修改”，打开凭证对话框，按业务内容进行修改，日期：2012 年 12 月 31

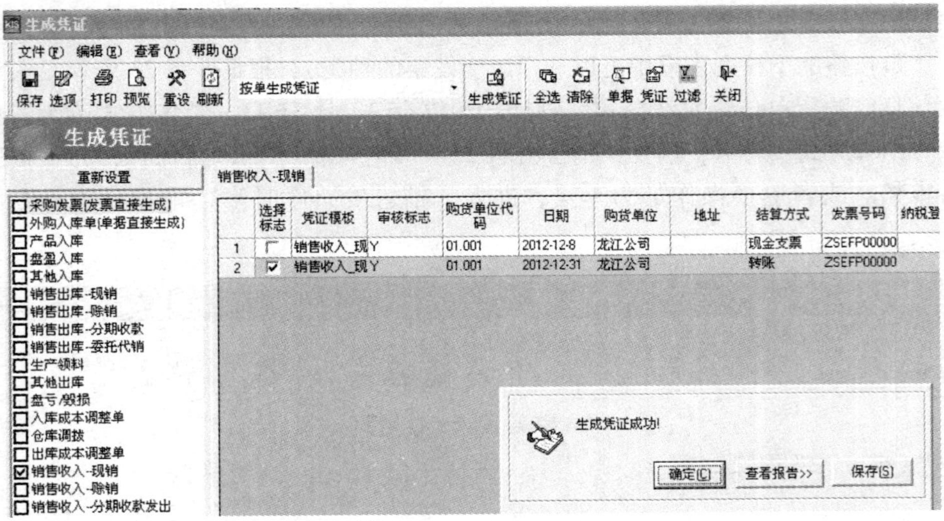

图 5－58

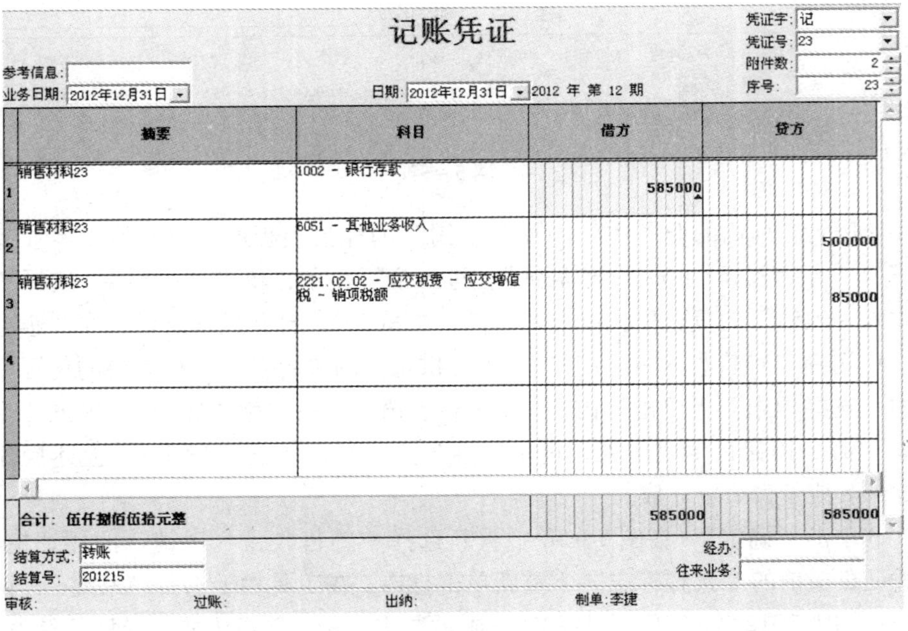

图 5－59

日，附件数：2，摘要：销售材料 23，结算方式：转账，结算号：201215。单击“保存”。保存的凭证如图 5－59 所示。

业务 24：

①接业务 23 进行销售出库的成本结转，方法一：进入“销售管理”→“销售出库”，根据资料填制销售出库单，单击“保存”→“审核”。如果保存后没有立即审核，可进入“销售管理”→“账簿报表”→“销售出库序时簿”查找

单据进行审核。

方法二：通过“销售管理”→“账簿报表”→“销售发票序时簿”打开图5－58所示的销售专用发票的窗口，选中龙江公司12月31日的单据，单击主菜单中的“下推”→“生成 销售出库”。如图5－60所示。

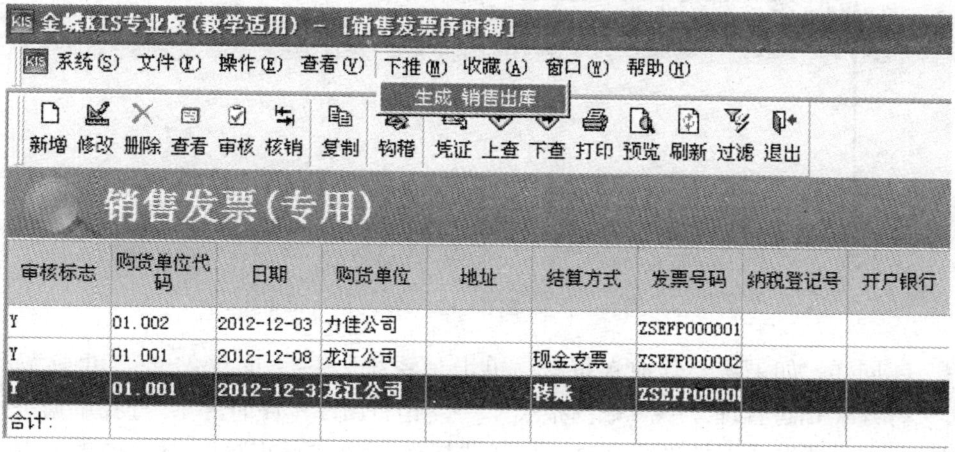

图5－60

②打开“销售发票生成销售出库”窗口，如图5－61所示，单击“生成”，打开自动生成的销售出库单。单击“确定”→“退出”。

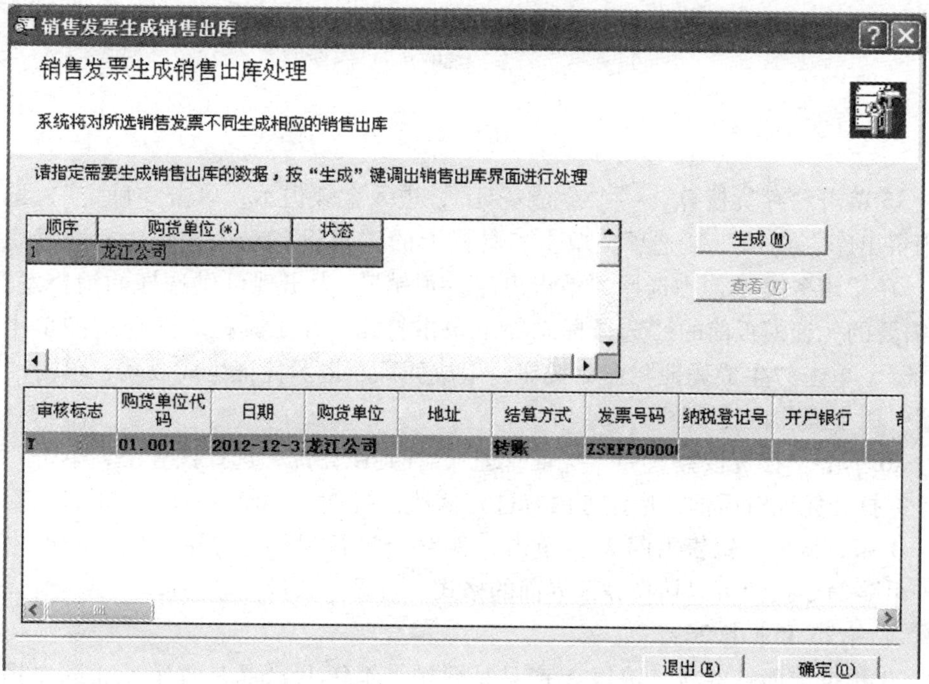

图5－61

③将图 5 - 62 所示的出库单确认是龙江公司 2012 年 12 月 31 日的出库单，销售方式为现销，发货仓库：原料库，单位成本是 2 元，单击“保存”→“审核”。

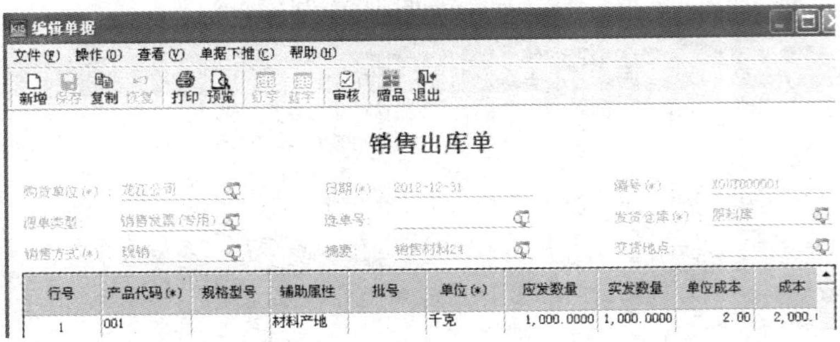

图 5 - 62

④同样，如果需要其他人审核，单击“系统”→“重新登录”，更换操作员，打开“销售管理”→“账簿报表”→“销售出库单序时簿”，查找单据进行审核。如果要取消审核进行修改，打开“操作”→“反审核”→“销售出库序时簿”，如图 5 - 63 所示。

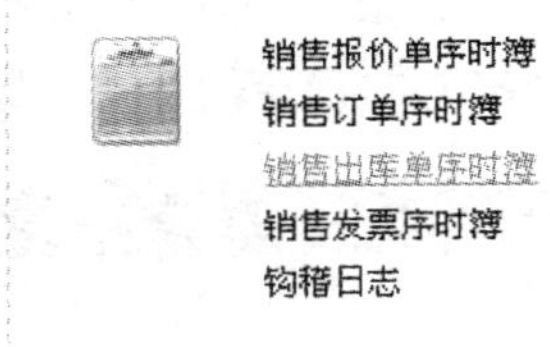

图 5 - 63

⑤单击“存货核算”→“生成凭证”，进入金蝶提示，单击“确定”，选择“销售出库 - 现销”复选项，单击工具栏上的“重设”命令按钮，打开过滤窗口，在“事务类型”中选择“销售出库 - 现销”。为出现可供选择的销售发票，在需要的凭证模板前的“选择标志”下单击打钩。在工具栏上选择“按单生成凭证”，单击“生成凭证”命令按钮，生成凭证。提示凭证生成成功，单击“确定”。以上操作内容如图 5 - 64 所示。

⑥单击“存货核算”→“凭证管理”，找到该凭证，选择该凭证，单击“修改”，打开凭证对话框，按业务内容进行修改，日期：2012 年 12 月 31 日，附件数：1 张，摘要：销售出库 24。单击“保存”进行保存。（单击图 5 - 65 中的“外币”命令按钮可以切换凭证界面的格式，可显示数量金额。）

业务 25 和业务 26：

①根据前面的资料，销售 A 产品是赊销，销售 B 产品是现销。通过“销售管理”→“账簿报表”→“销售发票序时簿”打开销售专用发票的窗口，分别

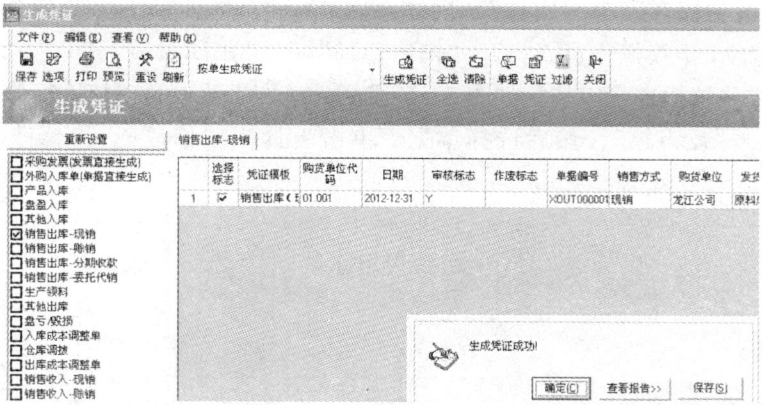

图 5 – 64

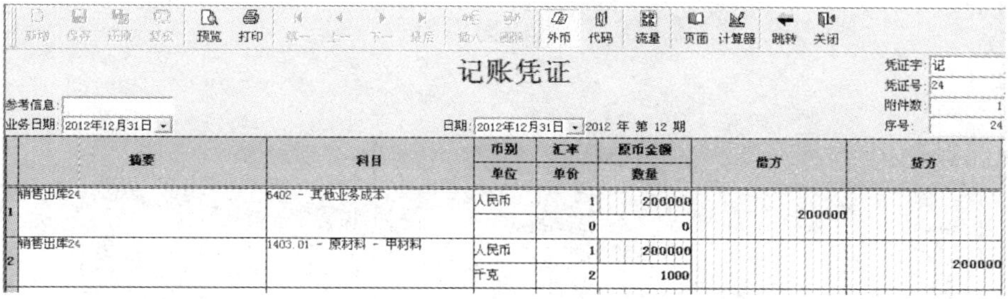

图 5 – 65

选中龙江公司销售 A、B 产品的单据，如图 5 – 66 所示，选择一张单据，单击“下推”→“生成 销售出库”。打开“销售发票生成销售出库”的窗口，单击“生成”，打开自动生成的销售出库单。

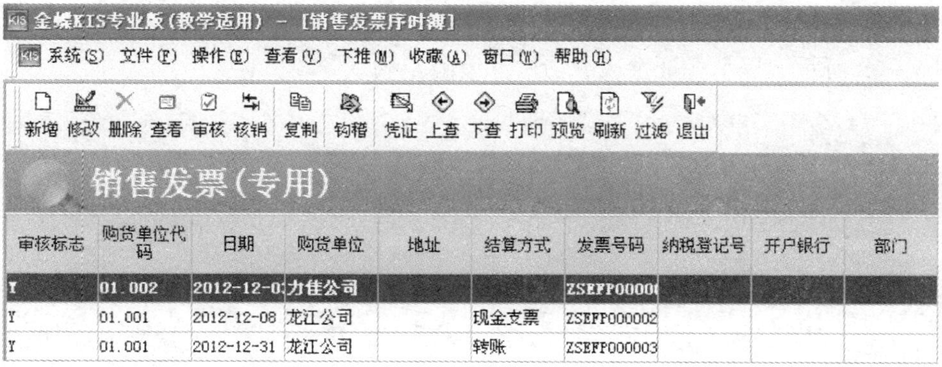

图 5 – 66

②修改单据上的日期为 2012 年 12 月 31 日，发货仓库：成品库，A 产品单位成本 40 元，B 产品单位成本 80 元。参照业务 24 处理。

③单击“保存”→“审核”。同样，如果需要其他人审核，单击“系统”→“重新登录”，更换操作员，打开“销售管理”→“账簿报表”→“销售出库序时簿”，查找单据进行审核，如图 5－67 所示。（如果要取消审核进行修改，打开“操作”→“反审核”，然后选择单据，单击工具栏“修改”，可修改单据上的信息。）

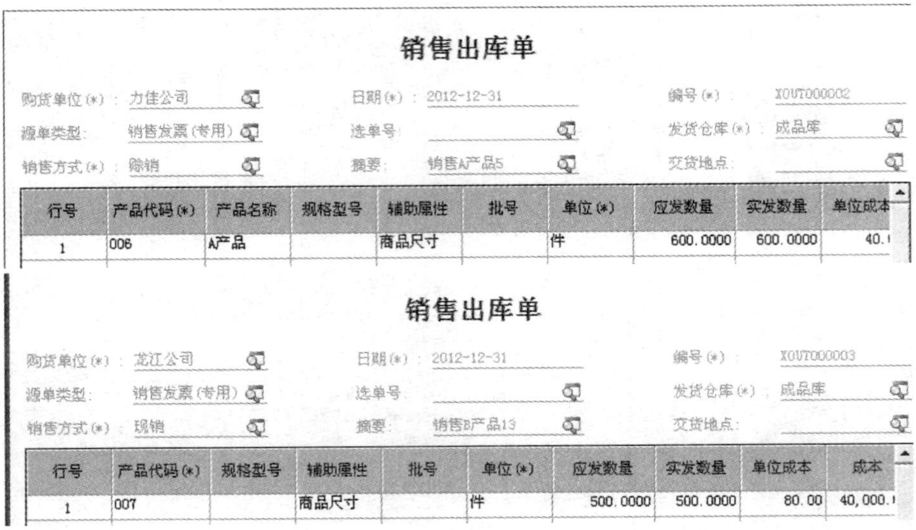

图 5－67

④单击“存货核算”→“生成凭证”，进入金蝶提示，单击“确定”，选择“销售出库－现销”复选项，单击工具栏上的“重设”，打开过滤窗口，在“事务类型”中选择“销售出库－现销”或“销售出库－赊销”。出现可供选择的销售发票，在需要的凭证模板前的“选择标志”下单击打钩。在工具栏上选择“按单生成凭证”，单击“生成凭证”命令按钮，生成凭证。操作如图 5－68 和图 5－69 所示。提示凭证生成成功后，单击“确定”。

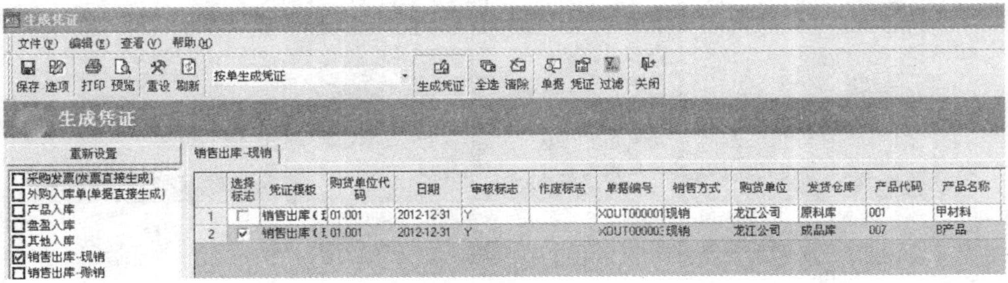

图 5－68

⑤单击“存货核算”→“凭证管理”，找到该笔金额的凭证，选择该凭证，单击“修改”，打开凭证对话框，按业务内容进行修改，日期：2012 年 12 月 31

日，附件数：0 张，摘要：销售出库。单击“保存”进行保存。生成凭证如图 5－70 和图 5－71 所示。

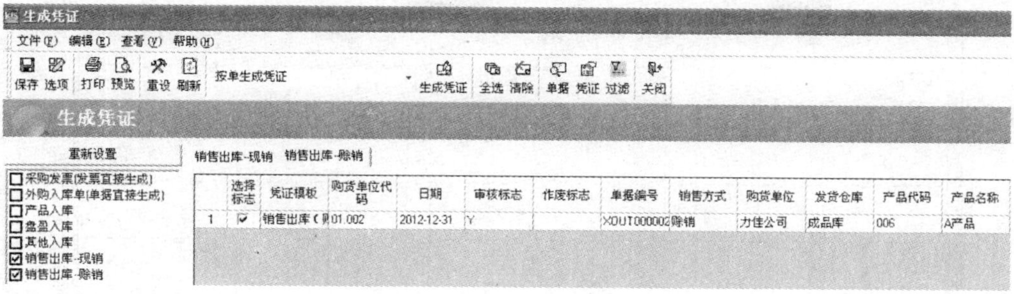

图 5－69

图 5－70

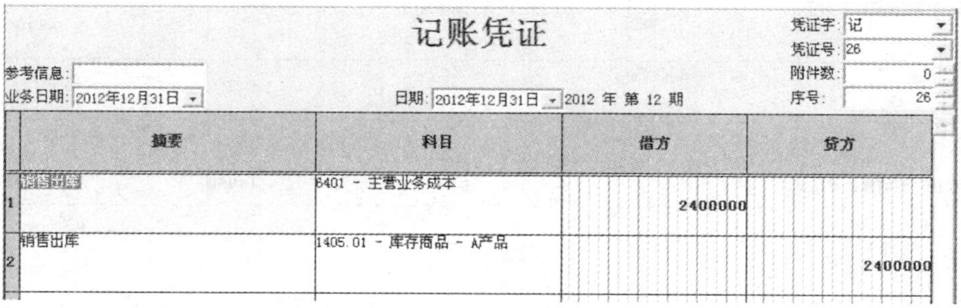

图 5－71

业务 27：

进入主界面“账务处理”→“凭证录入”→“新增”，录入日期：2012 年 12 月 31 日，附件数：1 张，摘要：计提无形资产摊销 27，生成的凭证如图5－72 所示，单击“保存”或“新增”。

业务 28：

进入主界面“账务处理”→“凭证录入”→“新增”，录入日期：2012 年 12 月 31 日，附件数：3 张，摘要：计提城建税及教育费附加 28，生成如图5－73 所示凭证，单击“保存”或“新增”。

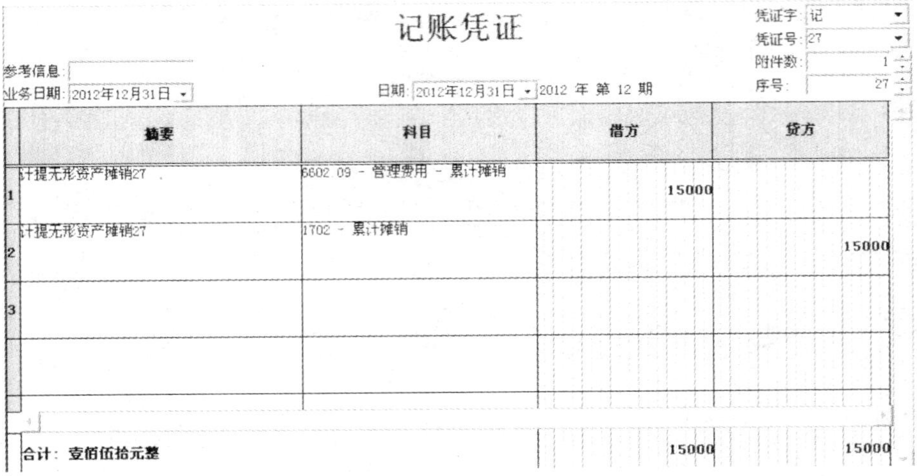

图 5 －72

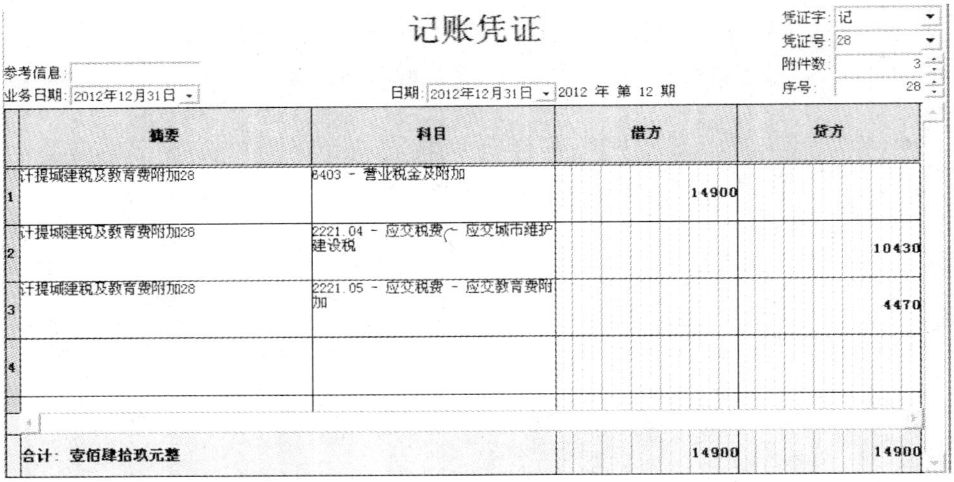

图 5 －73

5.1.2 凭证的修改和删除

①修改凭证时，对凭证号的修改，不允许手工修改凭证号复选项不能选中。（注：此项操作在“基础设置”→“系统参数”→“财务参数”下进行设置。）

②修改和删除凭证需在凭证产生的模块中进行。如采购、销售、付款、收款的凭证可在“存货核算”和“应收应付”下的“凭证管理”中选择，单击“修改”进行修改；固定资产相关业务类的凭证同样需要进入“固定资产”下的“凭证管理”中进行删除和修改；其他凭证需在“账务处理”→“凭证管理”下选择，单击“修改”进行修改。

③删除或审核时，如提示用户冲突，用如下方法解决：单击“开始菜单”→

"所有程序"→"金蝶 KIS 专业版"→"工具"→"系统工具"→"打开网络控制工具"→"输入用户名密码"→"清除所有用户"。

5.1.3　凭证汇总

①单击"账务处理"→"账簿报表"→"凭证汇总表"，如图 5－74 所示。

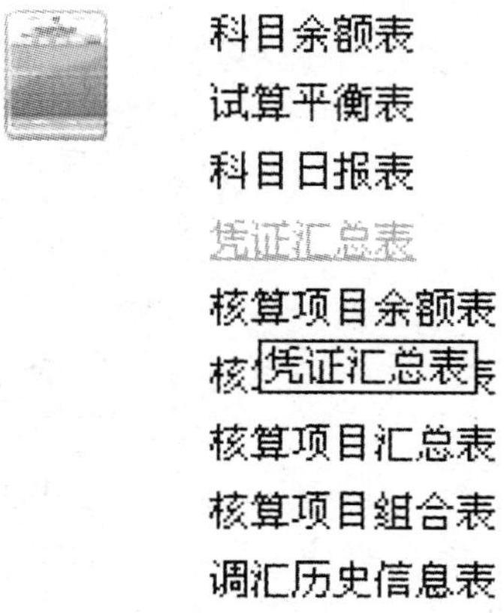

图 5－74

②打开"过滤条件"对话框，如图 5－75 所示，在"选择凭证字范围"的"记"字前打钩，输入最小号"1"，最大号"28"，查询录入的 28 张凭证，单击"确定"。

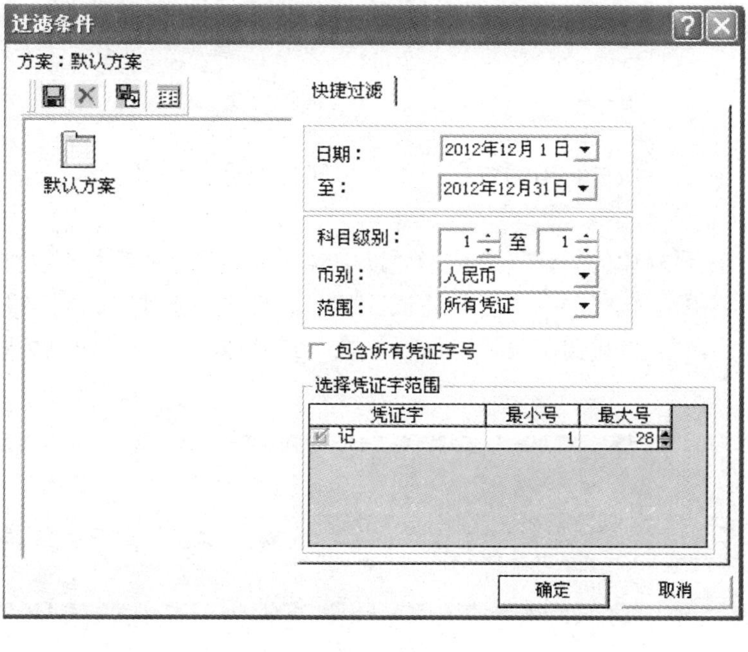

图 5－75

③查询结果如图 5－76 所示。

凭证汇总表

科目代码	科目名称	借方金额	贷方金额
1001	库存现金	2,150.00	1,000.00
1002	银行存款	338,870.00	101,835.00
1122	应收账款	35,100.00	111,520.00
1221	其他应收款	1,700.00	3,500.00
1402	在途物资	57,790.00	57,790.00
1403	原材料	57,790.00	122,600.00
1405	库存商品		64,000.00
1601	固定资产	50,000.00	
1602	累计折旧		7,988.31
1702	累计摊销		1,500.00
2001	短期借款		60,000.00
2202	应付账款	35,100.00	64,350.00
2221	应交税费	18,195.00	14,599.00
4001	实收资本		100,000.00
5001	生产成本	115,600.00	
5101	制造费用	8,016.95	
6001	主营业务收入		80,000.00
6051	其他业务收入		5,000.00
6401	主营业务成本	64,000.00	
6402	其他业务成本	2,000.00	
6403	营业税金及附加	149.00	
6601	销售费用	2,150.00	
6602	管理费用	6,571.36	
6711	营业外支出	500.00	
	合计	795,682.31	795,682.31

图 5－76

5.1.4　出纳签字

①以李捷的身份进行出纳签字。单击“账务处理”→“凭证管理”，打开会计分录序时簿。

②选中需要复核的凭证（一般指凭证中含有库存现金或银行存款的科目的凭证），选择菜单“操作”→“复核凭证”或单击工具栏上的命令按钮“复核”，打开凭证对话框后，单击工具栏上的“复核”或“操作”→“出纳复核”。如图 5－77 所示。

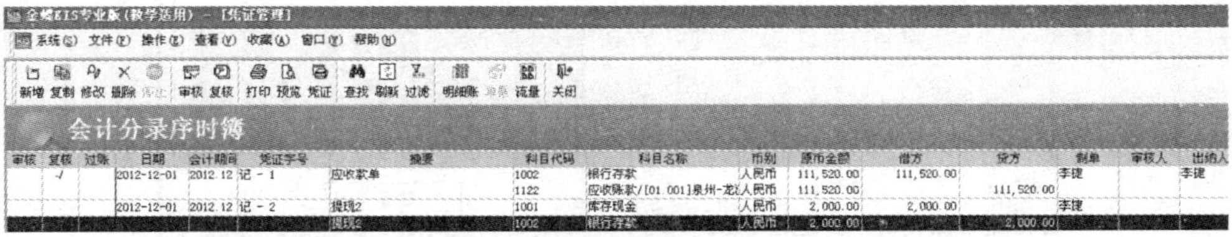

图 5－77

③如果需取消复核进行凭证的修改，需选中有复核标记“√”的凭证，选择菜单“操作”→“反复核凭证”或单击工具栏上的命令按钮“反复核”。

5.1.5　审核凭证

①以李敏的身份进行凭证审核。单击“账务处理”→“凭证管理”，打开会计分录序时簿。

②选中需要审核的凭证（一般指所有的凭证），选择菜单“操作”→“审核凭证”或单击工具栏上的命令按钮“审核”，打开凭证对话框，单击“审核”进行单张凭证的审核。也可在确保凭证无误的情况下选择菜单“操作”→“成批审核”，进行所有凭证的审核。

③如果需取消审核进行凭证的修改，需选中有审核标记“√”的凭证，选择菜单“操作”→“反复核凭证”或单击工具栏上的命令按钮“反复核”，打开凭证对话框，单击“反审核”进行单张凭证的取消审核签字。

5.1.6　记账

①以李灵的身份将上述所有凭证进行记账操作。单击“账务处理”→“凭证管理”，打开会计分录序时簿。选择“操作”→“全部过账”或单击“账务处理”→“凭证过账”。（注：单击“操作”→“过账”只能单张进行记账。）

②如果没有复核或没有审核签字的凭证，是不能记账的。

③如果需取消记账进行凭证的修改，需选择“操作”→“全部反过账”。必须由账套主管进行反过账的处理。

④凭证过账以后，进入“账务处理”→“凭证管理”。进入如图 5－78 所示的过滤界面时，要选择“已过账”或“全部”单选项进行查看。

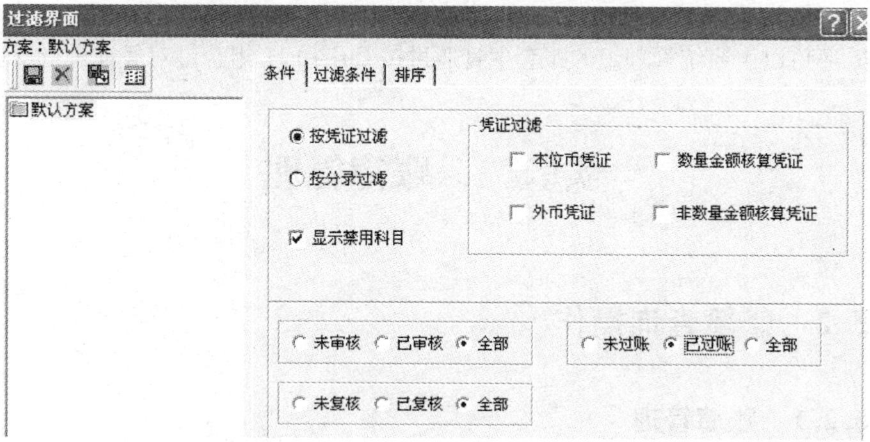

图 5－78

⑤如果发现已过账的记－27号凭证错误，要取消记－27号的过账，则单击“账务处理”→“凭证管理”，进入如图5－79所示的过滤界面，选择“过滤条件”页签，输入字段“凭证号”，比较取“＝”，比较值输入“27”，可以在会计分录序时簿中，只查找到“记”字27号凭证。对查找到的凭证执行“操作”→“反过账”，可以取消过账标记。然后更换操作员继续反审核、反复核（有复核的情况下），更换为制单人进行修改。

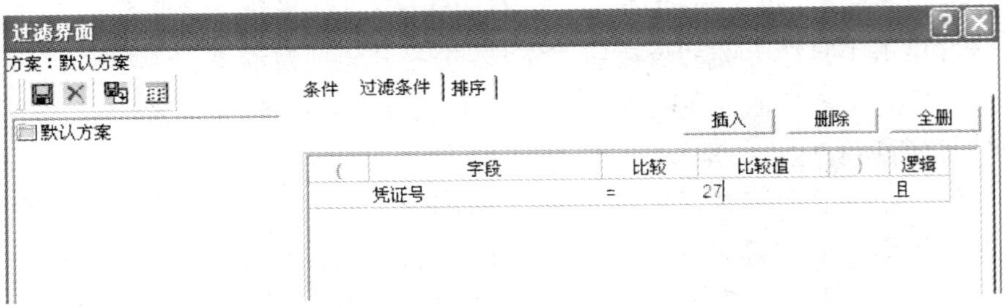

图5－79

图5－80的凭证中金额少记了，原本金额是1 500元，记成了150元，所以针对已记账的情况，必须反过账、反审核才能进行修改。

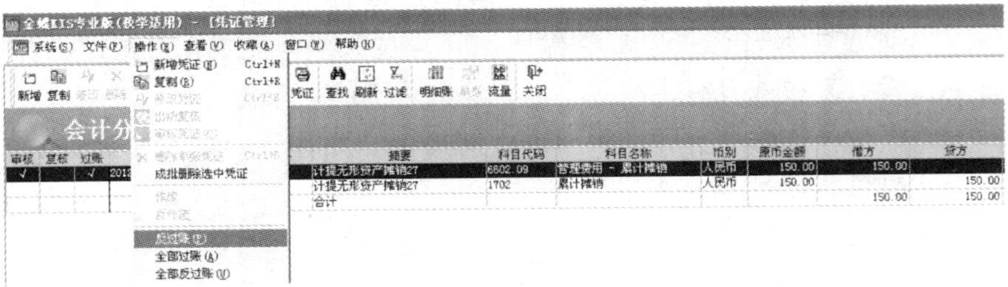

图5－80

⑥还可以由系统管理组的账套主管通过按Ctrl＋F11组合键对凭证进行反过账。

实验二　账簿管理

5.2　账簿查询操作

5.2.1　账簿管理

企业的经济业务经过制单、审核、记账等过程后，就形成了正式的账簿，对发生的经济业务进行查询、分析等操作都可以通过账簿管理来实现。查询账簿是会计工作中一项重要的工作内容，它除包括总账、明细账等基本会计账簿的查询、打印外，还包括数量金额账、核算项目账、往来对账单、账龄分析表的查询和打印。如图 5－81 所示。

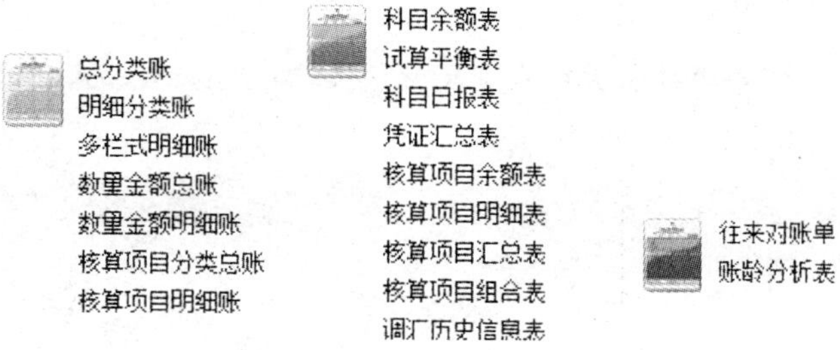

图 5－81

查询、打印时，都要打开过滤对话框，在过滤对话框中输入查询、打印的条件，系统可以根据条件显示出查询结果。在查询时，可以从查询到的总账进入其明细账，选择明细账中的凭证记录可以查询到凭证，完成对已记账凭证的链式查询。

5.2.2　账簿练习

（1）查询现金日记账（只需填列前三条账簿记录），结果填入表 5－1。

表 5－1

年月	日	凭证号数	借方	贷方	余额
本月合计					
当前累计					

步骤：

①单击“初始化”→“出纳初始数据”，单击工具栏中的“引入”，在“科目类别：”对应的文本框中选择“现金”，在库存现金科目对应的期初余额填列“1 500 元”，本位币期初余额显示 1 500 元。如图 5－82 所示。

图 5－82

②单击主界面的“初始化”→“出纳初始数据”，在“科目名称:”对应的文本框中选择银行存款，在银行名称对应的单元格中填列：中国工商银行宅吉支行，银行账号：350602156503915，对账单期初余额和日记账期初余额填列“86 865 元”。结果如图 5－83 所示。

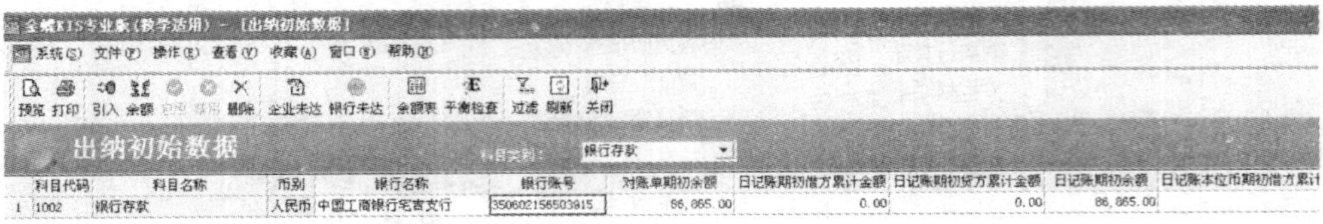

图 5－83

③先单击主界面的“初始化”→“启用出纳系统”，再进入“出纳管理”→“现金日记账”，单击图 5－84 所示的主菜单中的“文件”→“从总账引入现金日记账”或单击工具栏中的“引入”。

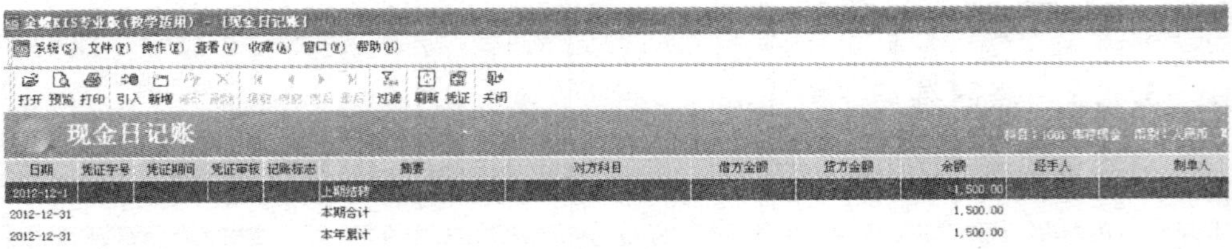

图 5－84

④如图 5－85 所示，在“引入日记账”窗口的“现金日记账”页签下，将

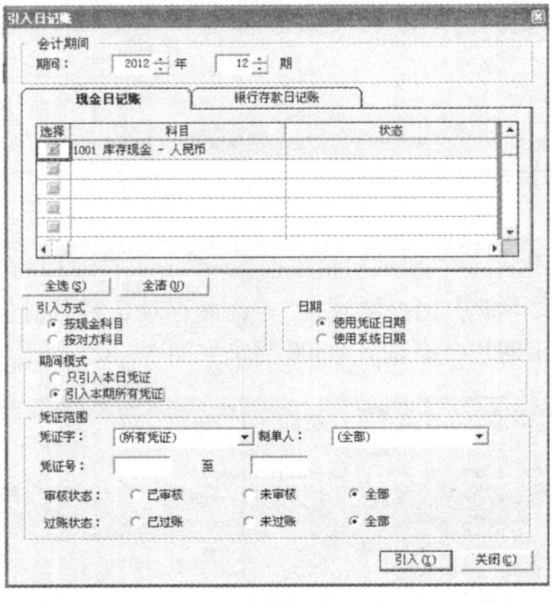

图 5－85

库存现金科目的选择标记打上“√”，引入方式：按现金科目，日期：按凭证日期，期间模式：引入本期所有凭证，审核及过账状态选择“全部”单选项，单击“引入”命令。然后将查询的前三条记录结果填入表5－1中。

⑤同理，在图5－86所示的“银行存款日记账”页签下，将银行存款科目的选择标记打上“√”，引入方式：按银行存款科目，日期：按凭证日期，期间模式：引入本期所有凭证，审核及过账状态选择“全部”，单击“引入”命令。并将银行存款日记账的前三条记录填入表5－2中。

图5－86

表5－2

年月	日	凭证号数	借方	贷方	余额
本月合计					
当前累计					

（2）查询下列科目的明细账，并且双击“明细账”中的第一条记录，就能联查到对应的凭证信息。将结果填入表5－3中。

表5－3

科目名称	当前月份共有几笔记录	第一笔记录的凭证借方科目名称
1122 应收账款		
6001 主营业务收入		
2221.02.01 进项税额		

注：在查询明细科目时，注意需要修改“科目级别：”为1～3级。明细账查询时，注意有“条件”、“高级”、“过滤条件”、“排序”四个选择页签，自己动手设置相应条件进行查询练习。

（3）查询部门总账。指定“财务部”进行查账，单击“账簿报表”→“核算项目分类总账”，通过过滤条件对话框输入部门代码，将显示的查询结果填列在表5－4中。

表 5 –4

科目名称	期初余额	借方发生	贷方发生	期末余额
合计				

（4）查询供应商往来余额表。指定供应商查询余额表“漳州供电局”，单击“账簿报表”→“核算项目余额表”，通过过滤条件对话框输入应付账款的科目代码，选择核算项目是“供应商”，因为在模块三的供应商档案中设了两级档案，因此，项目级次需设为两级，将显示的查询结果填列在表 5 –5 中。

表 5 –5

科目名称	借方	贷方	方向	期末余额
合计				

（5）查询管理费用多栏式明细账。步骤：

①单击“账务处理”→“账簿报表”→“多栏式明细分类账”，进入“多栏式明细账”的查询界面，如图 5 –87 所示，单击“设计”。

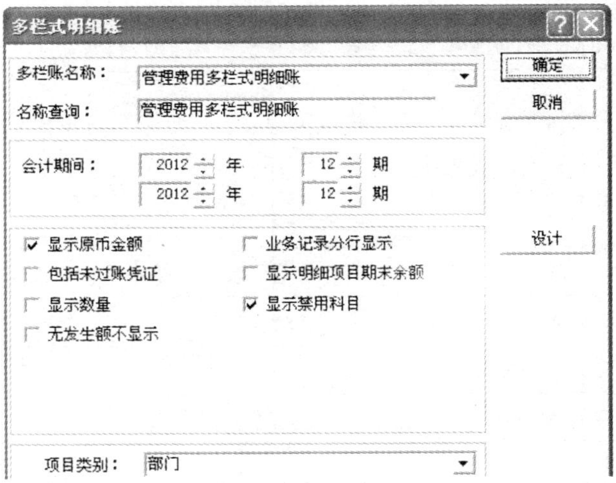

图 5 –87

②进入“多栏式明细账定义”窗口，如图 5 –88 所示，单击“新增”。

在“会计科目：”中选择 6602 管理费用，按回车键，“多栏账名称：”文本框中自动显示管理费用多栏式明细账，单击“自动编排”命令按钮，单击“保存”，如图 5 –89 所示。

图 5 －88

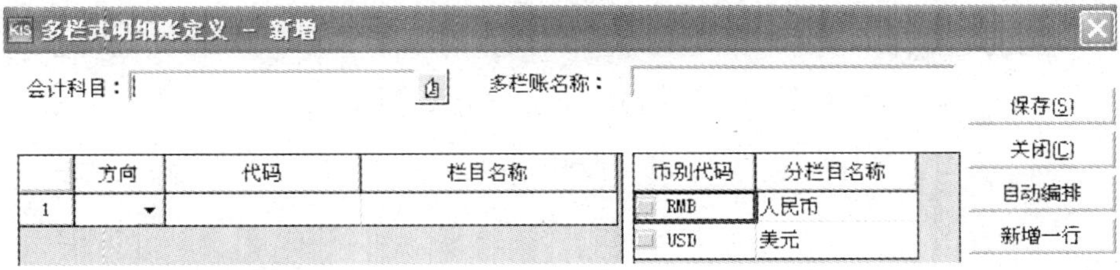

图 5 －89

③在“多栏式明细账定义”窗口中选择“管理费用多栏式明细账”，单击“确定”。再单击“确定”，查询结果如图 5 －90 所示。

日期	凭证字号	摘要	借方	贷方	余额(本位币) 方向		低值易耗品摊销
2012-12-1		期初余额			平		
2012-12-7	记-11	购买办公用品	100.00		借	100.00	
2012-12-8	记-12	领用材料	2,000.00		借	2,100.00	
2012-12-31	记-21	结转折旧费用	2,971.36		借	5,071.36	
2012-12-31	记-27	计提无形资产摊销	1,500.00		借	6,571.36	
2012-12-31	记-32	结转本期损益		6,571.36	平		
2012-12-31		本期合计	6,571.36	6,571.36	平		
2012-12-31		本年累计	6,571.36	6,571.36	平		

图 5 －90

（6）查询科目余额表。

查询所有资产类科目的余额表，科目级别为 2 级（不用填列查询结果）。

模块六

期末处理

目的与要求

掌握企业期末处理的转账定义与生成，对账，结账。

资料

一、经济业务

①业务 29：31 日，结转制造费用。其中 30% 的制造费用转入生产成本 - 制造费用（生产一部），70% 的制造费用转入生产成本 - 制造费用（生产二部）。

②业务 30：31 日，结转完工产品生产成本。完工的 A 产品的是由生产一部合并转入，完工的 B 产品的是由生产二部合并转入。

③业务 31：31 日，期间损益结转，按收入和损失分别结转。

④业务 32：31 日，计提所得税。计算应交所得税，税率为 25%。

⑤业务 33：31 日，结转所得税费用。

⑥业务 34：31 日，结转本年利润。

⑦业务 35：31 日，按税后利润 10% 提取法定盈余公积。

⑧业务 36：31 日，应付股利 60 000 元。

⑨业务 37：31 日，将利润分配各明细科目的余额，转入未分配利润明细科目。

注：本模块的业务以自己具体操作时产生的顺序号为准。

二、期末操作内容提示

1. 定义

系统根据用户自定义的转账凭证模板，按转账期间从账簿上自动取数，方便期末完成每个月需做的常规业务处理。如：按企业财务管理和成本核算的要求，进行制造费用的结转、期末完工产品入库成本的结转、当期企业所得税的计算等。

2. 转账方式

（1）转入：指该会计科目属于转入科目。

（2）按比例转出（发生额、余额）：指按该科目发生额或余额的百分比转出。

（3）按公式转出：指根据“公式定义”中的公式取数转出。

（4）按公式转入：指根据“公式定义”中的公式取数转入。

3. 公式定义

当“转出方式”选择“按公式转入或转出”时，需要定义公式，根据科目是否下设外币及数量，可以录入原币取数公式、本位币取数公式、数量取数公式。

（1）常用函数：ACCT（总账科目取数函数）。

（2）取数公式：

ACCT(“会计科目”,“取数类型”,“货币”,“年度,起始期间,结束期间”)

例：ACCT(“5101”,“Y”,“”,“0,0,0”)

(ACCT(“4001”,“Y”,“”,“0,0,0”) - ACCT(“4001”,“C”,“”,“0,0,0”)) *0.25

ACCT(“1002”,“C”,“USD”,“2012,12,12”)

注：如果需在单元格中填入上列公式，不是通过公式向导，而是通过键盘录入。在键盘录入时，需切换输入法为英文状态。

4. 取数类型

C 期初余额　JC 借方期初余额　DC 贷方期初余额

Y 期末余额　JY 借方期末余额　DY 贷方期末余额

JF 借方发生额　　　DF 贷方发生额

实验　期末业务处理

6.1.1　转账定义及转账生成

（注意：需将前面未审核、过账的凭证审核、过账）

1. 对业务 1 ~ 28 进行审核、记账

2. 业务 29

（1）转账期间：1 - 12，名称：结转制造费用。如图 6 - 1 所示。

图 6 - 1 中，在 30% 的核算项目下设“生产一部”，在 70% 的核算项目下设“生产二部”。单击“保存”退出。表中的每一行通过“新增行”来增加。

（2）进入图 6 - 2 所示窗口，选择需生成凭证的自动转账凭证名称的转账期间复选项，单击“生成凭证”。

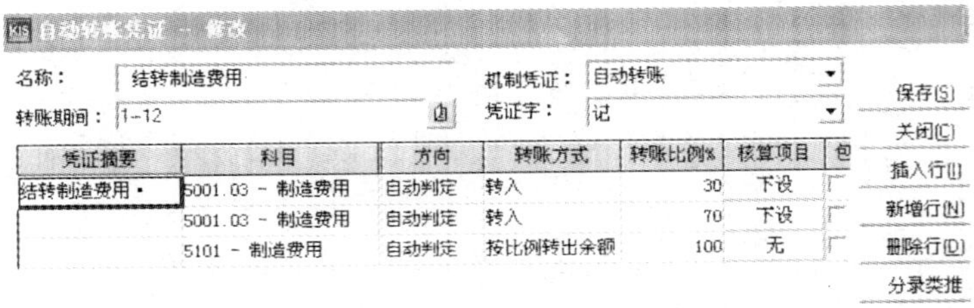

图 6－1

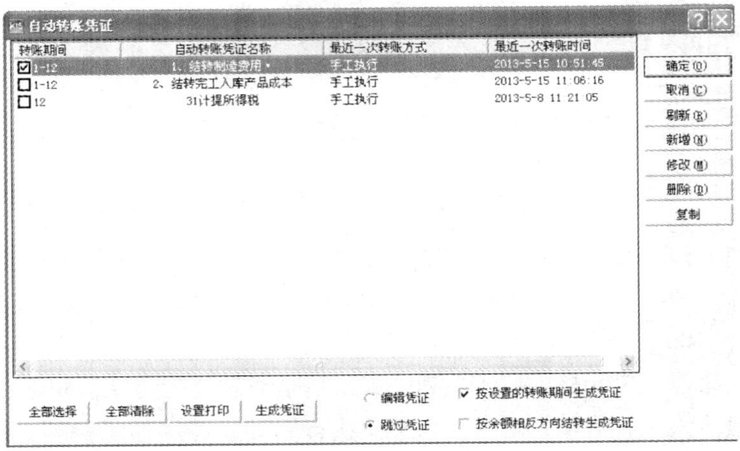

图 6－2

（3）所生成的凭证在“账务处理”→“凭证管理”下查看。如图 6－3 所示。

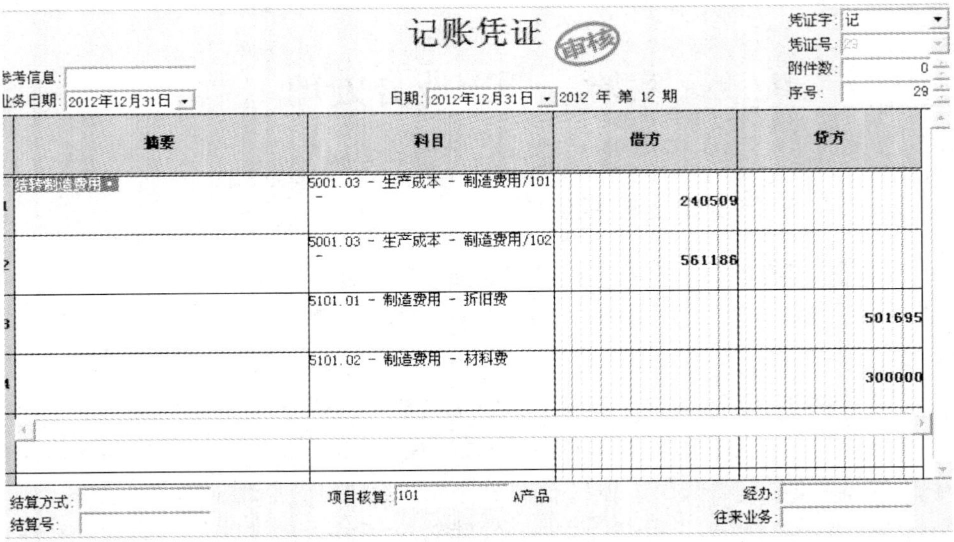

图 6－3

3. 业务 30

（1）将业务 29 的凭证审核、记账后，方可进行对业务 30 的操作。

（2）转账期间：1－12，名称：结转完工入库。1405.01 和 1405.02 科目的方向设定为借方，同时设置它们的转账方式是按公式转入，公式定义需要进行“下设”。操作如图 6－4 所示。

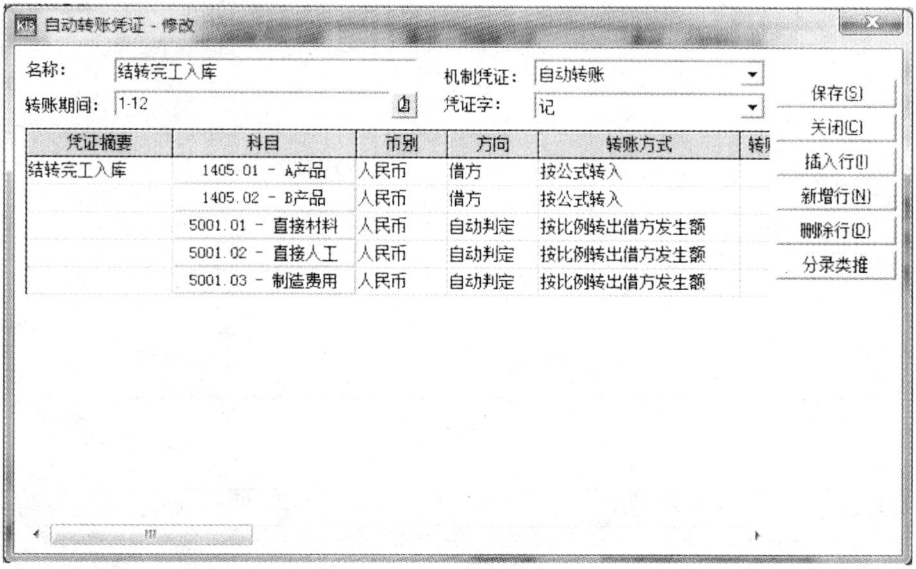

图 6－4

1405.01 的公式下设的结果是 ACCT(“5001.01|部门|1.01”,“JF”,“”,0,0,0,“”)＋ACCT(“5001.02|部门|1.01”,“JF”,“”,0,0,0,“”)＋ACCT(“5001.03|部门|1.01”,“JF”,“”,0,0,0,“”)。1405.02 的公式下设的结果是 ACCT(“5001.01|部门|1.02”,“JF”,“”,0,0,0,“”)＋ACCT(“5001.02|部门|1.02”,“JF”,“”,0,0,0,“”)＋ACCT(“5001.03|部门|1.02”,“JF”,“”,0,0,0,“”)。根据上述对库存商品－A 产品和库存商品－B 产品的入账价值的理解，本质上是将生产成本下所有明细科目核算项目是生产一部的借方发生额汇总到 A 产品，所以库存商品－A 产品下设的公式可简写为 ACCT(“5001.01:5001.03|部门|1.01”,“JF”,“”,0,0,0,“”)；生产成本下所有明细科目核算项目是生产二部的借方发生额汇总到 B 产品，库存商品－B 产品下设的公式可简写为 ACCT(“5001.01:5001.03|部门|1.02”,“JF”,“”,0,0,0,“”)，如图 6－5 所示。

如图 6－6 所示，贷方科目的方向设置为自动判定，转账方式设置为按比例转出借方发生额，转账比例是 100%，因为在科目表中将“部门”作为 5001.01、5001.02、5001.03 的辅助账类型，所以所有贷方科目的核算项目需要“下设”，如图 6－6 所示，项目代码是从 1.01 生产一部到 1.03 车间管理部。

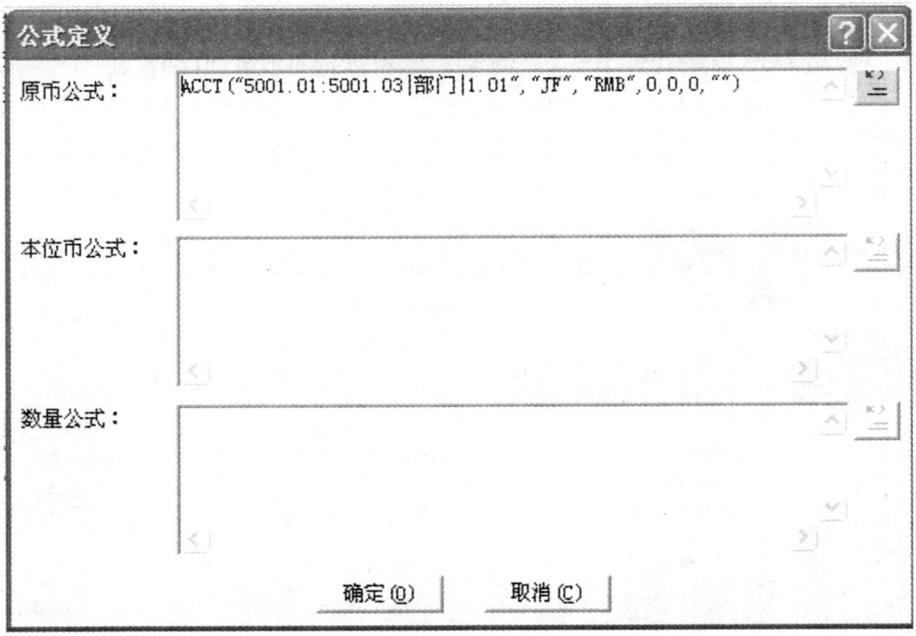

图 6 – 5

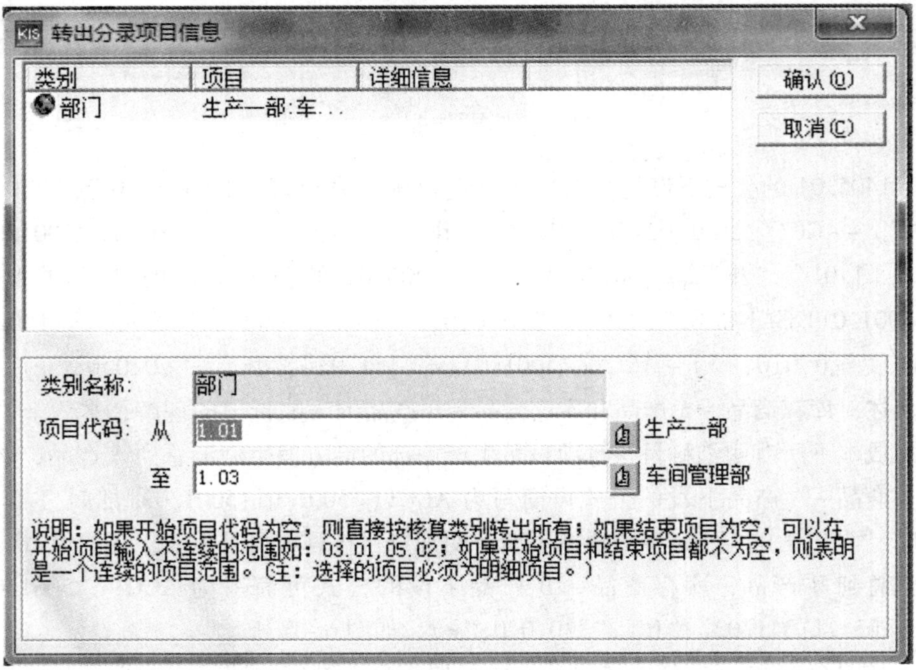

图 6 – 6

（3）在“账务处理”→“自动转账”的自动转账凭证窗口中选择结转完工入库的名称，单击“生成凭证”，结果如图 6 – 7 所示。

	摘要	科目	借方	贷方
1	结转完工入库	1405.01 - 库存商品 - A产品	4300509	
2		1405.02 - 库存商品 - B产品	8061186	
3		5001.01 - 生产成本 - 直接材料/1.01 - 生产部_生产一部		4060000
4		5001.01 - 生产成本 - 直接材料/1.02 - 生产部_生产二部		7500000
5		5001.03 - 生产成本 - 制造费用/1.01 - 生产部_生产一部		240509
6		5001.03 - 生产成本 - 制造费用/1.02 - 生产部_生产二部		561186
	合计：壹拾贰万叁仟陆佰壹拾陆元玖角伍分		12361695	12361695

图 6 – 7

附注：

①如果按照模块三的资料（八），生产成本 – 直接材料、生产成本 – 直接人工、生产成本 – 制造费用这三个科目的核算项目设置为“项目核算”，则可以按下面的操作完成凭证的处理。

将图 6 – 8 中的 1405.01“公式定义”的“下设”设置为 ACCT(“5001|项目核算|1.01”,“Y”,“”,0,0,0,“”)，1405.02“公式定义”的“下设”设置为 ACCT(“5001|项目核算|1.02”,“Y”,“”,0,0,0,“”)，5001.01、5001.02、5001.03 等科目的核算项目“下设”分别设置为“A 产品”和“B 产品”。单击“保存”退出。如图 6 – 8 所示。

自动转账凭证 - 修改

名称：2、结转完工入库产品成本　　机制凭证：自动转账

转账期间：1-12　　凭证字：记

保存(S)　关闭(C)　插入行(I)　新增行(N)　删除行(D)　分录类推

凭证摘要	科目	币别	方向	转账方式	转
结转完工入库产品成	1405.01 - A产品	人民币	借方	按公式转入	
	1405.02 - B产品	人民币	借方	按公式转入	
	5001.01 - 直接材料	人民币	自动判定	按比例转出余额	
	5001.02 - 直接人工	人民币	自动判定	按比例转出余额	
	5001.03 - 制造费用	人民币	自动判定	按比例转出余额	

图 6 – 8

②如图 6 – 9 所示，选择需生成凭证的自动转账凭证名称的转账期间复选项，单击“生成凭证”。

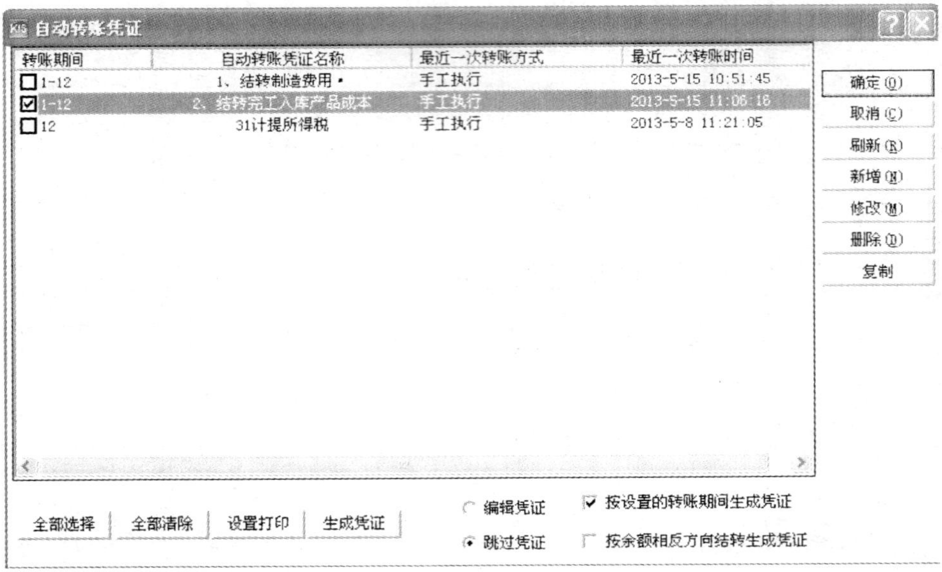

图 6－9

③生成的凭证在“账务处理”→“凭证管理”下查看。生成的凭证如图 6－10 所示。

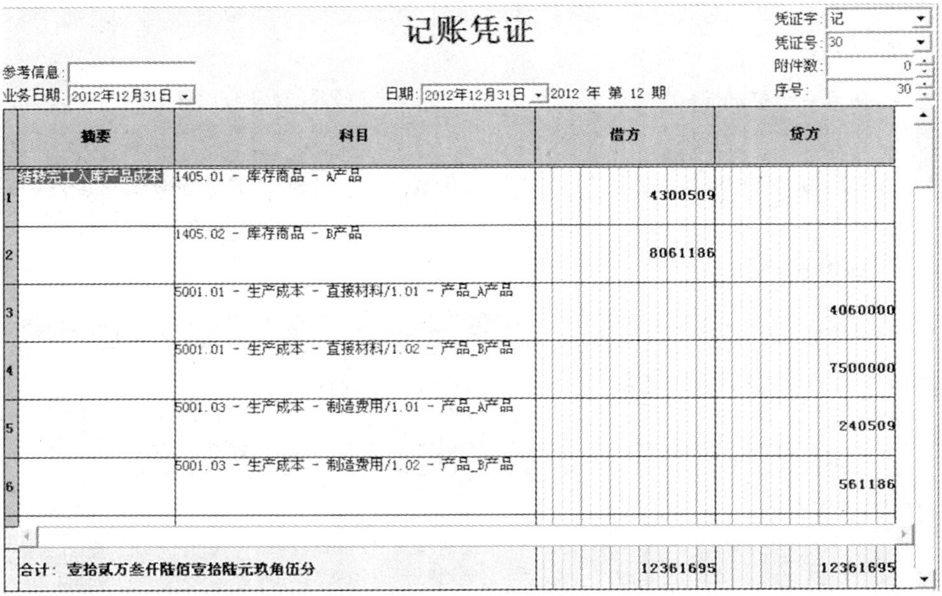

图 6－10

4. 业务 31

期间损益结转：对业务 30 的凭证进行审核、记账，然后开始期末处理业务 31，并且在主界面“基础设置”→“系统参数”→“财务参数”中，需设置“本年利润科目：”是4103，“利润分配科目：”是4104。单击“确定”保存修改。

（1）2012年12月31日，期间损益结转。在“账务处理”→“结转损益”中，按收入、损失类型分别结转。

（2）对结转收入的凭证（图6－11）、支出的凭证（图6－12）进行审核、记账。（注：图6－11和图6－12中，如果将损益全部结转至本年利润，这两张凭证可以合并显示，但现在按收入和损失分别结转，本业务由此产生了记31和记32的凭证号，下面环节的业务顺序号都将顺延一个号。）

图6－11

记 - 32	结转本期损益	4103	本年利润	人民币	75,370.36	75,370.36	
		6401	主营业务成本	人民币	64,000.00		64,000.00
		6402	其他业务成本	人民币	2,000.00		2,000.00
		6403	营业税金及附加	人民币	149.00		149.00
		6601.03	销售费用 - 广告费	人民币	1,000.00		1,000.00
		6601.04	销售费用 - 差旅费	人民币	350.00		350.00
		6601.05	销售费用 - 电话费	人民币	800.00		800.00
		6602.07	管理费用 - 办公费	人民币	100.00		100.00
		6602.08	管理费用 - 折旧费/[2]财务部	人民币	2,971.36		2,971.36
		6602.09	管理费用 - 累计摊销	人民币	1,500.00		1,500.00
		6602.10	管理费用 - 其他	人民币	2,000.00		2,000.00
		6711	营业外支出	人民币	500.00		500.00

图6－12

5. 业务32

单击“账务处理”→“自动转账”，计提所得税。

图6－13所示的转账期间是第12期，是按计提全年所得税来设置的，所以两个科目“公式定义”的“下设”均为ACCT(“4103”,“Y”,“”,0,0,0,“”)＊0.25。如果转账期间是第1～12期，则是按每月计提所得税来进行设置的，所以公式可下设如下：（ACCT(“4103”,“DF”,“”,0,0,0,“”)－ACCT(“4103”,“jf”,“”,0,0,0,“”))＊0.25。单击“保存”退出。

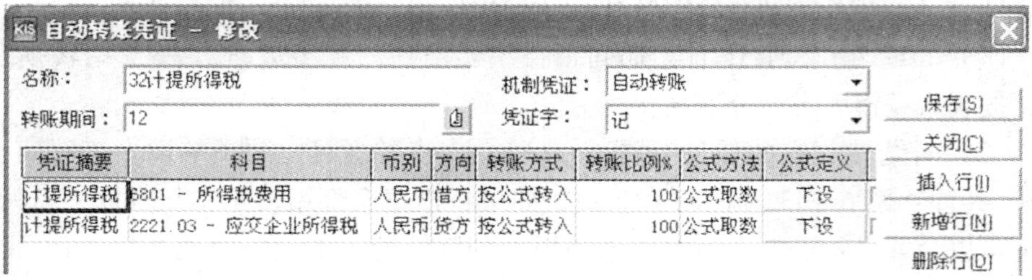

图 6-13

对业务 31 的凭证审核、记账后，方可开始期末处理业务 32。在自动转账凭证的对话框中选择需生成凭证的自动转账凭证名称的转账期间复选项，单击“生成凭证”，生成的凭证在“账务处理”→“凭证管理”下查看。如图 6-14 所示。

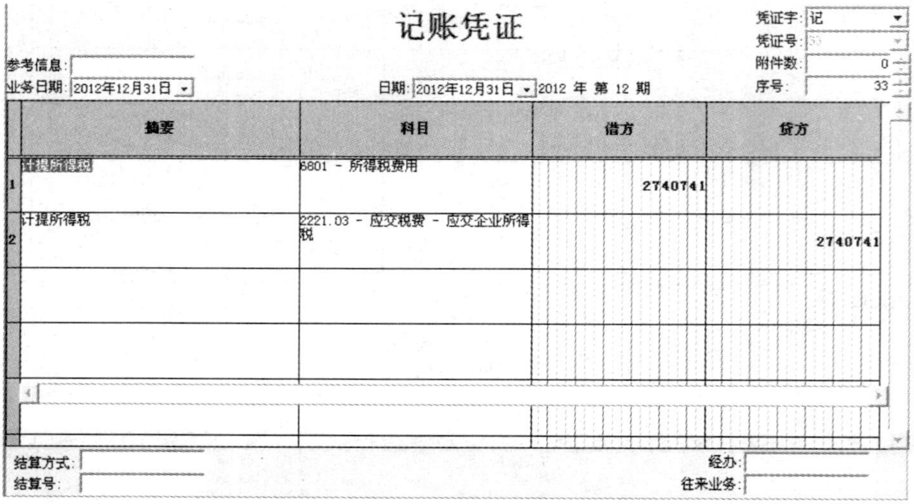

图 6-14

注：图 6-14 所示是计提全年所得税的结果。

6. 业务 33

对业务 32 的凭证进行审核、记账，然后开始期末处理业务 33。

（1）单击“账务处理”→“结转损益”，按损失类型结转，生成如图 6-15 所示的凭证。

（2）对结转的所得税凭证进行审核、记账。

7. 业务 34

将本年利润结转至未分配利润（对业务 33 的凭证进行审核、记账后，方可开始期末处理业务 34）。单击“账务处理”→“自动转账”。

如图 6-16 所示，转账期间是第 12 期，所以两个科目“公式定义”的“下设”均为 ACCT(“4103”,“Y”,“”,0,0,0,“”)。单击“保存”退出。

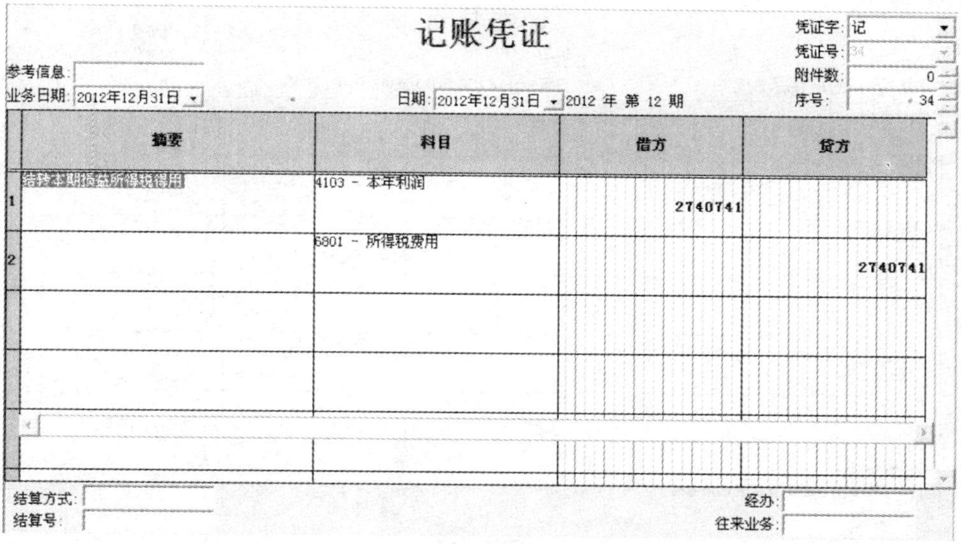

图 6－15

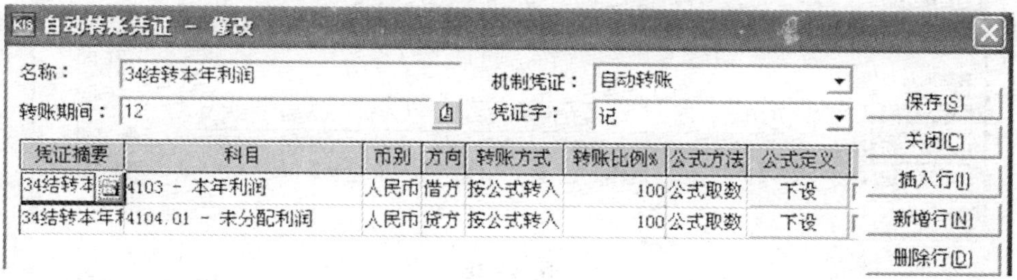

图 6－16

在自动转账凭证的对话框中选择需生成凭证的自动转账凭证名称的转账期间复选项，单击“生成凭证”，生成的凭证在“账务处理”→“凭证管理”下查看，如图 6－17 所示。

8. 业务 35

年末按税后利润的 10% 提取法定盈余公积。在“会计科目”处增加“4104. 02 利润分配－提取法定盈余公积”（对业务 34 的凭证进行审核、记账后，方可开始期末处理业务 35）。单击“账务处理”→“自动转账”。

如图 6－18 所示，转账期间是第 12 期，所以两个科目“公式定义”的“下设”均为 ACCT(“4103”,“Y”,“”,0,0,0,“”) ∗ 0. 1。单击“保存”退出。在自动转账凭证的对话框中选择需生成凭证的自动转账凭证名称的转账期间复选项，单击“生成凭证”，生成的凭证在“账务处理”→“凭证管理”下查看，如图 6－19 所示。

图 6－17

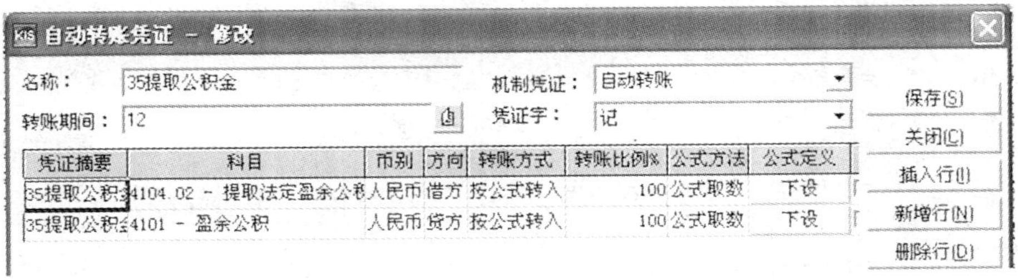

图 6－18

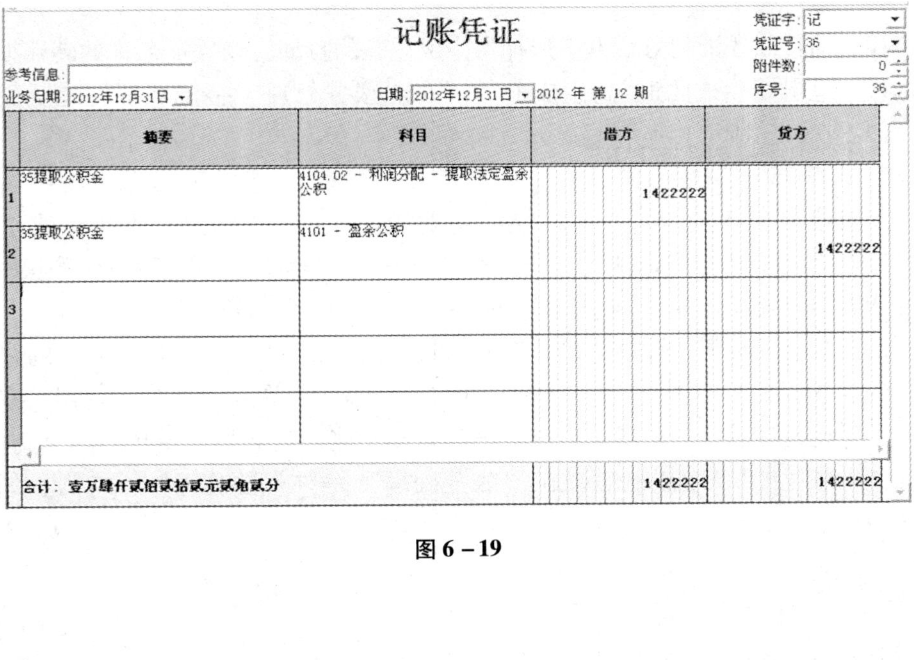

图 6－19

9. 业务 36

在“会计科目”处增加“4104. 03 利润分配 - 应付普通股股利”，生成凭证如图 6 - 20 所示（此凭证通过“账务处理”→“凭证录入”增加）。

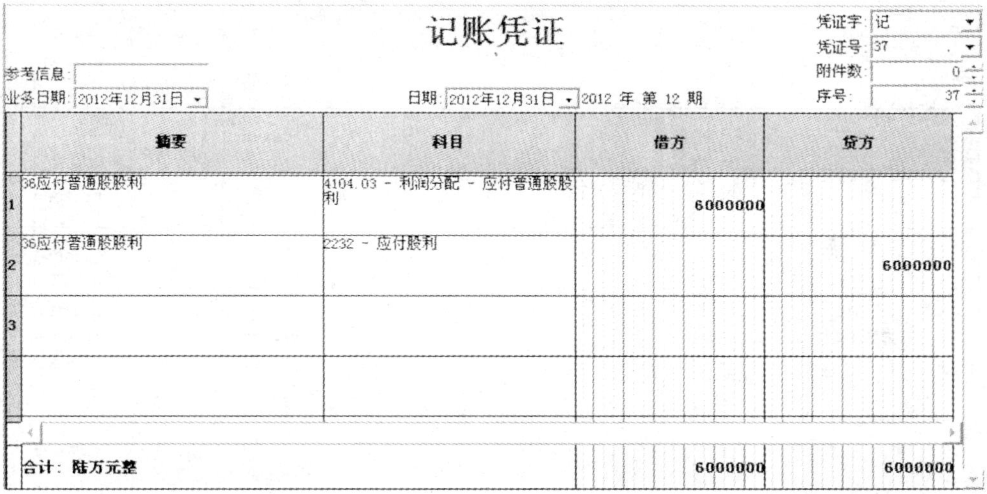

图 6 - 20

10. 业务 37

（对业务 35、36 的凭证审核、记账后，方可开始期末处理业务 37。）

如图 6 - 21 所示，转账期间是第 12 期，所以两个科目“公式定义”的“下设”分别为 ACCT(“4104. 02”,“JF”,“”,0,0,0,“”) 和 ACCT(“4104. 03”,“JF”,“”,0,0,0,“”)。单击“保存”退出。在自动转账凭证的对话框中选择需生成凭证的自动转账凭证名称的转账期间复选项，单击“生成凭证”，生成的凭证在“账务处理”→“凭证管理”下查看，如图 6 - 22 所示。

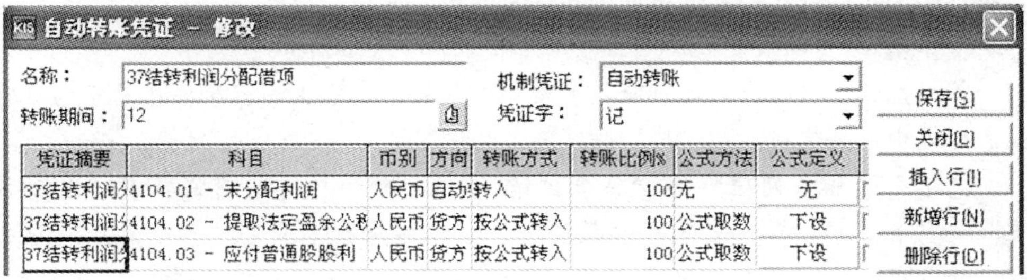

图 6 - 21

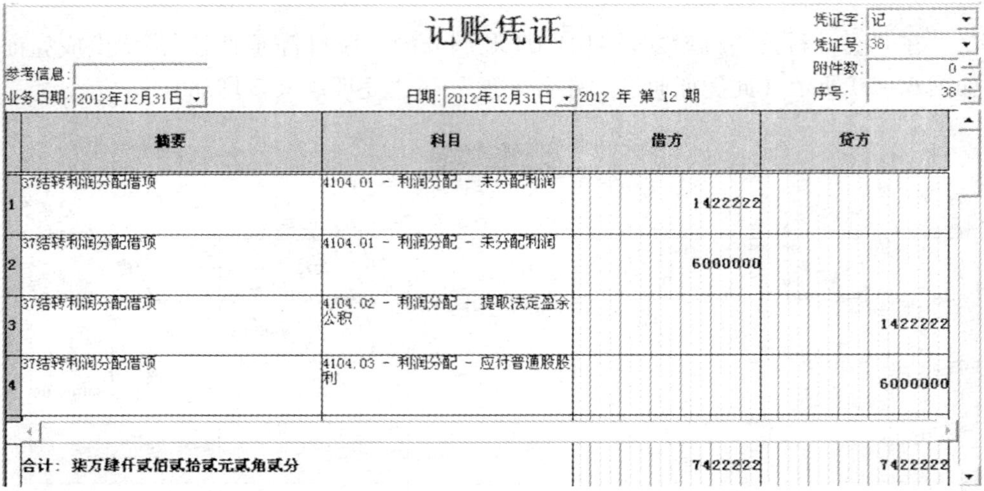

图 6 – 22

6.1.2 结账

结账是指在处理完本期的所有会计业务后，可以进行期末结账。结账完毕后，会计期间会自动转至下期。通过“账务处理”→“期末结账”完成结账。结账前可先做好数据备份工作，以备不时之需。在报表做完后再结账。结账后，反结账只有系统管理员才能做。进入“期末结账”模块，通过按 Ctrl + F12 组合键进行财务反结账。

6.1.3 试算平衡表

单击“账务处理”→“账簿报表”→“试算平衡表”，通过试算平衡表对账检查报表的正确性，检查结果如图 6 – 23 所示。

提示：

①对应收应付账款的各种赊销、赊购等欠款、还款业务，穿插在总账的日常业务处理中一并完成。

②单击“账务处理”→“往来核销”，这个模块操作的前提是在“基础设置”→“系统参数”→“财务参数”下，在“启用往来业务核算”复选框中打√，并且在往来科目应收账款等会计科目的科目属性中，将“往来业务核算”打“√”。

③利用核销管理功能进行应收账款、应付账款的核销，查看往来对账单，并进行账龄分析（在“账务处理”主界面的右下角进行往来对账单及账龄分析表的查看）。

试算平衡表　试算结果平衡

科目代码	科目名称	期初余额		本期发生额		期末余额	
		借方	贷方	借方	贷方	借方	贷方
1122	应收账款	127, 900. 00		35, 100. 00	111, 520. 00	51, 480. 00	
1221	其他应收款	4, 435. 00		1, 700. 00	3, 500. 00	2, 635. 00	
1231	坏账准备		640. 00				640. 00
1402	在途物资			57, 790. 00	57, 790. 00		
1403	原材料	150, 000. 00		57, 790. 00	122, 600. 00	85, 190. 00	
1405	库存商品	244, 000. 00		123, 616. 95	64, 000. 00	303, 616. 95	
1411	周转材料	44, 125. 00				44, 125. 00	
1501	持有至到期投资	50, 000. 00				50, 000. 00	
1601	固定资产	1, 000, 000. 00		50, 000. 00		1, 050, 000. 00	
1602	累计折旧		88, 000. 00		7, 988. 31		95, 988. 31
1701	无形资产	180, 000. 00				180, 000. 00	
1702	累计摊销		16, 500. 00		1, 500. 00		18, 000. 00
2001	短期借款		20, 000. 00		60, 000. 00		80, 000. 00
2202	应付账款		5, 000. 00	35, 100. 00	64, 350. 00		34, 250. 00
2211	应付职工薪酬		40, 000. 00				40, 000. 00
2221	应交税费		7, 685. 00	18, 195. 00	42, 006. 41		31, 496. 41
2231	应付利息		1, 000. 00				1, 000. 00
2232	应付股利				60, 000. 00		60, 000. 00
4001	实收资本		1, 500, 000. 00		100, 000. 00		1, 600, 000. 00
4002	资本公积		30, 000. 00				30, 000. 00
4101	盈余公积		20, 000. 00		14, 222. 22		34, 222. 22
4103	本年利润		100, 000. 00	185, 000. 00	85, 000. 00		
4104	利润分配		60, 000. 00	148, 444. 44	156, 444. 45		68, 000. 01
5001	生产成本			123, 616. 95	123, 616. 95		
5101	制造费用			8, 016. 95	8, 016. 95		
6001	主营业务收入			80, 000. 00	80, 000. 00		
6051	其他业务收入			5, 000. 00	5, 000. 00		
6401	主营业务成本			64, 000. 00	64, 000. 00		
6402	其他业务成本			2, 000. 00	2, 000. 00		
6403	营业税金及附加			149. 00	149. 00		
6601	销售费用			2, 150. 00	2, 150. 00		
6602	管理费用			6, 571. 36	6, 571. 36		
6711	营业外支出			500. 00	500. 00		
6801	所得税费用			27, 407. 41	27, 407. 41		
	合计	1, 888, 825. 00	1, 888, 825. 00	1, 373, 168. 06	1, 373, 168. 06	2, 093, 596. 95	2, 093, 596. 95

图 6－23

模块七

报表与分析

目的与要求

掌握企业期末报表的定义与生成方法。除了完成资产负债表、利润表的编制，有时企业会根据需要编制一些其他管理报表，要求熟悉报表公式定义及取数函数，并熟悉报表中的所有格式设置。对于建立好的报表，要知道怎样查看。

资料

（1）根据总账资料生成“资产负债表”及“利润表”。

（2）做一张自定义报表，格式如下，仅供参考：（表中部门名称及费用项目请参看系统内具体档案）

管理费用明细表

单位名称：　　　　2011 年 12 月　　单位：元

审核人：　　　　制表人：

项目	管理费用	工资	福利费	折旧费	电话费	办公费	其他
生产部							
财务部							
人事部							
供应部							
销售部							
合计							

（3）做一张自定义报表，格式如下：

货币资金表

单位名称：　　　　2011 年 12 月　　单位：元

项　目	期初数	期末数
现金		
银行存款		
其他货币资金		
合计		

审核人：　　　　制表人：

（4）报表系统基础知识

①定义：报表系统是报表处理的工具，利用 UFO 报表系统既可以编制对外报表，又可以编制内部报表。会计报表管理系统的主要任务就是设计报表的格式和编制公式，从总账系统或其他子系统中取得有关会计信息，自动编制会计报表，并对报表进行审核、汇总，生成各种分析图表，同时按预定的格式输出各种会计报表。

②UFO 的主要功能

- 提供各行业报表模板（包括现金流量表）。
- 文件管理功能。对报表文件的创建、读取、保存和备份进行管理。
- 格式管理功能。提供了丰富的格式管理功能，可以制作各种要求的报表。
- 数据处理功能。提供了排序、审核、汇总功能，提供了丰富的函数，可以从用友账务系统和其他系统中提取数据，生成财务报表。
- 图表功能。将数据以图形的形式表示。有柱形图、区域图等图式分析图。

③UFO 报表的基本概念

- 表：指表的种类（资产负债表、利润表等）。
- 表页：指表的组成部分。
- 单元格：UFO 表的最小单位。
- 区域：邻近几个单元格的组合。
- 关键字：决定表页取数的关键信息，是表页取数的标志。通常将可以决定表页取数期间的信息设置为关键字（如年、月、日、季）。
- 报表结构中包括报表格式和报表公式。

实验一　报表模板生成报表

7.1.1　建立“资产负债表”

单击“报表与分析”→“自定义报表”→“资产负债表”，或单击“报表与分析”右边窗口下的“我的报表”→“资产负债表”，进入“数据”→“自动计算”。如图 7－1 所示。

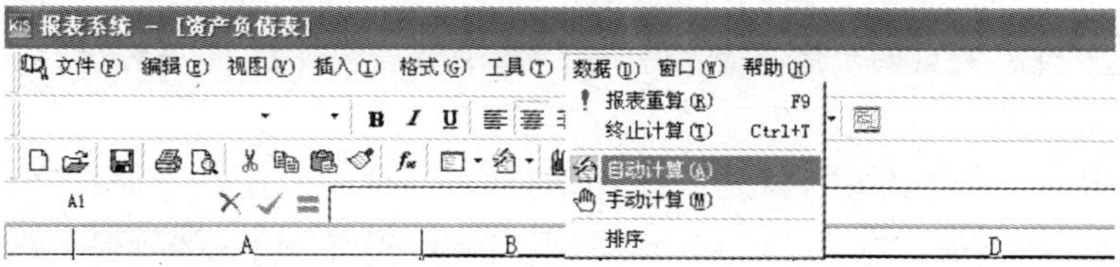

图 7－1

报表计算结果如图 7－2 所示。

25	生产性生物资产			负债合计	246746.41	73,685.00
26	油气资产			所有者权益（或股东权益）：		
27	无形资产	162000	163500	实收资本（或股本）	1600000	1,500,000.00
28	开发支出	0		资本公积	30000	30,000.00
29	商誉	0		减:库存股	0	
30	长期待摊费用	0		盈余公积	34222.22	20,000.00
31	递延所得税资产	0		未分配利润	68000.01	160,000.00
32	其他非流动资产			所有者权益（或股东权益）合	1732222.23	1,710,000.00
33	非流动资产合计	1166011.69	1,125,500.00			
34	资产总计	1978968.64	1,783,685.00	负债和所有者权益（或股东权益）	1978968.64	1,783,685.00

图 7－2

7.1.2 表头表尾设计

单击资产负债表窗口的主菜单“格式”→“表属性”，单击“页眉页脚”选项卡。

①表名的设置。单击“格式”→“表属性”→“页眉页脚”页签，如图7－3所示，在“页眉页脚:”区域内选中“报表名称”，单击“编辑页眉页脚”，打开“自定义页眉页脚”对话框。（在报表属性对话框中，还可以编辑报表附注。）

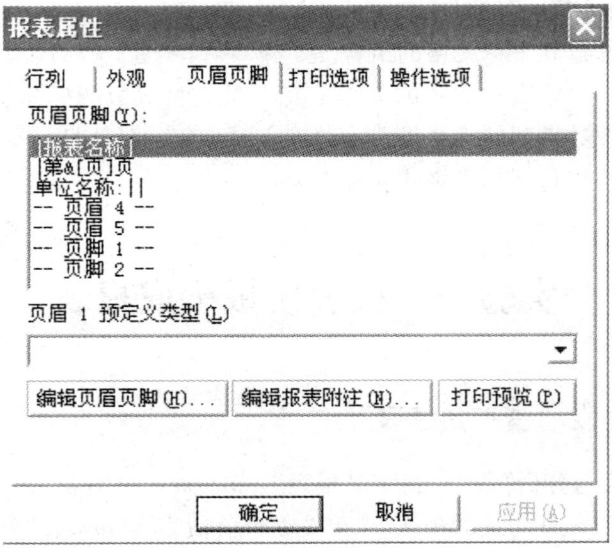

图 7－3

②在“自定义页眉页脚”对话框中，选中分段符中的“报表名称”，将其改为“资产负债表”。单击“确定”。

③在图7－4所示的“自定义页眉页脚”对话框中，在“页眉页脚:”区域内选中页眉2，在页眉2预定义类型中选择 编制单位：| &[日期] | 单位：元 。单击“确定”。

④页脚的设置:

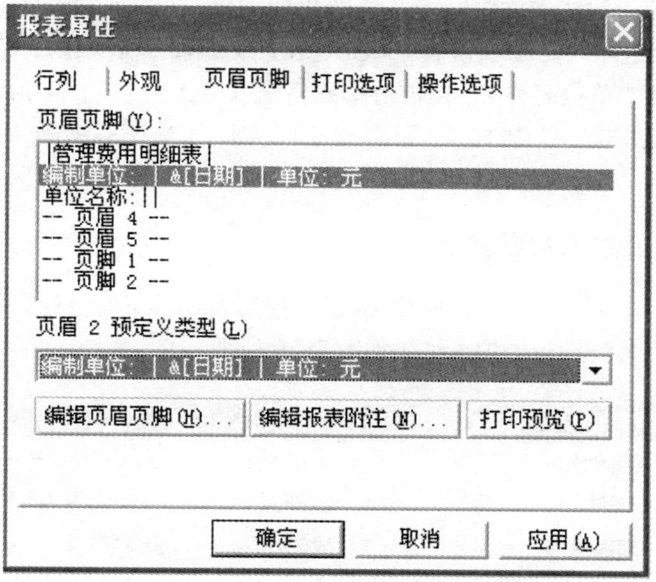

图7－4

在图7－4所示的“页眉页脚”页签中，在“页眉页脚:”区域内选中页脚1，单击“编辑页眉页脚”，打开“自定义页眉页脚”对话框，在空格中输入“审核人：李敏”，单击“分段符”，输入“制表人：李灵”。在“总览”的复选框内打√，查看效果。单击“确定”。

⑤选择“格式”→“表页管理”，打开对话框后，选择“表页管理”页签。在表页管理区域内选中表页1，在图7－5所示的右边区域内则显示表页1编辑，

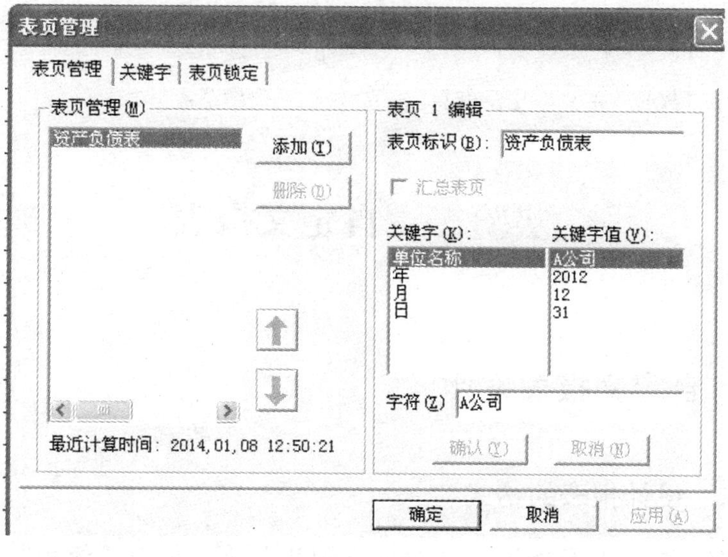

图7－5

在“表页标识”的文本框中输入“资产负债表”，在表页管理区域内选中的表页1，则自动变为“资产负债表”。在“表页1编辑”区域内，需要录入关键字值，如选中“单位名称”，在数值单元格输入“A公司”，单击“确认”，输入关键字值，“年”是2012，“月”是12，“日”是31。操作环境如图7－5所示。

7.1.3　公式取数参数

①单击“工具”→“公司取数参数”，根据表页对应的会计期间对“开始期间”、“结束期间”进行维护，结果如图7－6所示。

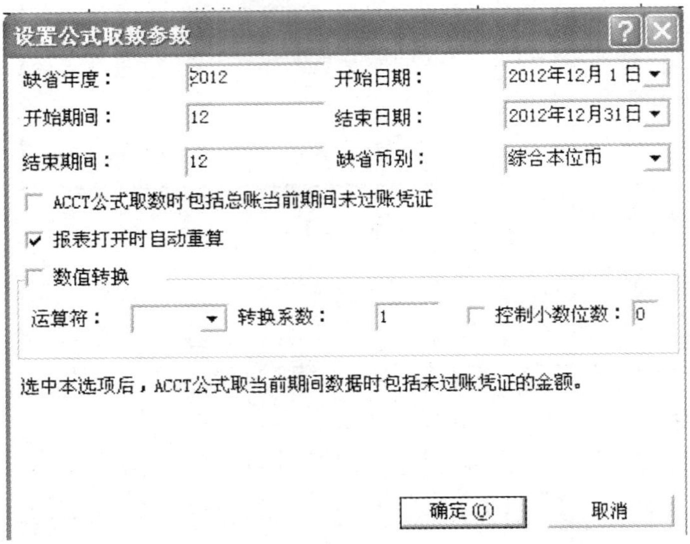

图7－6

②单击“数据”→“报表重算”。

实验二　自定义报表

7.2　自定义报表设计

7.2.1　设计报表的格式

（1）在“报表与分析”→“自定义报表”下，单击“新增”，出现如图

7－7 所示的空白表。

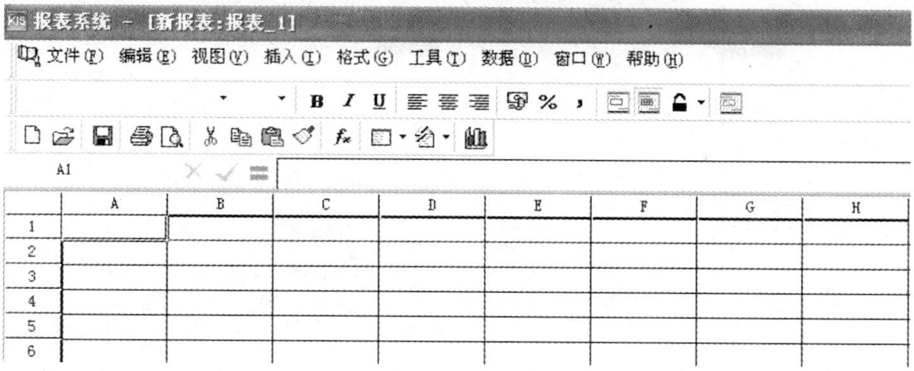

图 7－7

（2）在新表中进行报表属性设置，如图 7－8 所示，建立一张“管理费用明细表”。

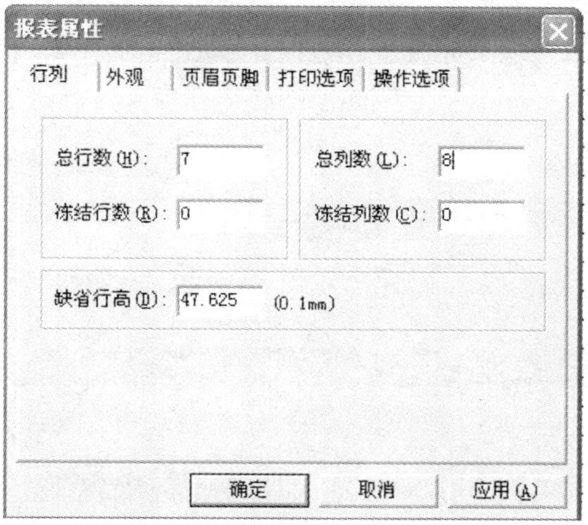

图 7－8

①单击“格式”→“表属性”，进入“行列”页签。

②录入行数“7”，列数“8”，设置缺省行高“100”。将 A 列宽的属性设置为“400”。缺省行高除了在图 7－8 中进行设置，还可以先选中生成的表，通过“格式”→“行属性”进入图 7－9 所示的对话框中，取消“缺省行高”复选项，就可以修改行高为“100”。同理，选中 A 列，在“格式”→“列属性”对话框中选择“列宽”页签，修改列宽为“400”。

③单击“确定”。出现表格后，在表的 A1∶H1 区域中，输入项目、管理费用、工资、福利费、折旧费、电话费、办公费、其他，在 A 列项目下输入生产部、财务部、人事部、供应部、销售部、合计，并把该表中有文字区域的文本设

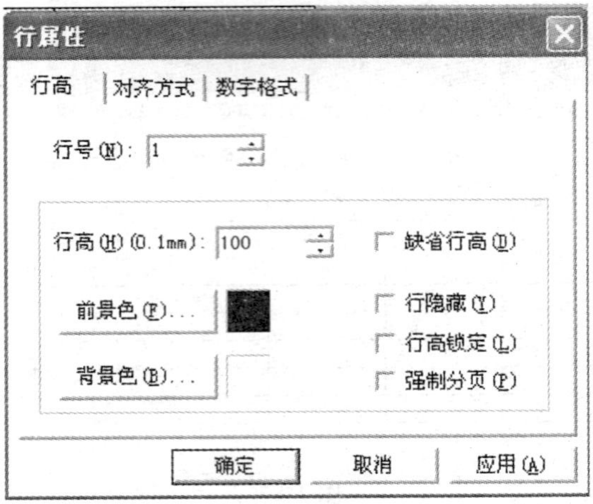

图 7-9

置为居中，字体设置为黑体、小四、加粗。录入完毕后，选择第一行，单击“格式”→“单元属性”，选择“字体颜色”→“字体”，字体选择“黑体”，字形选择“粗体”，大小选择“小四”，单击“确定”。如图7-10 所示。同样，在“单元属性”中选择“对齐方式”页签，水平对齐选择“居中”，垂直对齐选择“靠上”。

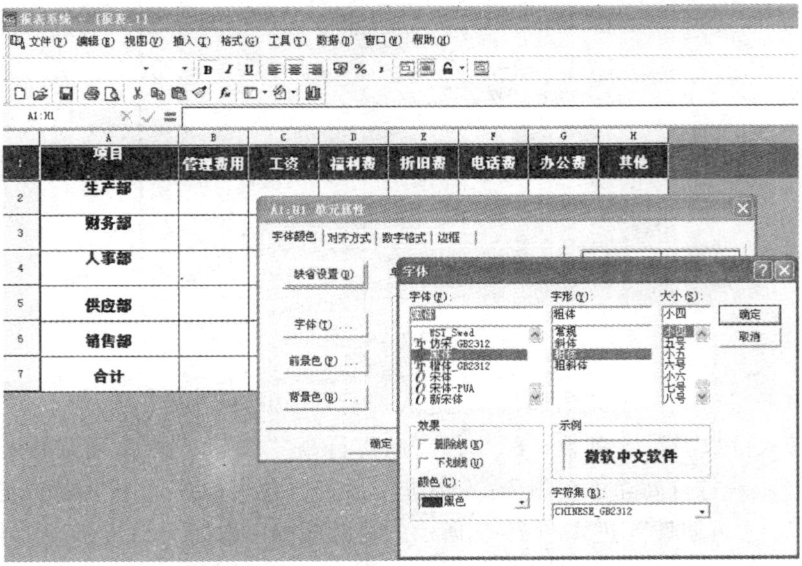

图 7-10

④选择“格式”→“表页管理”，打开如图 7-11 所示对话框，选择“表页管理”页签，在表页管理区域内单击“添加”，可以增加表页 2、表页 3 等。在表页管理区域内选中表页 1，在图 7-11 的右边区域内则显示表页 1 编辑，在

"表页标识"的文本框中输入"管理费用"，在表页管理区域内选中的表页1，则自动变为"管理费用"。在"表页1编辑"区域内，需要录入关键字值，如选中"单位名称"，在数值单元格输入"A公司"，单击"确认"，输入关键字值，"年"是2012，"月"是12，"日"是31。

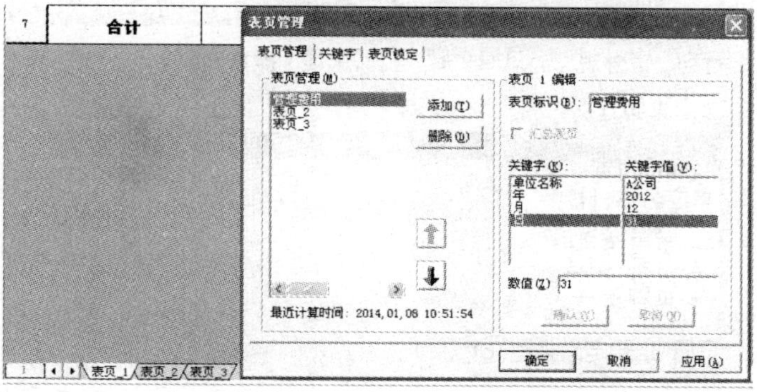

图7－11

提示：

①报表簿可以容纳多张报表。通过添加表页来实现。

②单击"新建"后，系统自动生成一张空白表。

③设计尺寸前，应根据所定义的报表大小计算出所需要的行数和列数，行数应包括表头、表体、表尾。

④设置列宽应以放下本栏最宽数据为原则。

⑤设置行高、列宽后，如果觉得不合适，可以拖动行线、列线改变行高及列宽。

（3）定义斜线。

①选中A1单元格后，单击"格式"→"定义斜线"，选中"单元斜线"页签，选择斜线类型"三分"。

②将名称1改为"部门"，名称2改为"项目"，名称3改为"金额"。单击"确定"。回到表格后，拖动第一行行线，往下拉开。

（4）定义组合单元

①选中要合并的单元格，单击"格式"→"单元融合"。

②进行单元锁定时，选中要锁定的单元格，单击"格式"→"单元锁定"。

提示：

①单元融合即合并单元格，可以将一块单元区域合并为一个单元格，或将已合并的单元格恢复原状。

②单元锁定时，可将某一个单元格锁定，锁定以后的单元格不能进行编辑，锁定以后的单元格可以解锁，解锁后可以重新对该单元格进行编辑。

（5）设置报表表名、页眉、页脚、附注。

①表名的设置。单击“格式”→“表属性”→“页眉页脚”页签，如图 7－12 所示，在“页眉页脚：”区域内选中“报表名称”，单击“编辑页眉页脚”，打开“自定义页眉页脚”对话框。

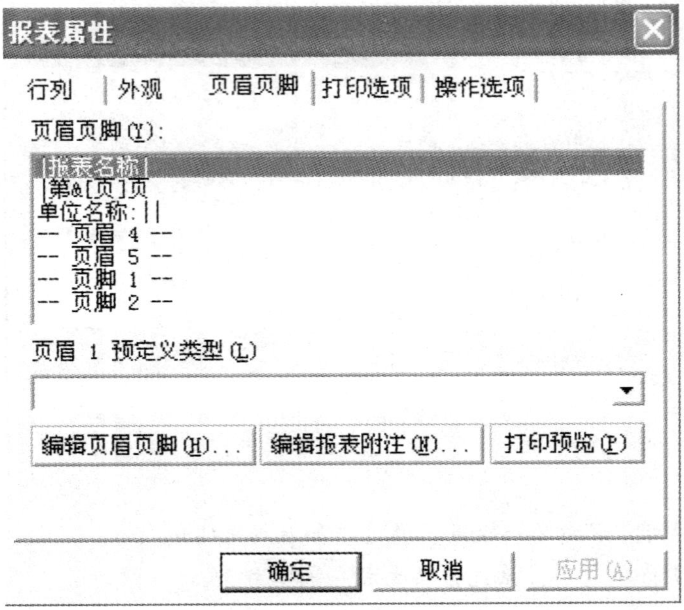

图 7－12

②在图 7－13 所示的“自定义页眉页脚”对话框中，选中分段符中的“报表名称”，将其改为“管理费用明细表”。单击“确定”。

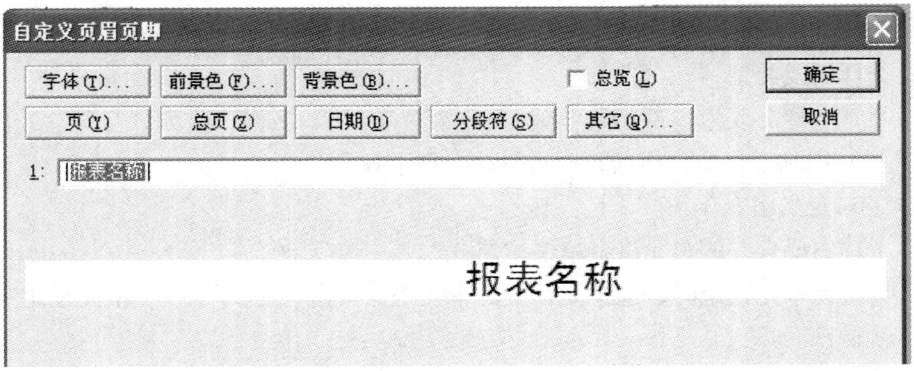

图 7－13

③在图 7－14 所示的“自定义页眉页脚”对话框中，在“页眉页脚：”区域内选中页眉 2，在页眉 2 预定义类型中选择编制单位：| &[日期] | 单位：元。单击“确定”。

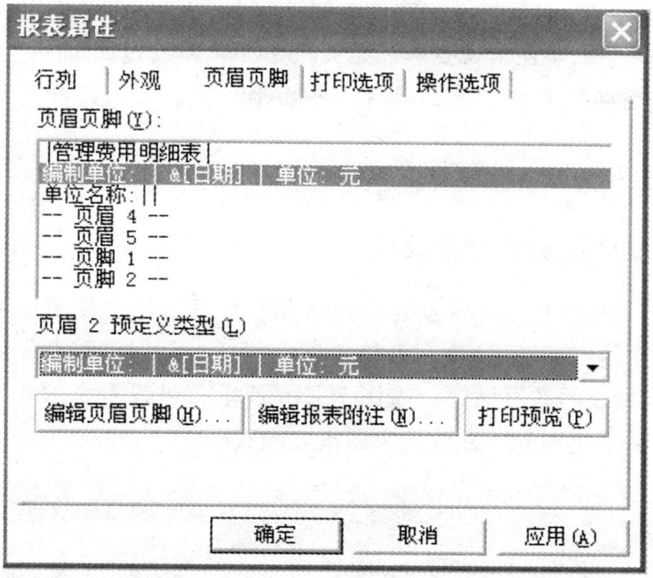

图 7-14

④页脚的设置：

在图 7-15 所示的“自定义页眉页脚”对话框中，在“页眉页脚:”区域内选中页脚 1，单击“编辑页眉页脚”，打开“自定义页眉页脚”对话框，在空格中输入“审核人：李敏”，单击“分段符”，输入“制表人：李灵”。在“总览”的复选框内打√，查看效果。单击“确定”。

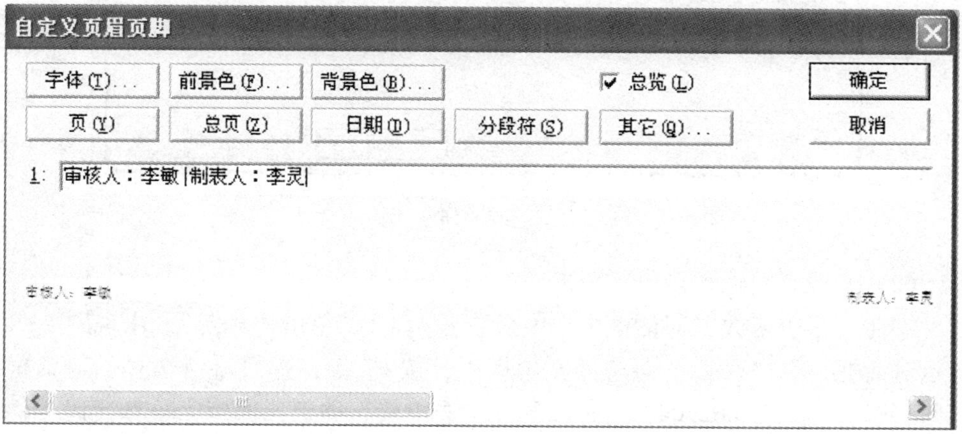

图 7-15

(6) 定义关键字

①可以在“表页管理”的“关键字”页签中添加关键字。

②在“表页管理”中还可以选中“表页锁定”页签进行表页的锁定。

提示：

①定义关键字主要包括设置和调整关键字在表页上的位置。

②关键字有单位名称、单位编号、年、季、月、日，另外有一个自定义关键字。

③一个关键字在一个表中只能定义一次。

7.2.2 设计报表的计算公式

（1）报表取数公式是对报表数据的来源和计算方法的定义。单击需要设置公式的金额单元格，如选中 C2 单元格，选择“插入”→“函数”或单击工具栏的“fx”，打开报表函数对话框，如图 7－16 所示，可查看全部函数类别或常用报表函数，需经常使用的函数放到常用报表函数中。

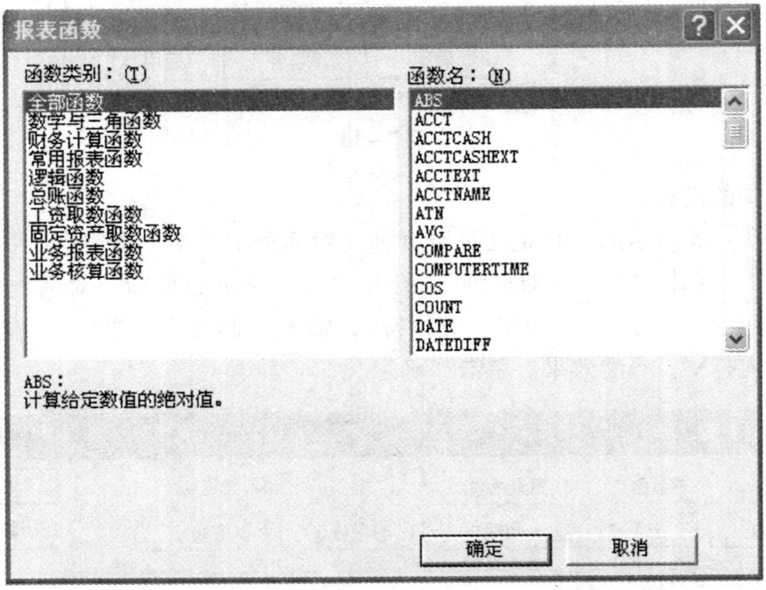

图 7－16

（2）总账科目取数函数（ACCT）。

①在“报表函数”对话框中选中函数名 ACCT，单击“确定”，出现图 7－17 所示对话框，在“科目”对应的文本框中，按 F7 键，弹出科目选择的对话框，“科目代码”选择 6602.04，“核算项目”选中核算类别：部门，核算代码：1～5，单击“填入公式”，在科目参数中出现“6602.04 | 部门 | 1：5”，单击“确定”。

“取数类型”按 F7 键，选中“jf”借方发生额。

“货币”按 F7 键，选中“rmb”人民币。

“年度”可以不选，一般默认为当前年度。

“起始期间”和“结束期间”设置为取数期间。

如图 7－17 所示，设置管理费用－折旧费时，函数表达式为 ACCT(“6602.08|部门|1:”,“JF”,“RMB”,0,0,0,“”)，可以看见图 7－17 的下方显示“计算结果＝”“2971.36”，这个数字则是从管理费用－折旧费的明细账中的借方发生额得到的。根据管理费用明细表的信息和系统内账簿的信息，按照上述操作完成管理费用明细表中 C2:H6 所有单元格的公式设置。

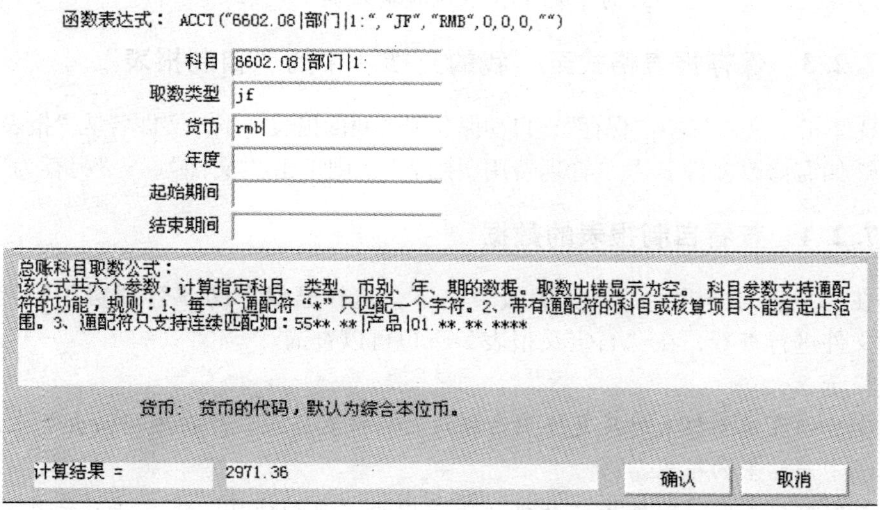
函数表达式： ACCT("6602.08|部门|1:","JF","RMB",0,0,0,"")
科目 6602.08|部门|1:
取数类型 jf
货币 rmb
年度
起始期间
结束期间
总账科目取数公式：
该公式共六个参数，计算指定科目、类型、币别、年、期的数据。取数出错显示为空。科目参数支持通配符的功能，规则：1、每一个通配符“*”只匹配一个字符。2、带有通配符的科目或核算项目不能有起止范围。3、通配符只支持连续匹配如：55**.**|产品|01.**.**.****
货币：货币的代码，默认为综合本位币。
计算结果 =
2971.36
确认
取消

图 7－17

②在图 7－18 所示的管理费用明细表中，B 列的第 1～7 行要完成表内取数。如 B2 单元格用的是数学与三角函数中的 SUM 求和函数，B2 单元格的函数公式为“＝SUM(C2:H2)”。同理，B7 单元格的为“＝SUM(B2,B6)”。

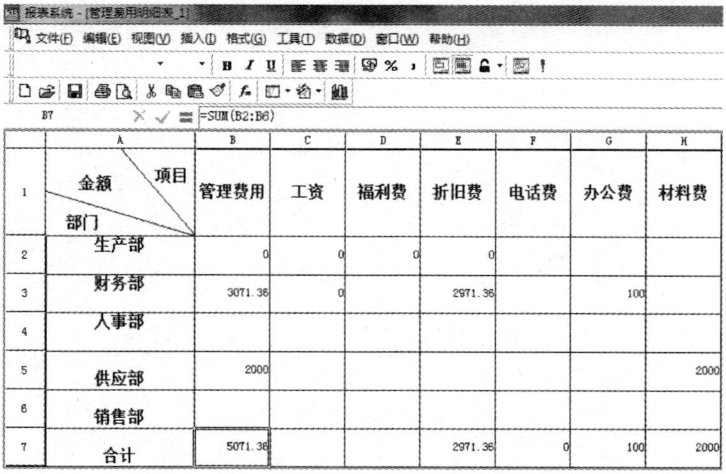
报表系统 - [管理费用明细表_1]
文件(F) 编辑(E) 视图(V) 插入(I) 格式(G) 工具(T) 数据(D) 窗口(W) 帮助(H)
B7
=SUM(B2:B6)

	A	B	C	D	E	F	G	H
1	金额 项目 部门	管理费用	工资	福利费	折旧费	电话费	办公费	材料费
2	生产部	0	0	0	0			
3	财务部	3071.36	0		2971.36		100	
4	人事部							
5	供应部	2000						2000
6	销售部							
7	合计	5071.36			2971.36	0	100	2000

图 7－18

提示：

①单元公式的作用是从账簿、凭证、本表或其他报表处调用运算所需要的数据。

②必须在英文状态下录入计算公式。

③计算公式可直接录入，也可用函数向导录入。

④在组合单元中不能定义单元公式。

⑤在定义了单元公式的单元中，不能再输入其他内容。

7.2.3 保存报表格式至“我的文档”中的“自制报表”

①单击“文件”→“保存”，自动保存到“我的报表”下，文件名是“报表1”。

②如需修改文件名为“管理费用明细表”，则单击“文件”→“另存为”。

7.2.4 查看自制报表的数据

在“报表与分析”→“我的报表”下，选择已保存的“管理费用明细表”报表文件进行查看，在“自定义报表”下也可以查询。

提示：

①可以在编制报表时反复使用已经设置的报表公式，且在不同的会计期间可以生成不同结果的报表。

②编制报表时，可选择“数据”菜单中的“自动计算”或“手动计算”。

注：根据资料完成货币资金表的建立。

模块八

固定资产系统

目的与要求

掌握企业固定资产期初操作，完成固定资产增加、减少等日常业务处理的操作；查看各种账表；期末计提折旧，并完成与总账系统的对账、结账工作。（具体操作时，贯穿在总账业务操作中进行。）

资料

1. 固定资产类别（表8－1）

表8－1

类别编码	类别名称
01	房屋
02	设备

2. 使用状况：使用中－正常使用
3. 增减类别：默认系统设置（表8－2）

表8－2

增减方式名称	减少方式
增减方式目录表	出售
增加方式	盘亏
购入	投资转出
投资者投入	捐赠转出
捐赠	报废
盘盈	毁损
在建工程转入	融资租出
融资租入	拆分减少

4. 相关科目：固定资产科目1601，累计折旧科目1602

5. 部门对应折旧科目——折旧费用分配科目（表8－3）

表8－3

部门编码	部门名称	折旧科目
1	生产部	
1.01	生产一部	5101.01，折旧费
1.02	生产二部	5101.01，折旧费
1.03	车间管理部	5101.01，折旧费
2	财务部	6602.08，折旧费
3	人事部	6602.08，折旧费
4	供应部	6601.01，折旧费
5	销售部	6601.01，折旧费

6. 录入原始卡片（表8－4）

表8－4

编码	备注	入账日期	名称	类别	变动方式	使用状态
1	新增	2011－11－15	厂房	房屋	购入	正常使用
2	新增	2011－11－17	办公用房	房屋	购入	正常使用
3	新增	2011－11－19	机床设备	设备	购入	正常使用
4	新增	2012－02－21	办公设备	设备	购入	正常使用
5	新增	2012－12－14	电子焊接机	设备	购入	正常使用
编码	预计净残值	预计使用期	已使用期间	折旧方法	累计折旧	原值本币
1	12 080.00	118	12	平均年限	29 354.40	302 000.00
2	1 520.00	93	12	平均年限	4 696.80	38 000.00
3	19 200.00	180	12	平均年限	30 528.00	480 000.00
4	7 200.00	67	9	平均年限	23 420.80	180 000.00
5	0.00	120	0	平均年限	0.00	50 000.00
编码	折旧费用项目	经济用途	开始使用日期	部门	数量、审核人	制单人
1	制造费用－折旧	经营用	2011－11－15	生产一部	1、manager	李灵
2	管理费用－折旧	经营用	2011－11－17	财务部	1、manager	李灵
3	制造费用－折旧	经营用	2011－11－19	生产一部	1、manager	李灵
4	管理费用－折旧	经营用	2012－02－21	财务部	1、manager	李灵
5	制造费用－折旧	经营用	2012－12－14	生产一部	1、李灵	李捷

注：①卡片编号5，不是原始卡片，而是本期发生的新增的固定资产。

②原始卡片增加方式，均为直接购入的方式，使用状况均为在用，各卡片均为“平均年限法（一）”。

实验一　固定资产初始化设置

8.1　固定资产初始化

①单击“初始化”→“固定资产初始数据”，打开固定资产管理对话框。

②单击“新增”命令按钮，打开固定资产卡片变动－新增对话框，在此对话框下按资料录入相应档案，如固定资产类别、使用状况、变动方式、使用部门、原值、累计折旧等。

③单击固定资产卡片变动－新增对话框中“资产类别”文本框后的查询命令按钮，按资料新增类别档案，或单击此命令按钮进行档案的选择。资料参见表8－1。或在主界面下单击“固定资产”→“账簿报表”，如图8－1所示，可将固定资产类别、使用状况、变动方式等信息在此先行设置。

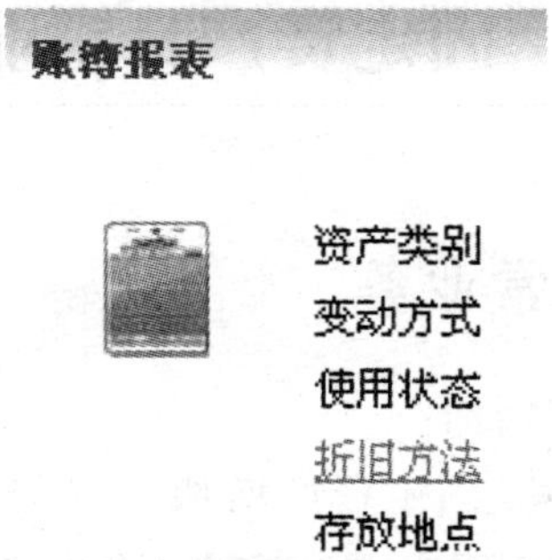

图8－1

④单击“保存”命令按钮进行保存。

⑤通过“固定资产”模块下的“卡片查询”查询已录入的固定资产卡片，或在固定资产管理对话框单击“查看”→“过滤条件”，或直接单击工具栏上的“过滤”工具按钮，也可查询已录入的固定资产卡片。如需修改，可单击图8－2中的“编辑”命令按钮。

⑥单击“初始化”→“启用财务系统”，可进行下一步的日常业务处理，关闭财务系统的初始化。再单击一次“启用财务系统”，即可完成财务系统的反初始化。

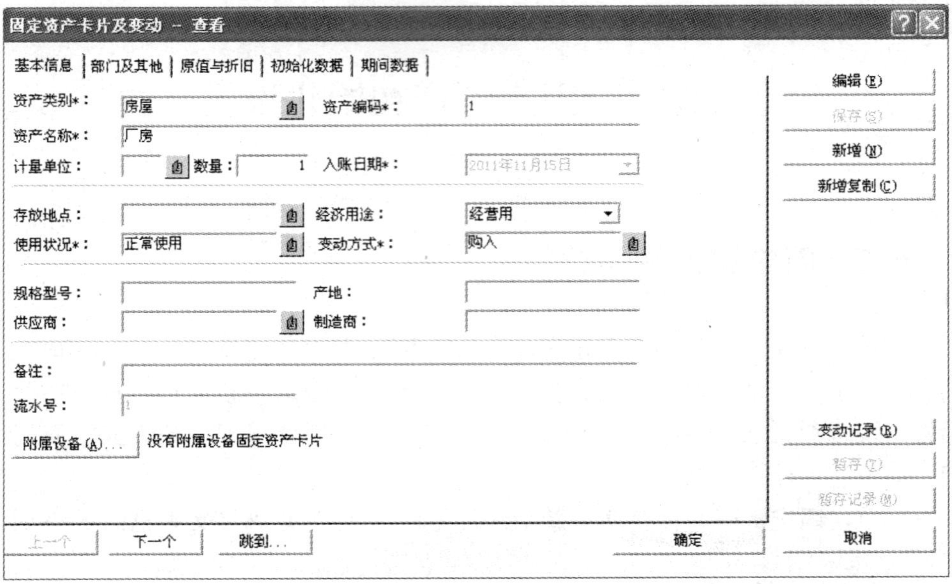

图 8-2

实验二　固定资产日常业务处理

8.2　固定资产日常业务

(1) 日常业务固定资产增加：

①单击“固定资产”→“固定资产增加”，打开增加的对话框，如图 8-3

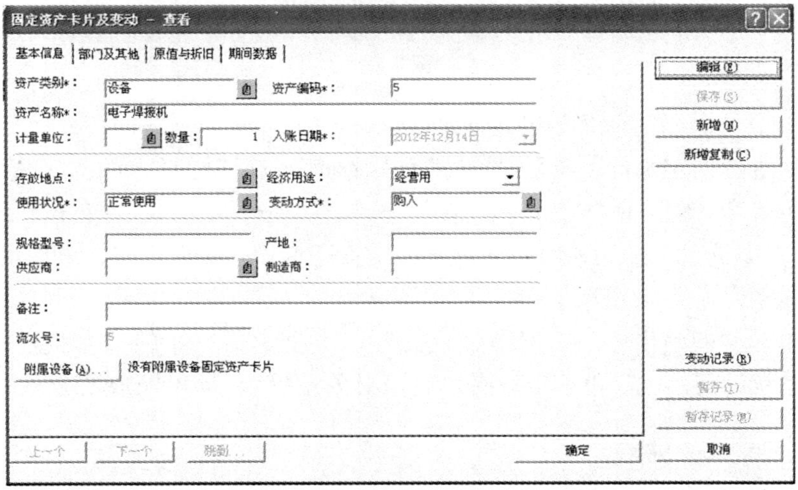

图 8-3

所示，单击“新增”。根据表 8－4 编码 5 的资料录入固定资产基本信息。资产类别：设备，资产编码：5，资产名称：电子焊接机，计量单位：台，入账日期：2012 年 12 月 14 日，经济用途：经营用，使用状况：正常使用，变动方式：购入。（如果在设置变动方式时没有设置对方科目，生成凭证时，会提示“凭证有误，是否继续?”，一般单击“是”继续，出现不完整的凭证后，在凭证上做相应的修改，单击“保存”退出。）

②录入图 8－4 所示的“部门及其他”页签。固定资产科目：1601 或固定资产，累计折旧科目：1602 或累计折旧，单一使用部门：生产一部，折旧费用分配：单一，科目：制造费用－折旧费。

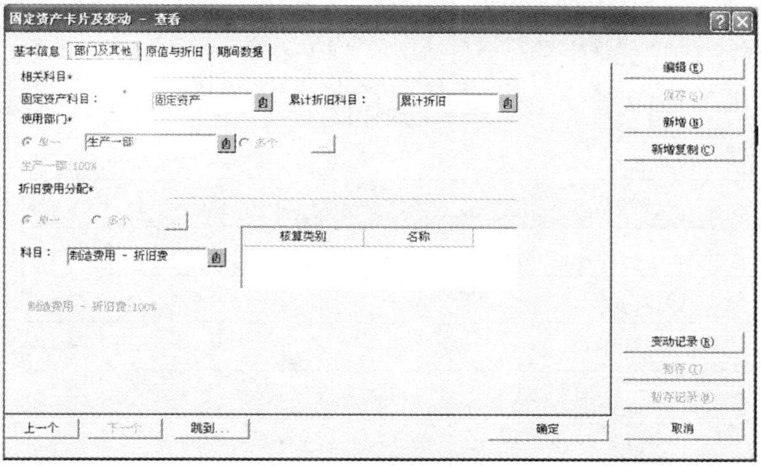

图 8－4

③录入图 8－5 所示的“原值与折旧”页签：原币金额：50 000 元，购进原

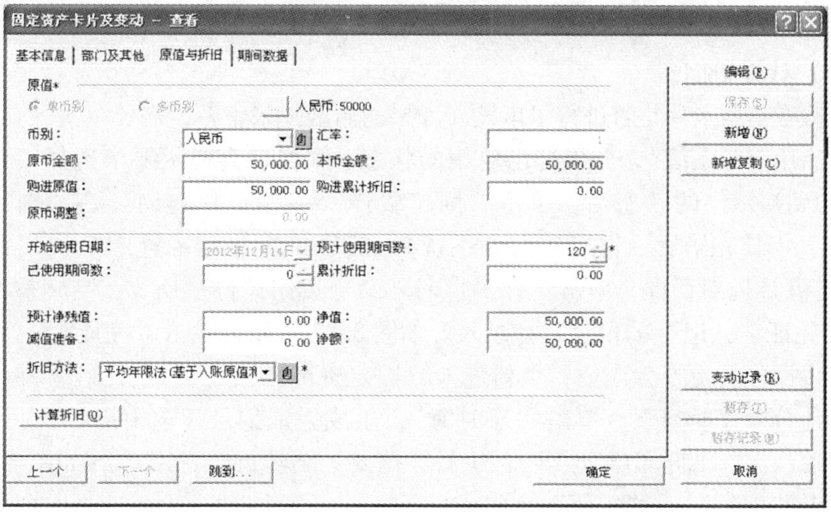

图 8－5

值：50 000，开始使用日期：2012 年 12 月 14 日，预计使用期间数：120，折旧方法：平均年限法。单击“确定”。（参见表 8－4 中编码 5 的固定资产卡片信息，录入原始卡片，此信息在初始化时不需录入，它是本期的发生数，在固定资产本期新增时才能录入。）

④将操作员更换为李灵，在“卡片查询”中选择“操作”→“审核”进行审核。

⑤将操作员更换为李捷，重新进入“固定资产”→“凭证管理”。进入过滤对话框，单击“确定”，在固定资产的会计分录序时簿下，单击“按单”，根据向导生成或调整凭证记录。日期：2012 年 12 月 14 日，附件数：2 张，借方科目增加“应交税费－应交增值税－进项税额”，贷方科目：银行存款，并设置结算方式：转账支票，结算号：20121208。单击“保存”。在“固定资产”→“凭证管理”的会计分录序时簿中，“凭证字号”会自动显示“记－17”。形成如图8－6 所示凭证。

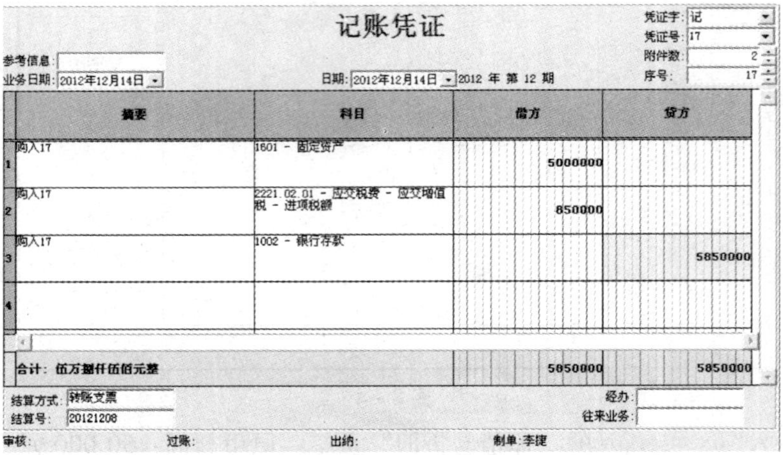

图 8－6

（2）计提折旧。

①检查初始卡片是否进行了审核（如果初始卡片未审核，需要单击“初始化”下的“启用财务系统”，如果是已启用的状态，则窗口会提示要求选择“反初始化”，回到初始化的状态后，单击“固定资产”→“卡片查询”→“操作”→“审核”，审核完毕后，再启用财务系统），然后单击“固定资产”→“计提折旧”，打开计提对话框，单击“计提折旧”命令按钮，将“摘要：结转折旧费用21”、“凭证字：记”的信息选择录入。如图 8－7 所示，单击“完成”。

②将操作员更换为李捷，重新进入“固定资产”→“凭证管理”。在固定资产的会计分录序时簿下，单击“序时簿”，生成凭证记录，选中记－21 号凭证，单击“修改”，日期 2012 年 12 月 31 日，摘要：结转折旧费用 21，如图 8－8 所示。单击“保存”→“关闭”。

③查询原值及累计折旧一览表见表 8－5。

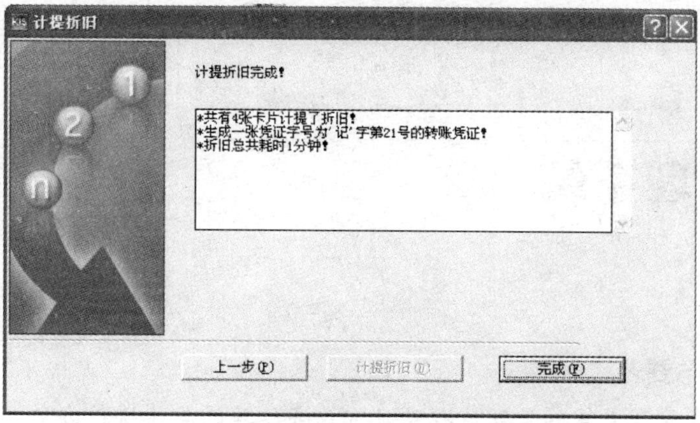

图 8 – 7

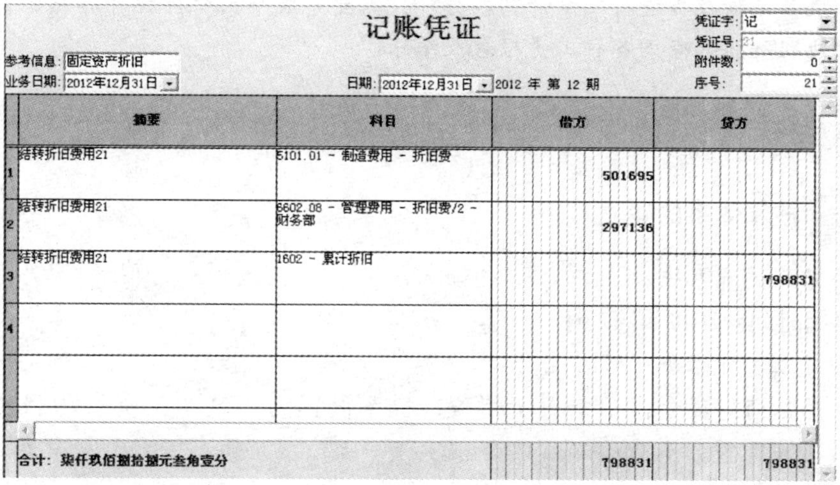

图 8 – 8

表 8 – 5

卡片编号	资产编号	资产名称	原值	本月计提折旧额	折旧率
00001	1	厂房	302 000. 00	2 456. 95	0. 008 14
00002	2	办公用房	38 000. 00	392. 26	0. 010 32
00003	3	机器设备	480 000. 00	2 560. 00	0. 005 33
00004	4	办公设备	180 000. 00	2 579. 10	0. 014 33
合计			1 000 000. 00	7 988. 31	

（3）结账：12 月 31 日结账。

注意：相关会计科目的部门核算要到总账中去设置，期初余额也需要到总账中去录入；结账时，应先把总账中的凭证审核、记账后，固定资产系统才能结账。

模块九

工资管理系统

目的与要求

掌握工资管理系统的处理流程及日常业务处理的具体操作方法。要求对工资系统进行初始化，完成基础资料的添加工作。并设定工资项目、定义工资的计算方法、录入工资数据进行工资计算。另外，需要完成个人所得税计算及工资费用的分配处理。能够查询各种工资报表及结账。

资料

一、核算体系的建立

1. 启用薪资系统

启用时间：2012 年 12 月。

2. 建立工资账套

工资类别：多个；扣个人所得税，税率设置为“基本工资”项目，基数 2 600；扣零设置：不选。

3. 基础设置

（1）部门同总账初始化。

（2）人员类别见表 9－1。

表 9－1

姓名	部门	人员类别	应发合计	扣款合计	实发合计	代扣税	扣税合计
杨义	生产一部	生产人员	5 000.00	465.00	4 535.00	15.00	15.00
周挺	生产一部	生产人员	5 000.00	465.00	4 535.00	15.00	15.00
王丰	生产二部	生产人员	5 000.00	465.00	4 535.00	15.00	15.00
张东	生产二部	生产人员	5 000.00	465.00	4 535.00	15.00	15.00
杨月	车间管理部	车间管理人员	6 000.00	575.00	5 425.00	35.00	35.00
李灵	财务部	企业管理人员	4 000.00	400.00	3 600.00	40.00	40.00

续表

姓名	部门	人员类别	应发合计	扣款合计	实发合计	代扣税	扣税合计
李捷	财务部	企业管理人员	0	0	0	0	0
李敏	财务部	企业管理人员	0	0	0	0	0
合计			30 000.00	2 835.00	27 165.00	135.00	135.00

4. 工资项目设置

“代扣养失”、“职务补贴”、“福利补贴”均为货币型，小数位2位，属性：可变项目。（注：养老保险个人承担8%，失业保险个人承担1%，为简化公式设置，本书将这两项代扣的保险合并为一个项目“代扣养失”。）

5. 建立工资类别

001 在职人员

002 退休

6. 在职的工资项目设置

包括职员代码、职员姓名、部门编码、部门名称、职员类别、基本工资、职务补贴、福利补贴、奖金、应发合计、代扣税、代扣养失、扣款合计、实发合计。

7. 在职公式设置

应发合计 = 基本工资 + 职务补贴 + 福利补贴 + 奖金

扣款合计 = 代扣税 + 代扣养失

实发合计 = 应发合计 − 扣款合计

代扣养失 =（基本工资 + 职务补贴 + 福利补贴 + 奖金）×0.09

8. 工资数据录入（表9－2）

表9－2

姓名	部门	人员类别	基本工资	职务补贴	福利补贴	奖金	代扣养失
杨义	生产一部	生产人员	2 900.00	800.00	200.00	1 100.00	450.00
周挺	生产一部	生产人员	2 900.00	800.00	200.00	1 100.00	450.00
王丰	生产二部	生产人员	2 900.00	800.00	200.00	1 100.00	450.00
张东	生产二部	生产人员	2 900.00	800.00	200.00	1 100.00	450.00
杨月	车间管理部	车间管理人员	3 200.00	1 800.00	200.00	800.00	540.00
李灵	财务部	企业管理人员	3 250.00	250.00	200.00	300.00	360.00
合计			18 050.00	5 250.00	1 200.00	5 500.00	2 700.00

二、工资日常业务

①单击“工资管理”→“费用分配”，新建“在职人员的工资费用分配”。建立完毕后，选择“在职人员的工资费用分配”进入费用分配对话框。

②工资分摊明细见表9－3。

表9－3

部门名称	人员类别	应发合计	借方科目	贷方科目
生产一部	生产人员	应发合计	5001.02	2211.03
生产二部	生产人员	应发合计	5001.02	2211.03
车间管理部	车间管理人员	应发合计	5101.04	2211.03
财务部	企业管理人员	应发合计	6602.04	2211.03

③设置工资分摊100%、应付福利费计提14%、工会经费2%。

实验一　建立工资账套及基础设置

9.1　初始设置

9.1.1　工资类别管理

单击"工资管理"→"账簿报表"→"类别管理"→"新建"，在"类别名称"中输入"在职人员工资管理"。如图9－1所示，在"币别"后选择"人民币"，单击"完成"。单击"选择"，选择已新建好的"在职人员工资管理"。

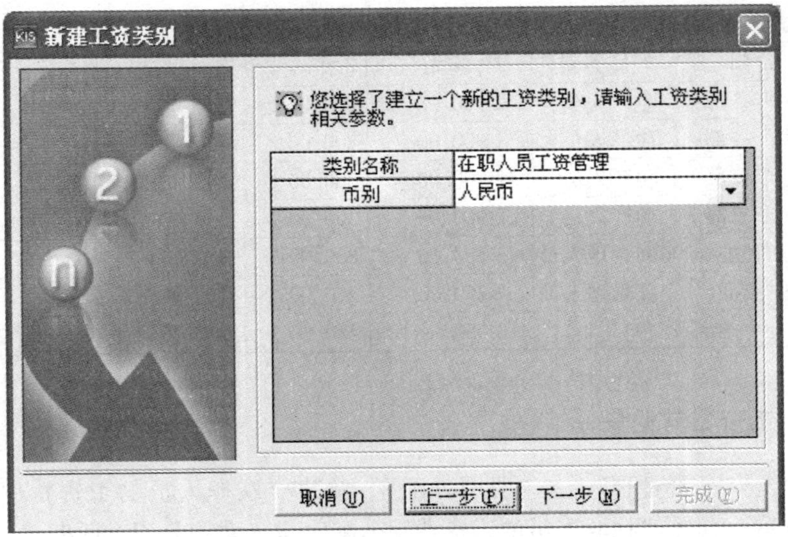

图9－1

9.1.2　部门

①部门档案是工资费用分配的依据之一。单击“账簿报表”→“部门”→“新增”或“导入”，将总账系统和其他工资类别中的部门资料引入。如图9－2所示。

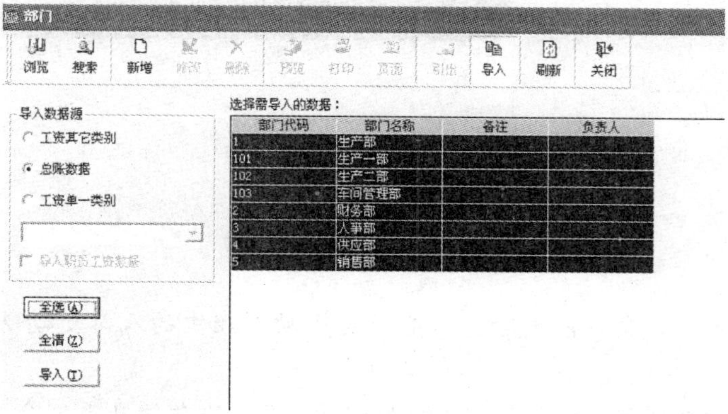

图9－2

②部门是分类别设置的，在“在职人员”类别下设置了，在“退休人员”类别下需重新设置。

③在图9－2中，单击“导入”，在“导入数据源”中选中“总账数据”单选项，单击“全选”，再单击“导入”。此时“选择需导入的数据”区域内的所有数据会自动消失。（如果左下角的“导入”命令按钮看不见，则将本窗口最大化即可。）

9.1.3　职员

①单击“工资管理”→“账簿报表”→“职员”→“引入”，选择“总账数据”，单击窗口左边的“全选”→“导入”，数据导入“工资管理”后，此界面的职员数据被清空。

②单击工具栏的“新增”按钮，也可在此新增职员档案，单击“保存”→“退出”。如图9－3所示。

提示：

①若总账系统已添加了部门、职员信息，可以从总账系统导入它们的信息。它们一旦被使用，不能进行修改操作。

②总账导入信息时，相同的信息只能导入一次，若想再引入相同的信息，只能通过其他工资类别进行。

③从总账导入的职员档案，必须带有职员类别项目，否则不能进行工资费用

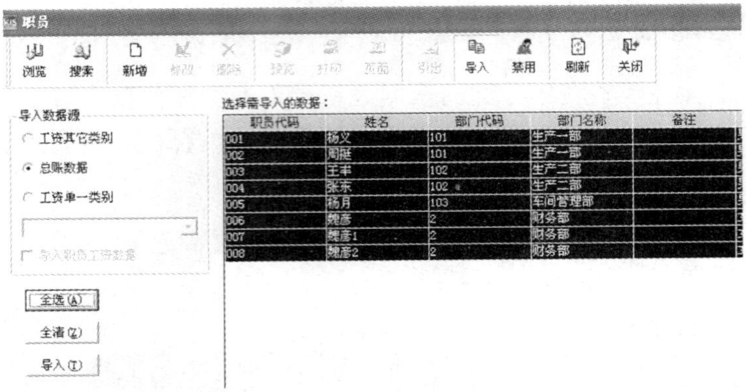

图9－3

分配。

④离职人员信息不能删除，只能通过变动处理中的人员变动选择“禁用职员”选项进行处理。

注：①按照图9－4所示信息增加“币别”。档案信息币别代码：USD，名称：美元，汇率：6.275，小数位数：2。

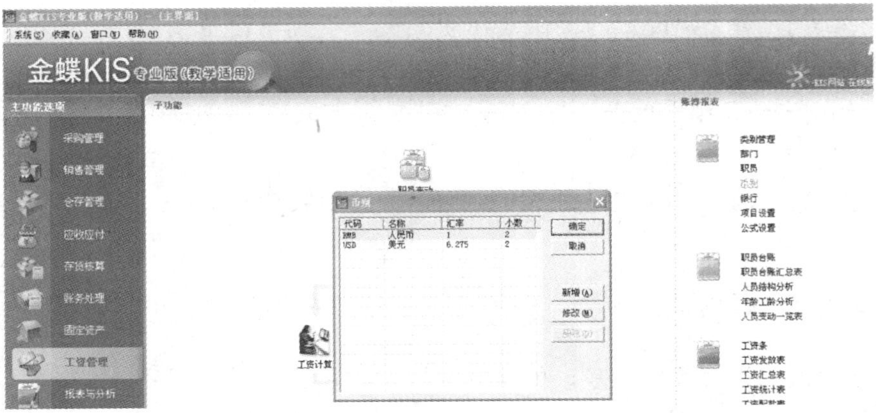

图9－4

②按照图9－5所示信息增加“银行”档案信息。银行代码：01，名称：中国建设银行，账号长度：20。

9.1.4 项目设置

①单击“工资管理”→“账簿报表”→“项目设置”，“工资项目设置”界面如图9－6所示，新增“职务补贴”、“福利补贴”、“代扣养失”等项目，数据类型都选择“货币型”，单击“新增”。

②“数据类型”有7种可供选择：数值型、文字型、实数型、货币型、整数

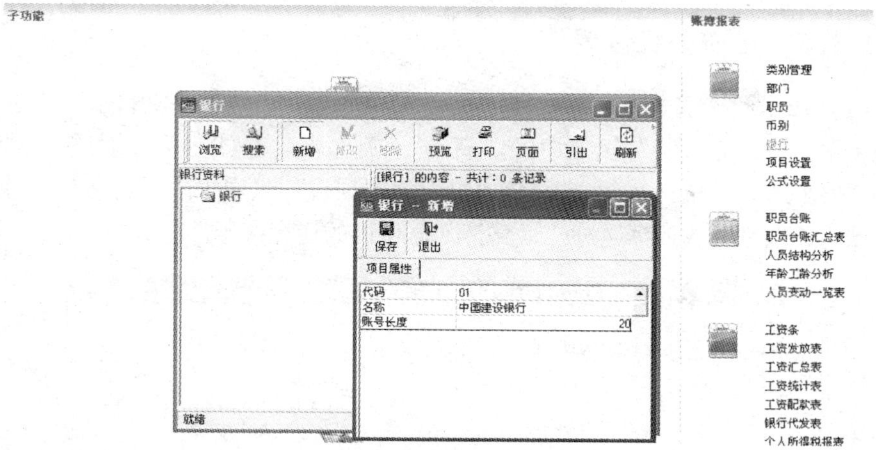

图 9－5

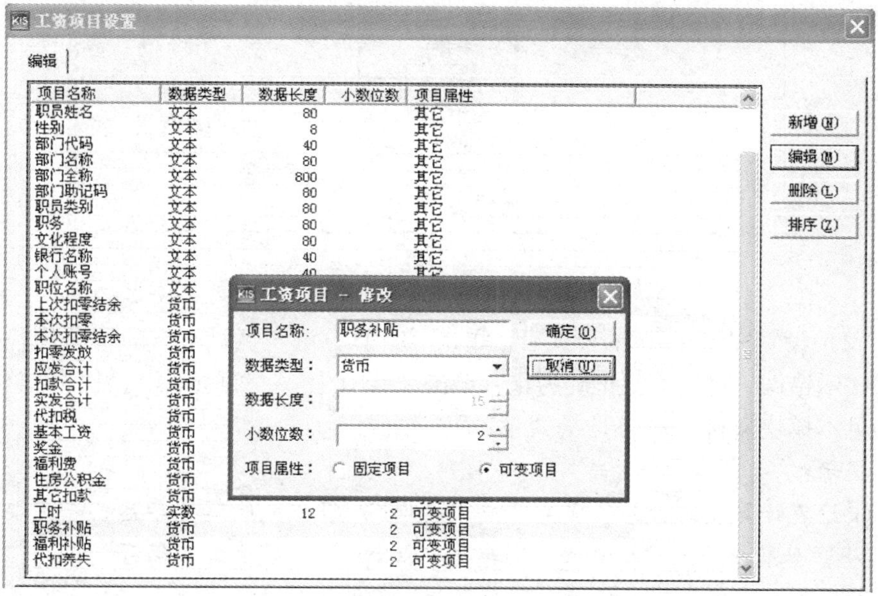

图 9－6

型、日期型、逻辑型。一般在此选择可供计算的货币型。文字型的不能进行加减运算。

③除了设置数据类型，还需设置小数位数：2，项目属性：可变项目。

④在工资项目设置的窗口下单击“排序”，在“设置工资项目显示顺序”的窗口中，按“上移”或“下移”调整位置。

提示：

新增工资项目时，若在工资项目名称的下拉列表框中有需要增加的项目，必须从下拉菜单中选择，下拉列表框中的资料主要来源于职员信息卡片。

9.1.5 工资公式设置

（1）单击“工资管理”→“账簿报表”→“公式设置”，打开图9－7所示对话框，单击“计算方法”页签中的“新增”，则激活“公式名称”对应的文本框，输入“在职人员工资计算”，选择该窗口下的“项目”区域中的项目名称到计算方法区域内，项目间的计算通过“运算符”区域内的运算符号进行连接。

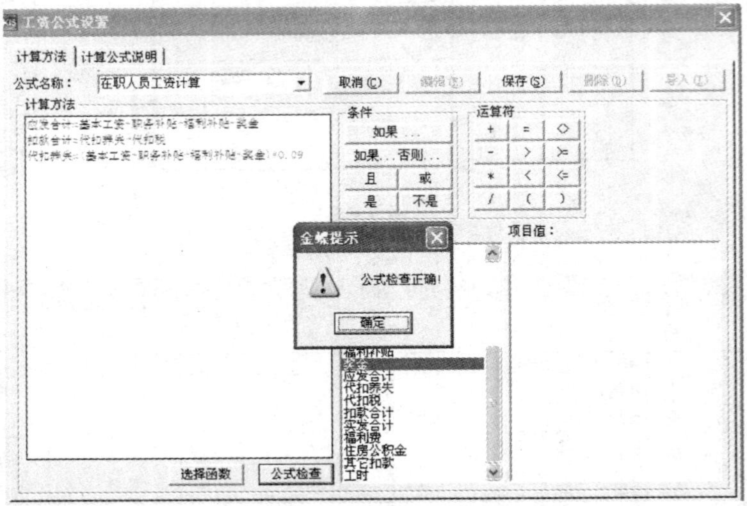

图9－7

（2）设置完图9－7的公式后，单击“计算方法”区域下方的“公式检查”，如果提示错误，修改直到正确为止，单击“保存”→“确定”。（注：完整的公式参见本模块资料“7. 在职公式设置”）

提示：

①设置计算公式时，必须先单击“新增”，将公式编辑完毕后，一定要单击“保存”，如果出错，需要修改，则单击“编辑”，然后单击“保存”。

②设置公式时，工资项目、运算符号、条件语句都不需要手工录入，可通过双击左键进行选择。

③利用条件语句设置公式时，语句间的“…”符号要先删除，然后再设置条件。

9.1.6 工资数据录入

①单击“工资管理”→“工资录入”，打开过滤器窗口，单击“增加”，打开“定义过滤条件”对话框，如图9－8所示，在“过滤名称”后的文本框中输入“在职人员工资计算”，在“基本信息”页签中，在计算公式的文本下拉列表框中选择“在职人员工资计算”，在工资项目中，按照资料的内容将职员代码、职员名称、部门代码、部门名称、职员类别、基本工资、职务补贴、福利补贴、

应发合计、代扣税、代扣养失、扣款合计、实发合计等项目勾选，或单击“全选”（注：全选如图 9 - 8 中的工资项目，可以在表格中显示系统内的所有工资项目，但工资项目的值只会根据录入的和公式计算的数值进行显示）。单击“确定”。再单击“确定”增加“在职人员工资计算”的过滤器名。选中新增的“在职人员工资计算”的过滤器名，窗口中会显示职员列表，选择职员代码 001 ~ 006，单击“确定”。

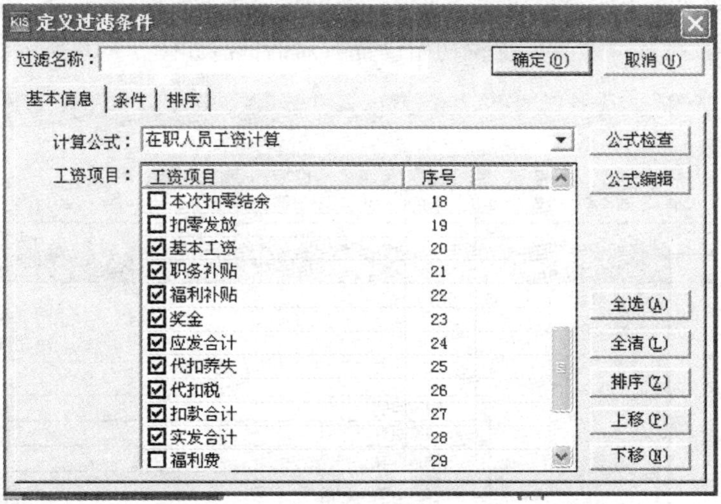

图 9 - 8

②打开“工资数据录入”窗口，根据表 9 - 2，录入每人的工资数据。如图 9 - 9 所示。

职员代码	职员姓名	部门代码	部门名称	职员类别	基本工资	职务补贴	福利补贴	奖金	应发合计	代扣养失	代扣税	扣款合计
001	杨义	101	生产一部	生产人员	2, 900. 00	800. 00	200. 00	1, 100. 00	5, 000. 00	450. 00	0. 00	351. 00
002	周挺	101	生产一部	生产人员	2, 900. 00	800. 00	200. 00	1, 100. 00	5, 000. 00	450. 00	0. 00	351. 00
003	王丰	102	生产二部	生产人员	2, 900. 00	800. 00	200. 00	1, 100. 00	5, 000. 00	450. 00	0. 00	351. 00
004	张东	102	生产二部	生产人员	2, 900. 00	800. 00	200. 00	1, 100. 00	5, 000. 00	450. 00	0. 00	351. 00
005	杨月	103	车间管理	车间管理	3, 200. 00	1, 800. 00	200. 00	800. 00	6, 000. 00	540. 00	0. 00	468. 00
006	李灵	2	财务部	企业管理	3, 250. 00	250. 00	200. 00	300. 00	4, 000. 00	360. 00	0. 00	333. 00

图 9 - 9

实验二　在职人员工资类别日常业务处理

9.2　日常业务处理

9.2.1　工资计算

单击“工资管理”→“工资计算”，将“在职人员工资计算”的方案名称勾选，单击“下一步”，计算完成。

9.2.2 所得税计算

（1）单击“工资管理”→“所得税计算”，打开过滤器，单击“增加”，过滤器名输入“个人所得税计算”，单击“确定”，再单击“确定”，选择“个人所得税计算”，单击“确定”。

（2）在“个人所得税数据录入－[个人所得税计算]”窗口中，单击工具按钮“设置”，打开“个人所得税初始设置”对话框。如图9－10所示。

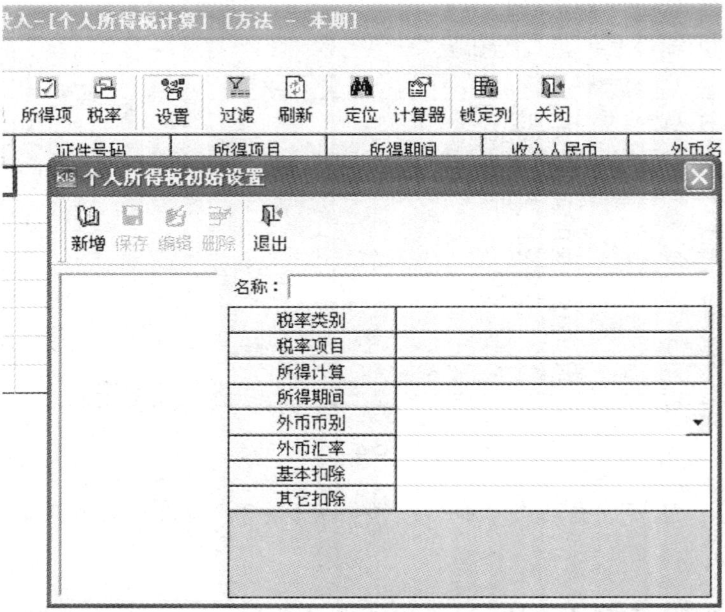

图9－10

（3）在“个人所得税初始设置”对话中单击“新增”，输入名称：个人所得税计算。单击“税率类别”后的空白条，单击“新增”，出现“是否使用含税级距”对话框，选择“是”，名称输入“个人所得税”，单击“保存”→“退出”。

（4）单击“税率项目”后的空白条，单击“新增”，输入名称：个人所得税，所得项目选择“基本工资”，属性选择“增项”。单击“保存”→“退出”。如图9－11所示。

（5）如图9－12所示，单击“所得计算”后的空白条，单击“新增”，输入名称：个人所得税计算。所得期间是“1－12”，外币币别：人民币，基本扣除2 600元。单击“保存”→“退出”→“确定”→“确定”，在“个人所得税数据录入－［个人所得税计算］”窗口中单击“保存”→“确定”，单击“关闭”。

（6）回到“工资录入”的“在职人员工资计算”表中，把光标移到“代扣

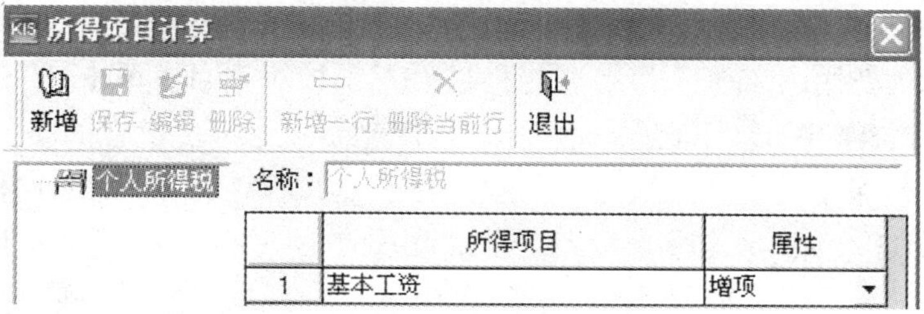

图 9－11

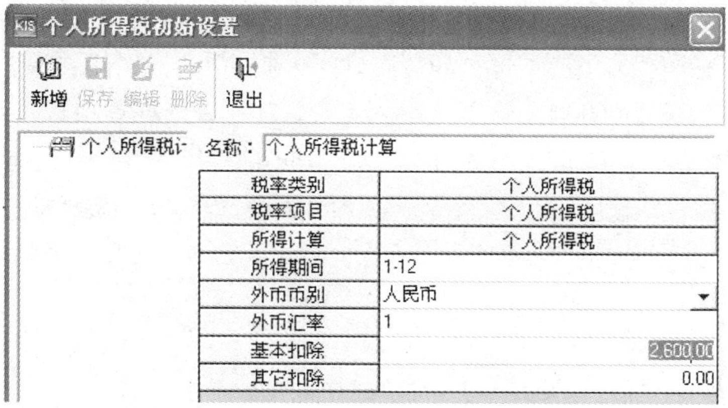

图 9－12

税”第一行，单击工具栏中的“所得税”，则在代扣税列的第一行单元格显示 15.00，同理，移到代扣税的第二行，单击“所得税”，则在代扣税列的第二行单元格显示 15.00，依此类推。如图 9－13 所示。

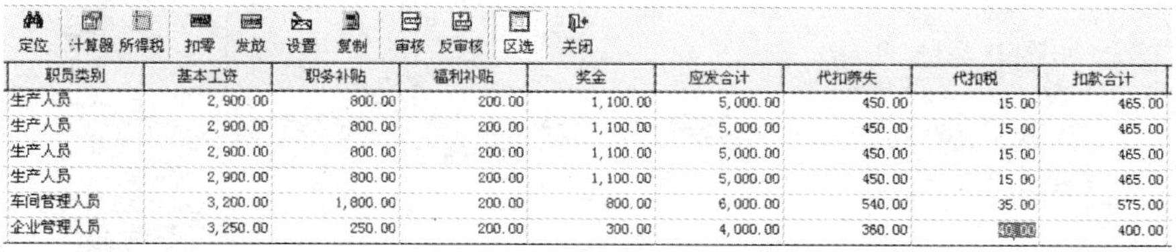

职员类别	基本工资	职务补贴	福利补贴	奖金	应发合计	代扣养失	代扣税	扣款合计
生产人员	2,900.00	800.00	200.00	1,100.00	5,000.00	450.00	15.00	465.00
生产人员	2,900.00	800.00	200.00	1,100.00	5,000.00	450.00	15.00	465.00
生产人员	2,900.00	800.00	200.00	1,100.00	5,000.00	450.00	15.00	465.00
生产人员	2,900.00	800.00	200.00	1,100.00	5,000.00	450.00	15.00	465.00
车间管理人员	3,200.00	1,800.00	200.00	800.00	6,000.00	540.00	35.00	575.00
企业管理人员	3,250.00	250.00	200.00	300.00	4,000.00	360.00	40.00	400.00

图 9－13

（7）单击“工资管理”→“费用分配”→“新增”，在文本框中录入“在职人员的工资费用分配”。建立完毕后，选择“在职人员的工资费用分配”，进入费用分配对话框。

①录入分配名称：工资费用分配，凭证字：记，摘要内容：分配工资，分配比例：100%。

②根据图 9－14 录入每个部门的职员类别，工资项目选择“应发合计”。

③选择部门对应的费用科目，生产一部和二部的生产人员是 5001.02 生产成

本-直接人工，车间管理人员是5101.04制造费用-工资，企业管理人员是6602.04管理费用-工资。如果这些科目设置了核算项目，单击“下设”，选择具体的项目名称，如果5001.02生产成本-直接人工科目设置的是“项目”核算，“生产一部”的生产人员在“下设”中就选“A产品”，如果在模块三中科目表将5001.02生产成本-直接人工科目设置的是“部门”核算，则在“下设”中就选“生产一部”；如果5001.02生产成本-直接人工科目设置的是“项目”核算，“生产二部”的生产人员在“下设”中就选“B产品”，如果在模块三中科目表将5001.02生产成本-直接人工科目设置的是部门核算，在“下设”中就选“生产二部”；车间管理人员设置的科目5101.04制造费用-工资，其设置的核算项目是部门，所以“下设”的核算项目是部门中的“车间管理部”；企业管理人员设置的科目6602.04管理费用-工资，其设置的核算项目是部门，所以“下设”的核算项目是部门中的“财务部”。如图9-14所示。

图9-14

④工资科目都是2211.03应付职工薪酬-工资。该科目无核算项目。单击“保存”。

⑤退回到“费用分配”窗口时，将费用分配名称是“工资费用分配”的复选项打√，单击右边“生成凭证”命令按钮，提示“立即建立凭证吗?”，单击“确定”。如图9-15所示。

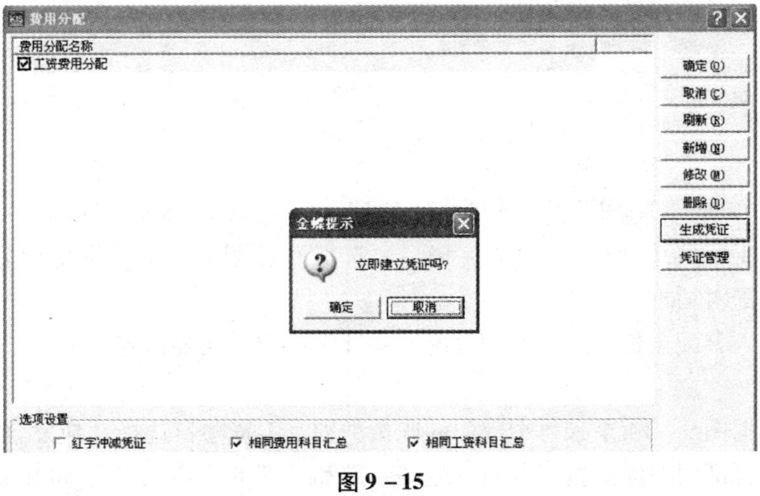

图9-15

⑥提示生成凭证成功后，单击“凭证管理”，打开工资的会计分录序时簿，双击凭证记录，打开凭证，如图 9－16 所示。

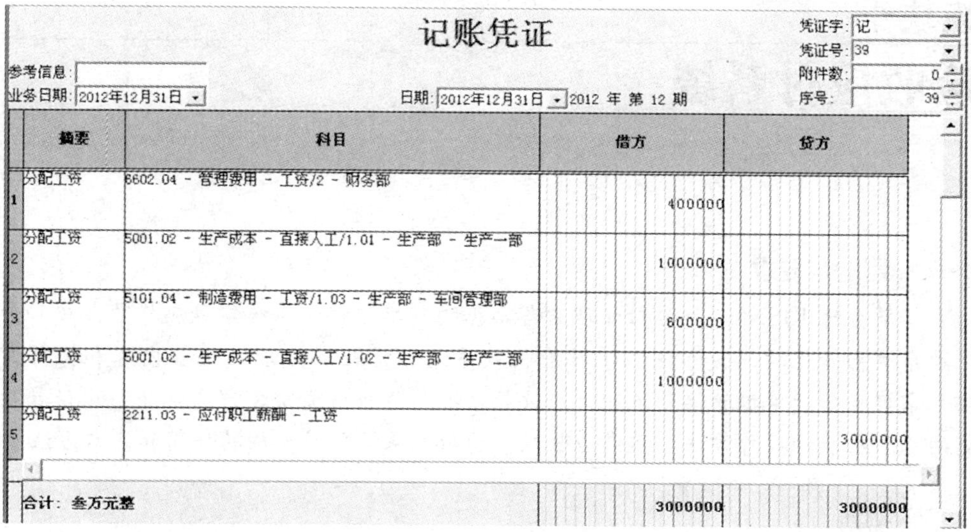
记账凭证

凭证字：记　凭证号：39　附件数：0　序号：39

参考信息：

业务日期：2012年12月31日　日期：2012年12月31日　2012 年 第 12 期

	摘要	科目	借方	贷方
1	分配工资	6602.04 - 管理费用 - 工资/2 - 财务部	400000	
2	分配工资	5001.02 - 生产成本 - 直接人工/1.01 - 生产部 - 生产一部	1000000	
3	分配工资	5101.04 - 制造费用 - 工资/1.03 - 生产部 - 车间管理部	600000	
4	分配工资	5001.02 - 生产成本 - 直接人工/1.02 - 生产部 - 生产二部	1000000	
5	分配工资	2211.03 - 应付职工薪酬 - 工资		3000000
	合计：叁万元整		3000000	3000000

图 9－16

⑦重复上述 6 个步骤，编制费用分配名称是“计提福利费”和“工会经费”。它们的分配比例分别是 14% 和 2%。可生成记－40 和记－41 号凭证。（注：如果按生成的薪资的凭证来做期末处理业务，从模块六的记字 29 号凭证开始，所有的数据都会发生变化，最终的报表数据都会和本书中所示不一致。）

模块十
应收应付系统

目的与要求

了解金蝶 KIS 的应收应付管理中各单据的制单过程。系统学习应收款系统和应付款系统初始化的一般方法，学习应收款系统日常业务处理的主要内容和操作方法。掌握收付款单据的操作流程，应收款系统与总账系统组合时应收款、应付款系统的基本功能和操作方法。熟悉应收款、应付款系统账簿查询的作用和基本方法。

资料

在做应收应付系统前，必须先启用“初始化”→“启用业务系统”，在启用业务系统之前，必须先按客户和供应商准备往来的期初余额。

应收款管理系统，主要用于核算和管理客户往来款项。通过发票、收款单的应收款类型、收款单预收款类型等单据的录入，记录销售、出口业务及其他业务所形成的对企业的往来账款，进行综合管理。及时、准确地提供客户的往来账款余额资料，提供各种分析报表，如账龄分析表、欠款分析情况等。通过各种分析报表，帮助用户合理地进行资金的调配，提高资金的利用效率。

应付款管理系统，主要用于核算和管理供应商往来款项。通过发票、付款单的应付款类型、付款单的预付款类型等单据的录入，记录采购、进口业务及其他业务所形成的对企业的往来账款，进行综合管理。及时、准确地提供供应商的往来账款余额资料，提供各种分析报表，如账龄分析表、欠款分析情况等，通过各种分析报表，帮助用户合理地进行资金的调配，提高资金的利用效率。

一、应收付款的初始化数据

（1）录入辅助核算项目——客户的期初余额（图 10 - 1）。

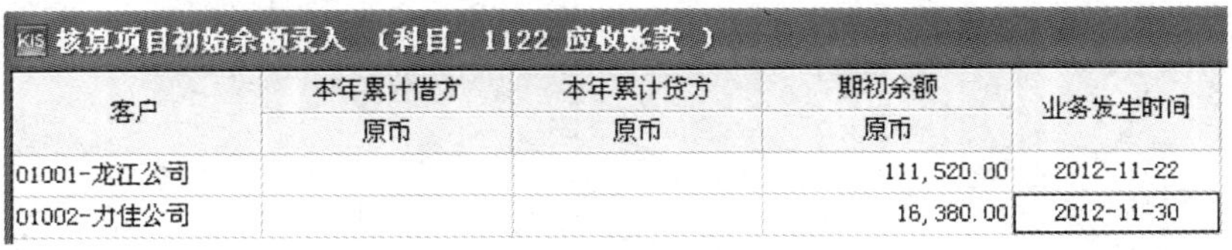

KIS 核算项目初始余额录入 （科目：1122 应收账款 ）

客户	本年累计借方	本年累计贷方	期初余额	业务发生时间
	原币	原币	原币	
01001-龙江公司			111,520.00	2012-11-22
01002-力佳公司			16,380.00	2012-11-30

图 10 - 1

（2）录入辅助核算项目——供应商的期初余额（图 10－2）。

核算项目初始余额录入 （科目：2202 应付账款 ）

供应商	本年累计借方	本年累计贷方	期初余额	业务发生时间
	原币	原币	原币	
01001-漳州市供电局			5,000.00	2012-11-30

图 10－2

二、应收付款的日常业务资料

业务 1：12 月 1 日，收到龙江公司通过信汇方式汇来的前欠货款 111 520 元。（需要根据期初应收的客户信息进行收款单的填列。）

业务 2：（需要在“采购管理”→“采购发票”下按以下信息填列好发票，并进行审核。）12 月 2 日，从泉州华兴有限公司购买材料，收到采购专用发票，甲材料 5 000 千克，每千克 2 元，价值 10 000 元；乙材料 5 000 千克，每千克 4 元，价值 20 000 元。发票注明税金 5 100 元。尚未验收入库，且款项也未支付。

业务 3：12 月 5 日，归还前欠泉州华兴有限公司的货款 35 100 元。转账支票号 20121205。

业务 4：往来业务核销，其中的应收冲应付。（将力佳公司的应收款中的 5 000 元用于冲销漳州供电局的 5 000 元的应付款。）

实验一　应收应付系统初始化

10.1　初始化

10.1.1　应收款设置

单击主界面下的“初始化”，进入“应收应付初始数据”对话框，单击“客户”工具栏：

①按 F7 键或单击“查看”→“基础资料查询”菜单，录入客户代码。

②在“应收账款”单元格录入龙江公司的应收账款 111 520 元。

③单击“新增”命令按钮插入行，按 F7 键或单击“查看”→“基础资料查询”菜单，录入客户代码，然后录入力佳公司的应收账款 16 380 元。

④单击“保存”命令按钮进行保存并进行本页合计。结果如图 10－3 所示。

客户代码	客户名称	应收账款	预收账款	期初余额
01001	龙江公司	111,520.00	0.00	111,520.00
01002	力佳公司	16,380.00	0.00	16,380.00
本页小计		127,900.00	0.00	127,900.00
合计		127,900.00	0.00	127,900.00

图 10－3

10.2.1 应付款设置

（1）单击“供应商”工具栏：

①按 F7 键或单击“查看”→“基础资料查询”菜单，录入供应商代码。

②在“应付账款”单元格录入漳州市供电局的应付账款 5 000 元。

③单击“保存”命令按钮进行保存并进行本页合计。如图 10－4 所示。

供应商代码	供应商名称	应付账款	预付账款	期初余额
01001	漳州市供电局	5,000.00	0.00	5,000.00
本页小计		5,000.00	0.00	5,000.00
合计		5,000.00	0.00	5,000.00

图 10－4

（2）在“账套管理”下将初始化的数据进行系统数据备份后，再进行业务系统的启用。备份的数据可另外保留，以备在学习过程中数据损坏时使用。

（3）由系统管理员李灵启用业务系统。执行此操作时，须保证主界面下“初始化”模块中的“暂估入库单”和“未核销出库单”两个子模块中，如果有已录入的单据，这些单据必须是已审核的状态才能启用。结果如图 10－5 所示。

注：为保证能正确、连续地完成账套练习，务必在启用所有初始化系统时做好数据的备份工作。

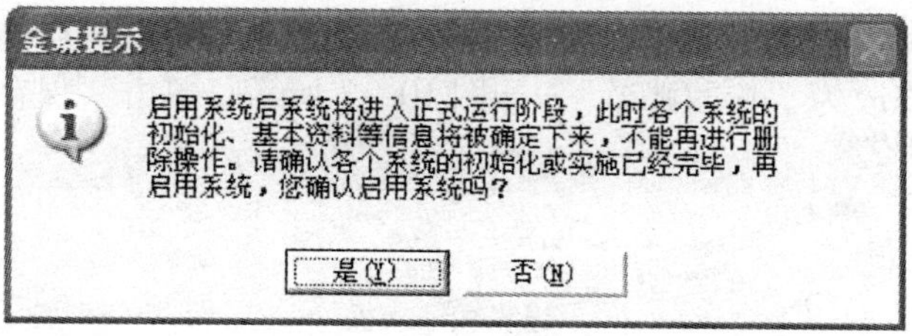

图 10－5

实验二　应收应付系统日常业务处理

10.2　日常业务处理

业务 1：

①单击“系统”→“重新登录”，更换操作员为李捷。

②单击“应收应付”→“收款单”→“选单”→“期初应收”，选择“泉州龙江公司”，根据资料录入日期：2012－12－1；结算账户：银行存款，结算方式：信汇，收款金额：111 520，结算号：20121201。单击“保存”。

注：“收款单”在金蝶 KIS 专业版 V9.1 下的收款类型有应收款和预收款两种，在金蝶 KIS 专业版 V10.0 下有销售收款、预收款、收款退款三种。应收款类型同收款类型，图 10－6 所示的收款单据也是按收款类型进行设置的。

③上述单据制单完成后，可立即审核以上单据。（若在“系统参数”→“业务参数”中选择制单和审核不能为同一人，则此时需更换操作员审核。审核人查找单据时，单击“应收应付”→“账簿报表”→“收款单序时簿”，选择上述内容的单据进行审核。如图 10－6 所示。）

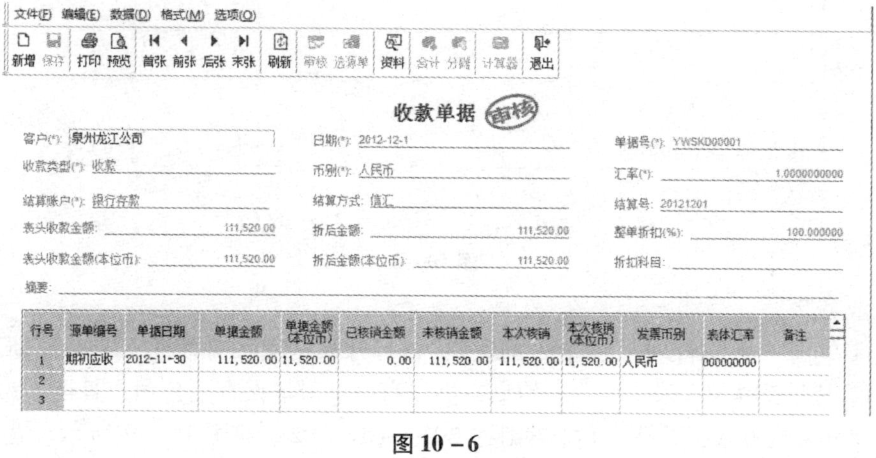

图 10－6

④单击“账簿报表”→“凭证模板”，双击应收款单，将模板中“科目”栏列中其他科目修改为“应收账款”，如图10－7所示。单击“保存”→“退出”。

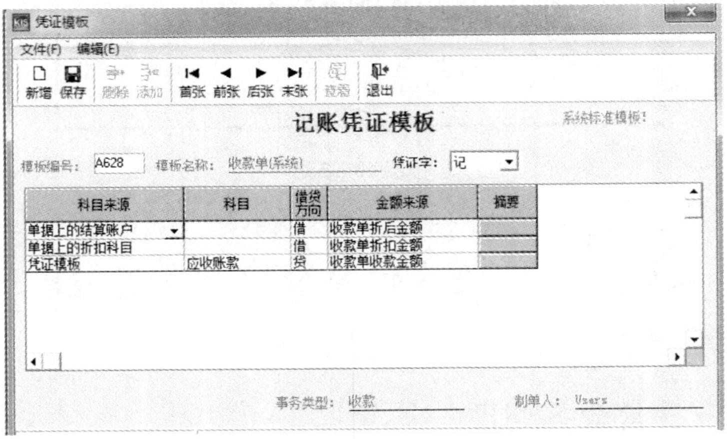

图10－7

⑤在主界面下进入“应收应付”→“生成凭证”，选择事务类型“应收款”，打开“过滤”对话框，单击“确定”，打开“生成记账凭证”对话框，单击“文件”→“按单生成凭证”或单击工具栏命令“按单”→“确定”。生成的凭证如图10－8所示。

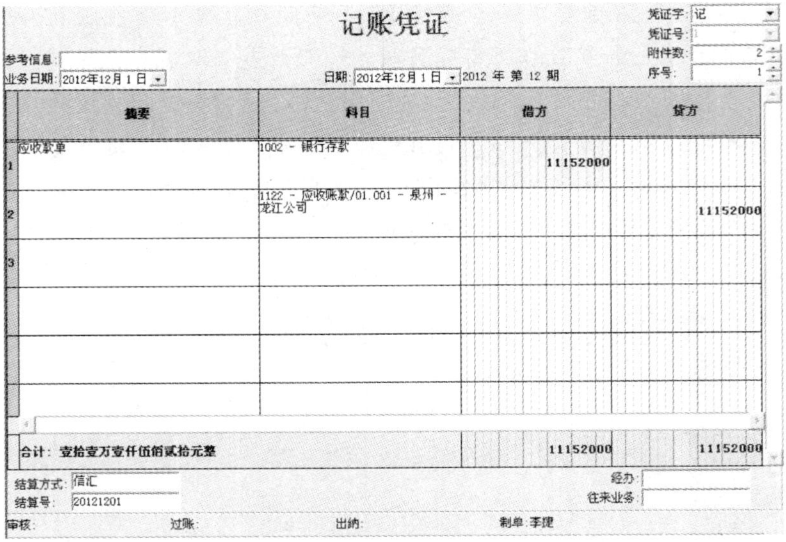

图10－8

业务2：

①单击“采购管理”→“采购发票”，打开采购发票对话框，单击“新增”。

②根据资料录入采购发票的信息，供应商：泉州华兴有限公司，日期：2012－12－02，采购方式：赊购，付款期限：2013－01－02。如图10－9所示。在表体

的物料代码单元格按 F7 键可以参照选择之前录入的物料基础信息。

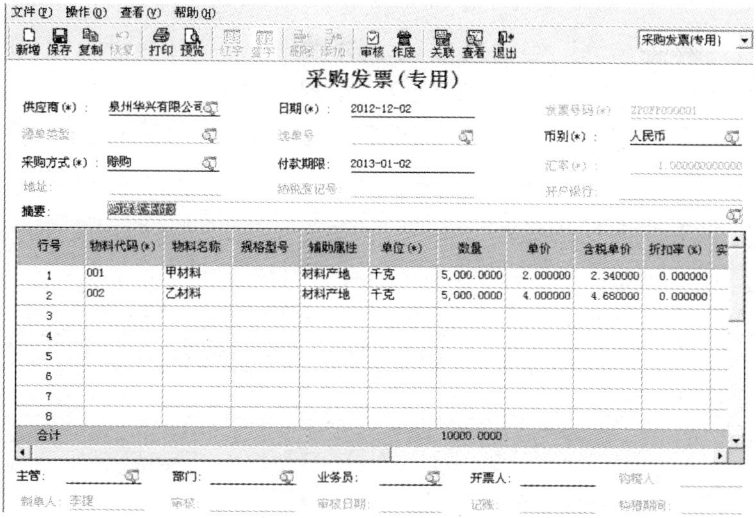

图 10－9

③在“辅助属性”栏输入物料档案的类别属性值代码。如：“材料”，在其类别属性代码中输入“01”，属性值输入“材料产地”；“库存商品”，在其类别属性代码输入“01”，属性值输入“商品尺寸”；“应税劳务”，在其类别属性代码输入“01”，属性值输入“接收单位”。

④单击“保存”命令按钮后，工具栏出现“审核”按钮，单击“审核”进行审核。此张发票的制单人是李灵，如需李灵自己审核，单击“基础设置”→“系统参数”，将业务参数修改成“制单人和审核人可为同一人”；否则，可更换操作员为李捷，打开主界面“采购管理”→“采购发票序时簿”，查到此张发票进行审核。

⑤退出采购管理后，进入主界面“存货核算”→“凭证模板”，在“选择事务类型”的窗口中，选择事务类型：采购发票（发票直接生成）的凭证模板，双击进入。如图 10－10 所示。

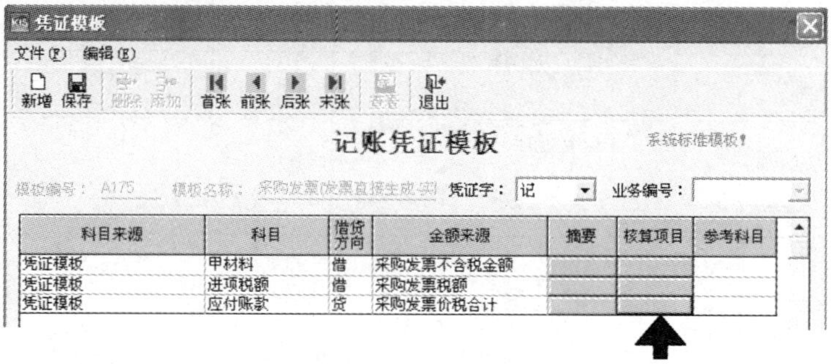

图 10－10

注：如图 10－10 所示，在“应付账款”科目对应的“核算项目”单元格中单击，出现对应单据的供应商，选择“供应商”。单击“保存”→“退出”。

⑥单击“存货核算”→“生成凭证”，如图 10－11 所示，选择采购发票(发票直接生成)复选项，单击“重设”，出现可供选择的采购发票，在需要的发票前的“选择标志”下单击打钩。工具栏上选择“按单生成凭证”，单击“生成凭证”命令按钮，生成凭证。

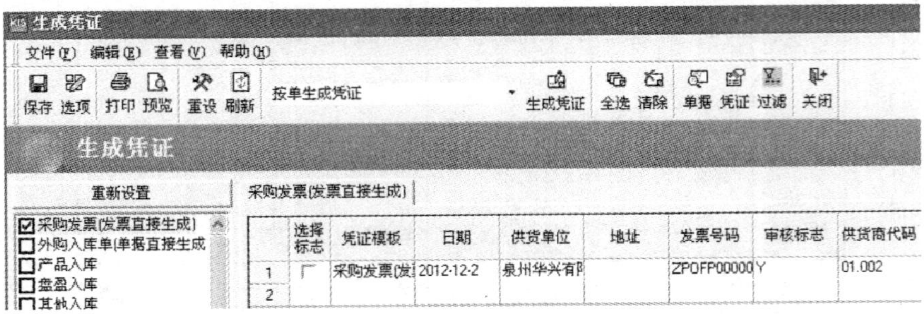

图 10－11

⑦对于生成的凭证，生成完毕后重新选择采购发票，在需要的发票前的“选择标志”下重新单击打钩。在工具栏上单击“凭证”，修改凭证日期和凭证附件数。凭证修改日期为 2012 年 12 月 2 日，附件数为 3，如图 10－12 所示。或在“存货核算”→“凭证管理”对话框中检查并修改凭证内容，单击“保存”退出。

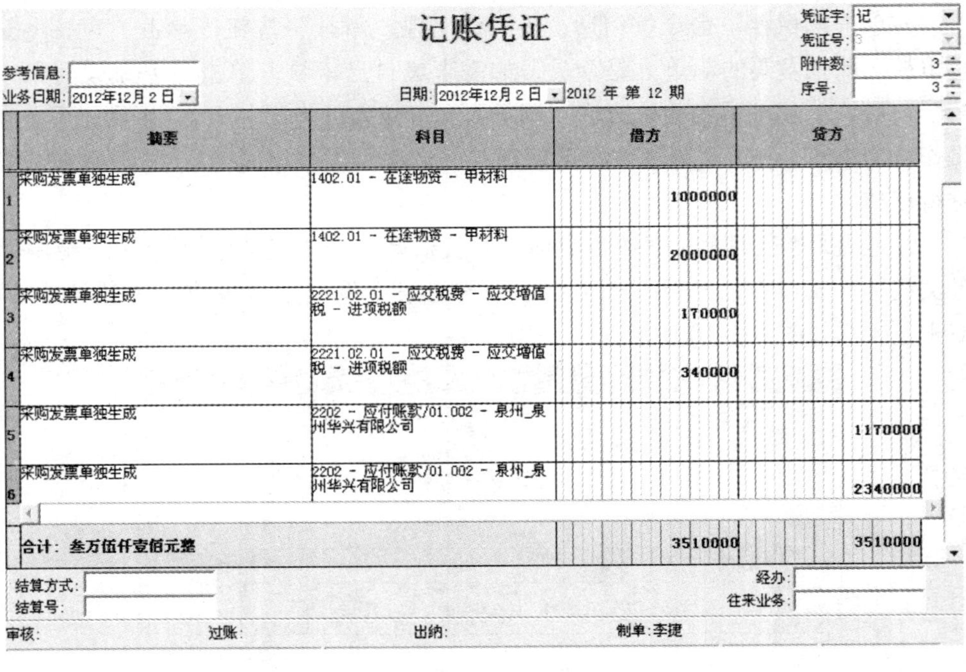

图 10－12

业务3：归还前欠货款。

①单击“应收应付”→“付款单”→“选单”，选择采购专用发票。选择供应商是01.002的信息，双击，打开付款单。

注：“付款单”在金蝶KIS专业版V9.1下的付款类型有应付款和预付款两种，在金蝶KIS专业版V10.0下有采购付款、预付款、付款退款三种。应付款类型同付款类型，下述的凭证模板也是按付款类型进行设置的。

②单击“保存”，保存表头是“付款单据”，如图10－13所示，工具栏中会出现“审核”命令按钮，将图中付款单据进行审核。然后退出付款单据对话框。

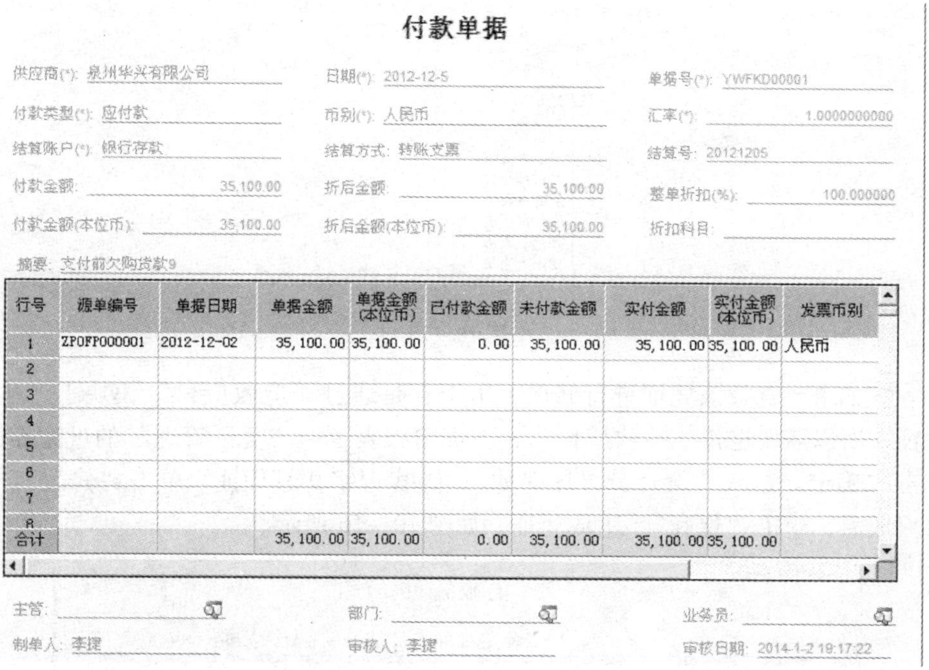

付款单据

供应商(*): 泉州华兴有限公司　日期(*): 2012-12-5　单据号(*): YWFKD00001

付款类型(*): 应付款　币别(*): 人民币　汇率(*): 1.0000000000

结算账户(*): 银行存款　结算方式: 转账支票　结算号: 20121205

付款金额: 35,100.00　折后金额: 35,100.00　整单折扣(%): 100.000000

付款金额(本位币): 35,100.00　折后金额(本位币): 35,100.00　折扣科目:

摘要: 支付前欠购货款9

行号	源单编号	单据日期	单据金额	单据金额(本位币)	已付款金额	未付款金额	实付金额	实付金额(本位币)	发票币别
1	ZPOFP000001	2012-12-02	35,100.00	35,100.00	0.00	35,100.00	35,100.00	35,100.00	人民币
2									
3									
4									
5									
6									
7									
8									
合计			35,100.00	35,100.00	0.00	35,100.00	35,100.00	35,100.00	

主管:　部门:　业务员:

制单人: 李捷　审核人: 李捷　审核日期: 2014-1-2 19:17:22

图10－13

③如果要更换操作员审核，则从主界面“应收应付”→“账簿报表”→“付款单序时簿”进入，如图10－14所示，打开付款单序时簿，查找需要进行审核的单据，单击“审核”。

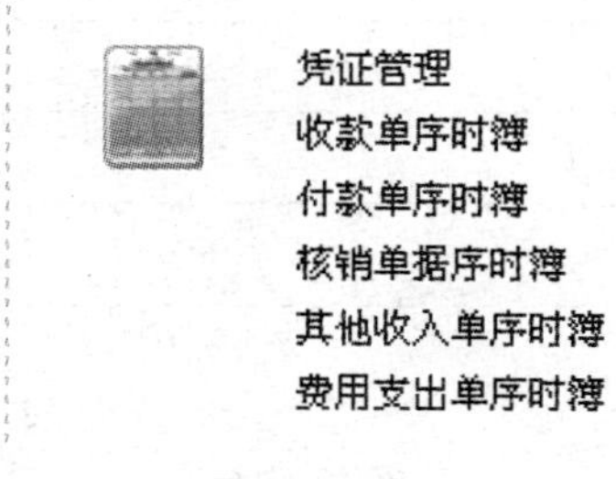

图10－14

④单击“应收应付”→“生成凭证”，选择事务类型：应付款。如图 10－15 所示，单击“确定”。进入过滤对话框，单击“确定”。打开生成记账凭证对话框，在单据序时簿下选中单据，单击工具栏中的“按单”按钮，生成凭证。单击工具栏上的“凭证”按钮，可打开凭证进行修改，由于是根据“应收应付”→“凭证模板”→“应付款”类型生成的凭证，如果模板上的科目定义的是“应付票据”科目，则修改该模板的科目为“应付账款”，或修改已生成的凭证上的科目为“应付账款”。

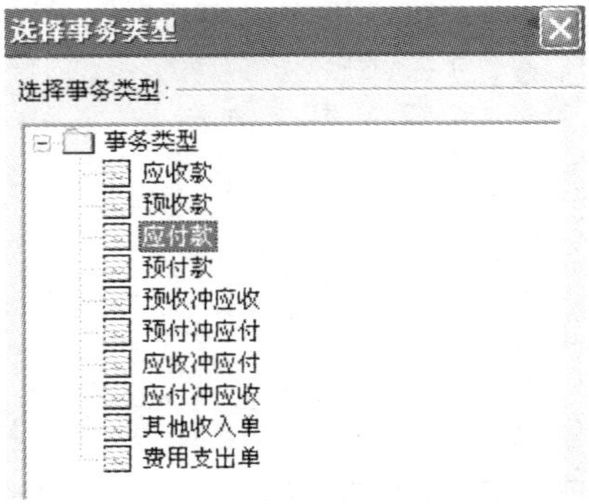

图 10－15

⑤如果要查找该凭证进行修改，由于它是通过“应收应付”模块下产生的凭证，所以需要选择“应收应付”→“账簿报表”→“凭证管理”的过滤界面，单击“确定”进入“会计分录序时簿”，查找记字 9 号凭证，单击“修改”。修改完成后，单击“保存”，生成凭证，如图 10－16 所示。

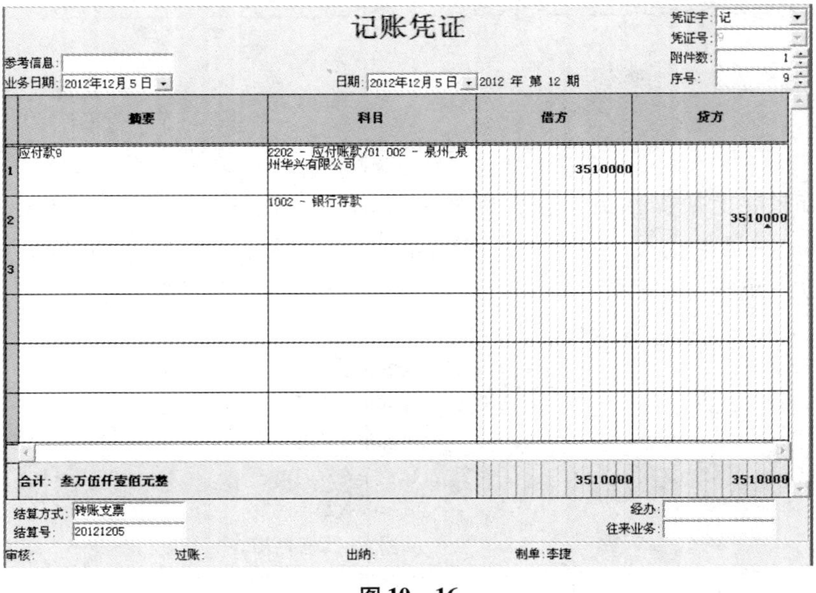

图 10－16

业务 4：

①在“基础设置”→“系统参数”→“财务参数”下设置“启用往来业务核销”，则也可以在“账务处理”→“往来核销”下进行往来业务的核销。在“应收应付”→“往来核销”下进行往来业务的核销时，不需要进行参数设置。如图 10－17 所示。

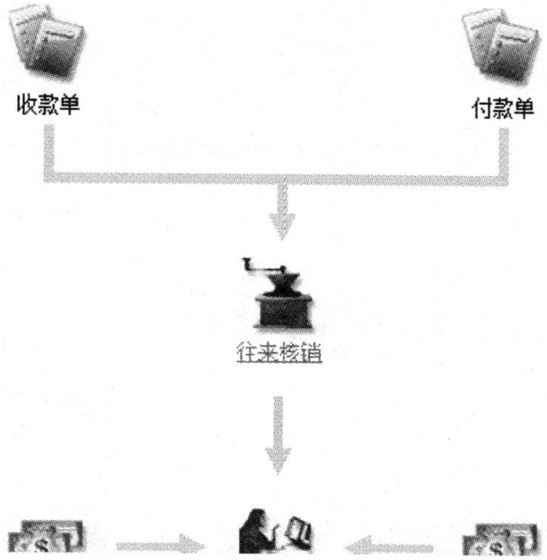

图 10－17

②用应收力佳公司的款项冲销应付给漳州供电局的 5 000 元。将表头带“＊”标记的内容逐一进行填列，然后将光标移动到应收单据下的源单编号的单元格，单击工具栏上的“选源单”按钮，打开“应收源单”对话框，选中力佳公司。如图 10－18 所示。

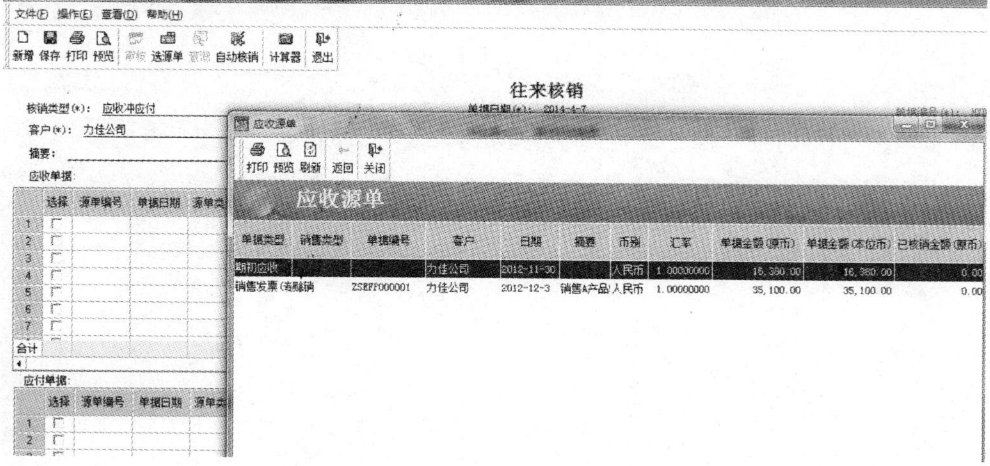

图 10－18

③将光标移动到应付单据下的源单编号的单元格，单击工具栏上的“选源单”按钮，打开“应付源单”对话框，选中漳州市供电局。

④核销金额可以手工填列，也可以单击工具栏上的“自动核销”。如图 10－19 所示。

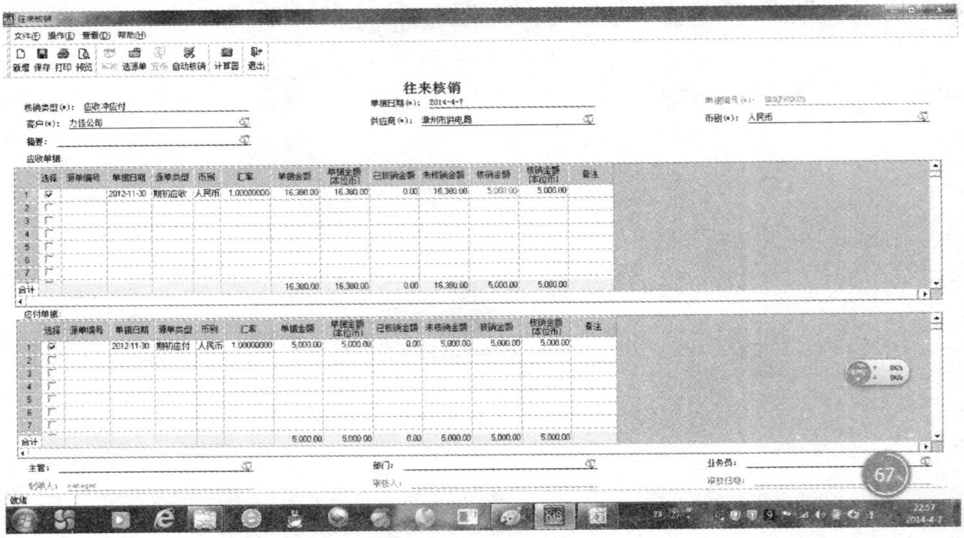

图 10－19

⑤将应收冲应付的往来核销单保存后，单击“审核”，可将此单据用于生成凭证。

⑥进入“应收应付”→“账簿报表”→“凭证模板”，选择应收冲应付的事务类型，如图 10－20 所示，打开此事务类型的凭证模板，修改凭证上的凭证字

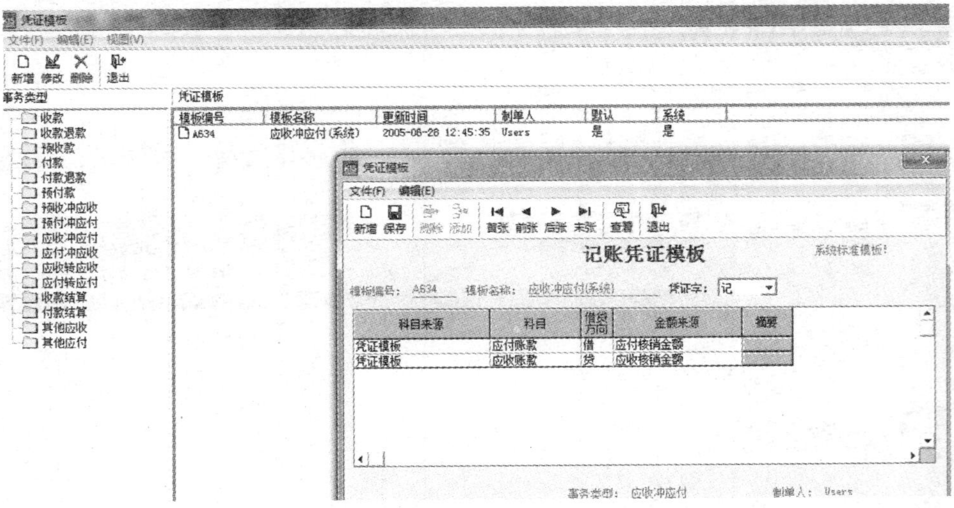

图 10－20

为“记”字，将借方科目修改成应付账款，将贷方科目改为应收账款。单击“保存”退出。

⑦进入“应收应付”→“生成凭证”，选择应收冲应付的事务类型，单击“确定”打开此事务类型。选择要核销单据的核销会计期间，如图 10－21 所示，单击“确定”。

图 10－21

⑧打开事务类型是应收冲应付的单据序时簿，选择单据后，单击“按单”，提示生成凭证成功。进入“应收应付”→“账簿报表”→“凭证管理”，选中已生成的凭证，单击工具栏上的“修改”按钮，可对此凭证进行修改。修改后的凭证如图10－22 所示。

图 10－22

模块十一

出纳管理系统

目的与要求

了解金蝶 KIS 专业版日记账、日报表的查询方法，了解银行存款对账及支票管理的方法。

资料

2012 年 12 月银行对账单（表 11－1）

表 11－1　银行对账单

业务日期	摘　要	结算方式	结算号	借方金额	贷方金额	余　额
	上期对账单余额			0.00	0.00	86 865.00
2012－12－1	收回应收款	信汇		111 520.00	0.00	198 385.00
2012－12－2	付材料运费	转账支票	20121202	0.00	3 000.00	195 385.00
2012－12－3	支付销售部门费用	转账支票	20121203	0.00	1 800.00	193 585.00
2012－12－4	代付报刊费	转账支票	20121204	0.00	1 200.00	192 385.00
2012－12－5	应付款	转账支票	20121205	0.00	35 100.00	157 285.00
2012－12－7	购买办公用品	转账支票	20121207	0.00	100.00	157 185.00
2012－12－8	现销 B 产品	现金支票	201212	58 500.00	0.00	215 685.00
2012－12－9	借入短期借款	转账	20121209	60 000.00	0.00	275 685.00
2012－12－14	购入	转账支票	20121209	0.00	58 500.00	217 185.00
2012－12－18	接受投资	转账	201213	100 000.00	0.00	317 185.00
2012－12－31	现销甲材料	转账	201215	5 850.00	0.00	323 035.00

实验一 出纳初始化设置

11.1 出纳初始化

步骤：

①和出纳初始化相关的基础设置有会计科目、币别、结算方式的设置，另外，在“基础设置”→“系统参数”→“出纳参数”下设置出纳的初始参数：启用的会计年度为2012年，启用的会计期间为12。同时，通过对复选项“允许从总账引入日记账”的选择，可以将总账中的科目余额及发生额引入日记账。单击“初始化”→“出纳初始数据”→“引入”，在“科目类别:”对应的选项卡中选择“现金”，在库存现金科目对应的期初余额中填列“1 500”元，本位币期初余额显示1 500元。如图11－1所示。

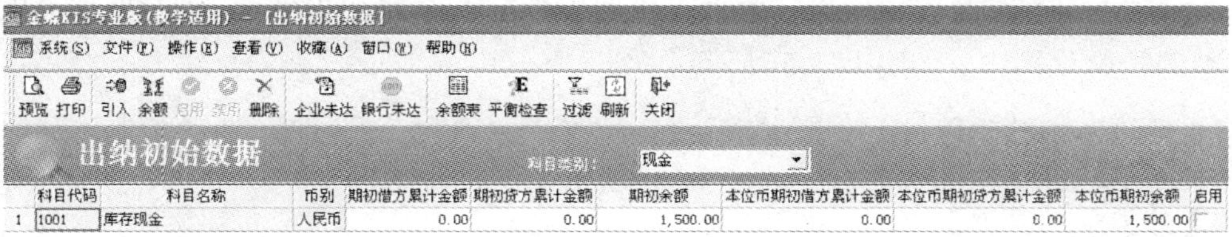

图11－1

②单击“初始化”→“出纳初始数据”，在“科目类别:”对应的选项卡中选择“银行存款”，在“科目名称”对应的选项卡中选择“银行存款”，在银行名称对应的单元格填列：中国工商银行宅吉支行，银行账号：350602156503915，对账单期初余额和日记账期初余额填列“86 865”元。如图11－2所示。

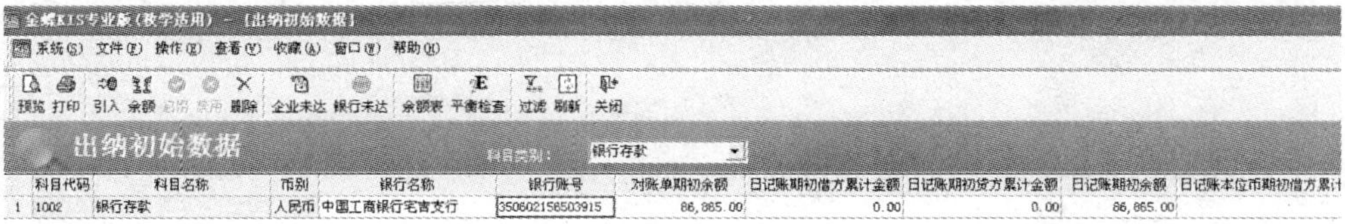

图11－2

③先进入主界面“初始化”→“启用出纳系统”，再进入“出纳管理”→“现金日记账”，如图11－3所示，单击“文件”→“从总账引入现金日记账”或单击“引入”。

④先进入主界面“初始化”→“启用出纳系统”，再进入“出纳管理”→

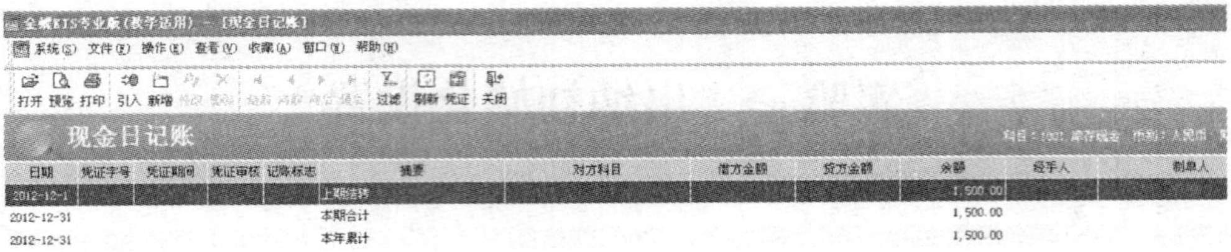

图 11－3

“银行存款日记账”，如图 11－4 所示，单击“文件”→“从总账引入银行存款日记账”或单击“引入”。

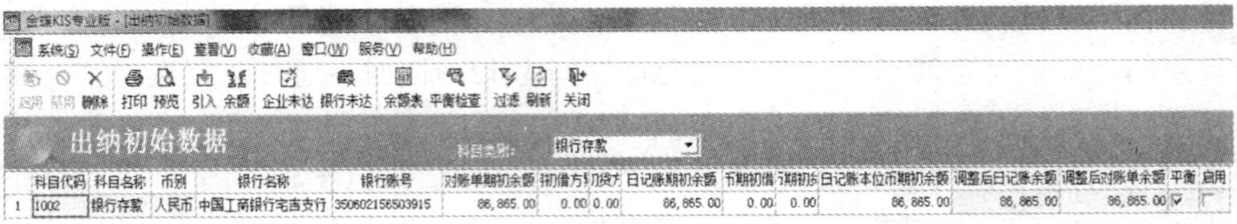

图 11－4

⑤初始数据录入完毕后，单击“出纳管理”→“启用出纳系统”，将结束出纳的初始化操作。如图 11－5 所示。

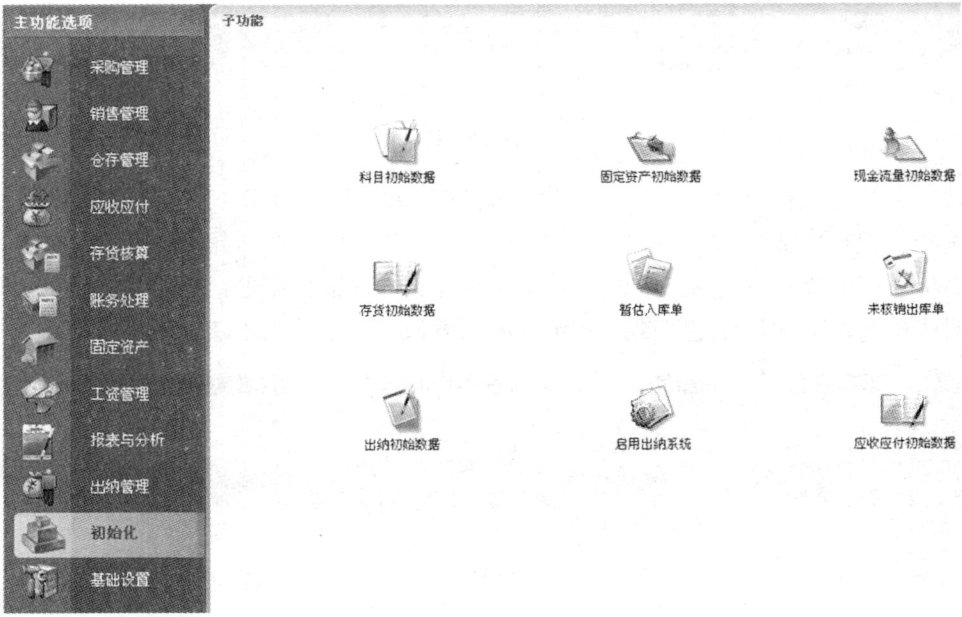

图 11－5

实验二　出纳日常业务处理

11.2　出纳管理的日常业务处理

（一）查询日记账

（1）重新注册，更换操作员为出纳。

（2）单击“出纳管理”→“现金日记账”，打开“现金日记账查询条件”对话框，单击“确定”。

（3）单击“出纳管理”→“银行存款日记账”，打开“银行存款日记账查询条件”对话框，单击“确定”，如图 11－6 所示。

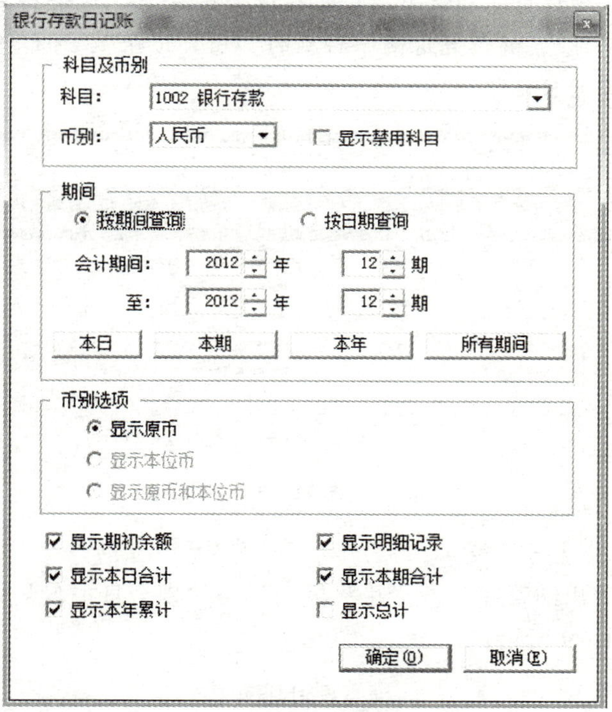

图 11－6

（4）单击“文件”→“从总账引入银行存款日记账”，如图 11－7 所示，打开“银行存款日记账引入条件”对话框，选择引入方式：按银行科目，日期：使用凭证日期，期间模式：引入本期所有凭证。单击“引入”命令按钮确认，将引入图 10－8 所示的“银行存款日记账”。

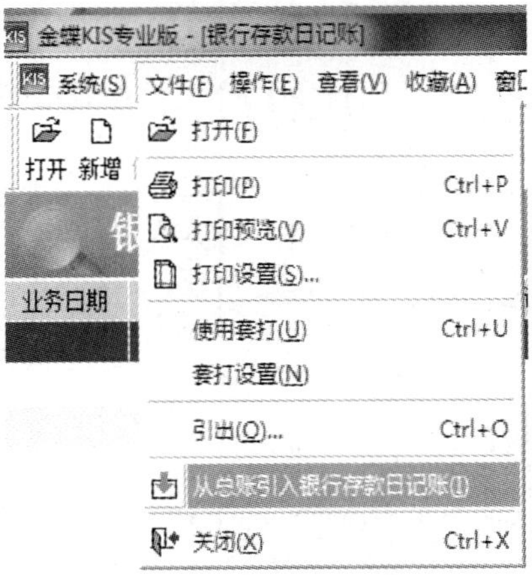

图 11－7

提示：

只有在“会计科目”功能中指定库存现金科目为“现金科目”和银行存款科目为“银行科目”，并设置这两个科目的“出日记账”，才能查询“现金日记账”及“银行存款日记”。

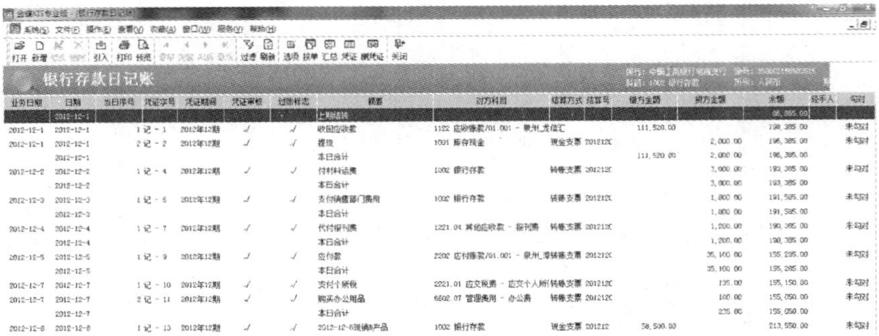

图 11－8

（二）查询资金日报表

（1）单击“出纳管理”→“账簿报表”→“现金日报表”或“银行存款日报表”，如图 11－9 所示。

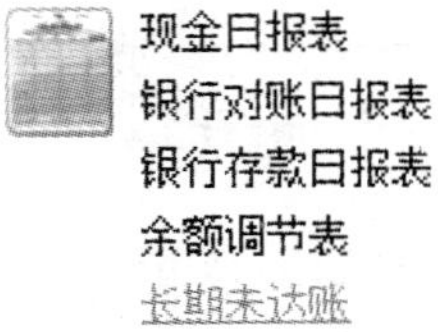

图 11－9

（2）打开“资金日报表查询条件”对话框，输入日期，单击“确定”。如图

11－10 所示。

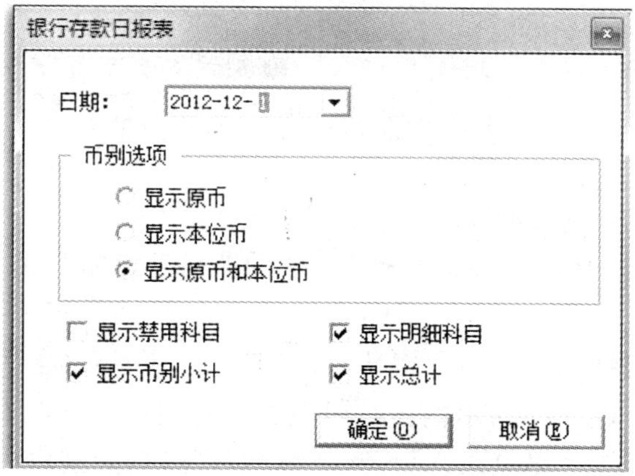

图 11－10

（3）得到需查询的结果，如图 11－11 所示。

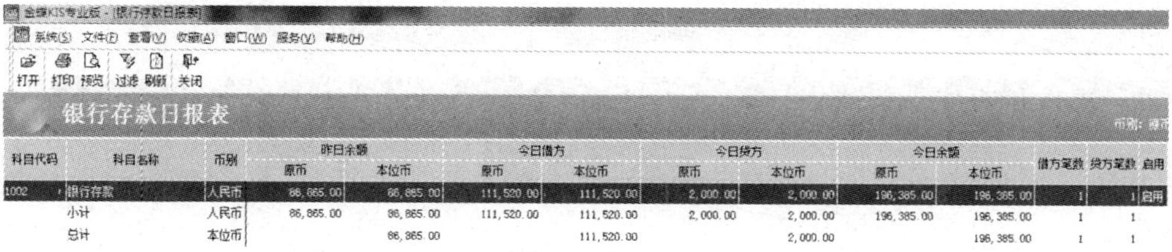

图 11－11

提示：

资金日报功能可以查询“现金”和“银行”科目某日的发生额及余额情况。无发生额也可显示。

（三）支票管理

（1）单击“出纳管理”→“支票管理”，将实际购置的支票等票据按票号进行登记，单击“购置”进行填列。填列的信息见表 11－2。针对不同的银行账户，分别登记支票登记簿。登记支票登记簿的前提是设置了银行科目。

表 11－2

银行名称	账　　号	支票类型	购置日期	起始号码	结束号码	总张数
中国工商银行宅吉支行	350602156503915	现金支票	2012－11－30	20121201	20121231	31
中国工商银行宅吉支行	350602156503915	转账支票	2012－11－30	20121201	20121231	31

（2）单击“出纳管理”→“支票管理”，单击工具栏上的“领用”按钮，登记支票领用情况。根据模块五的经济业务补充进行登记。

提示：

（1）“支票登记簿”报销日期为空时，表示该支票未报销。

（2）当支票支出后，在填制凭证时，输入该支票的结算方式和结算号，系统则会自动在支票登记簿中将支票号写上报销日期。

（四）银行对账

1. 录入银行对账期初数据

在初始化时，已设置了对账单和日记账的期初余额都是 86 865 元。

2. 录入银行对账单

（1）单击“出纳管理”→“银行对账单”，打开查询对话框，选择按期间进行查询。打开如图 11－12 所示的银行对账单的对话框，在此对话框中可将资料的对账单通过“新增”逐笔录入。录入时注意，银行的借贷方向和资料的借贷方向的信息要进行相反录入。资料的对账单也可以以电子表格的形式引入。

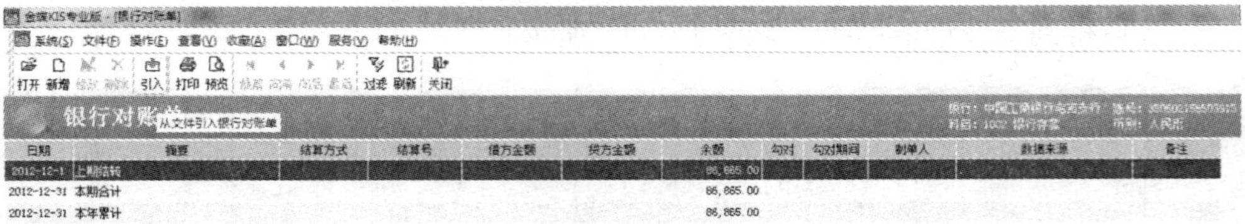

图 11－12

（2）将资料的对账单以电子表格的形式引入。具体操作如下：

①将对账单资料调整成图 11－13 所示的 XLS 的文件。注：借贷方的金额已和资料做相反设置。

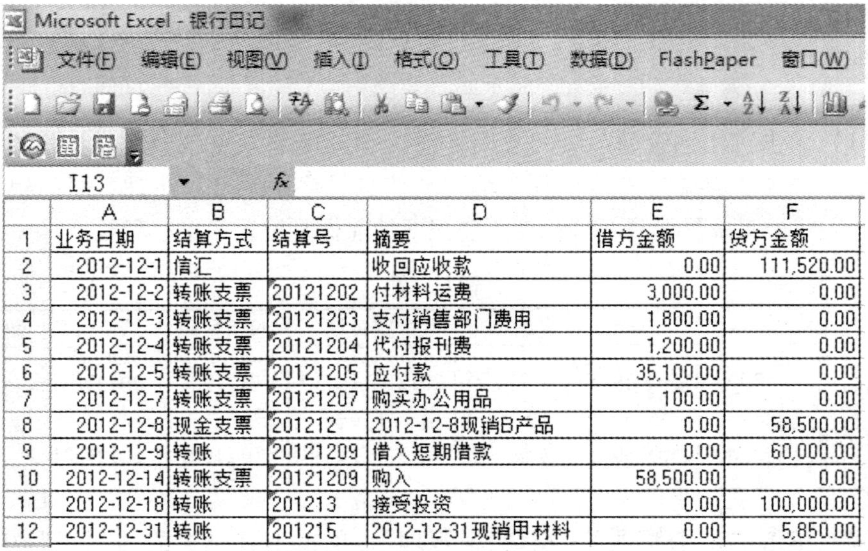

	A	B	C	D	E	F
1	业务日期	结算方式	结算号	摘要	借方金额	贷方金额
2	2012-12-1	信汇		收回应收款	0.00	111,520.00
3	2012-12-2	转账支票	20121202	付材料运费	3,000.00	0.00
4	2012-12-3	转账支票	20121203	支付销售部门费用	1,800.00	0.00
5	2012-12-4	转账支票	20121204	代付报刊费	1,200.00	0.00
6	2012-12-5	转账支票	20121205	应付款	35,100.00	0.00
7	2012-12-7	转账支票	20121207	购买办公用品	100.00	0.00
8	2012-12-8	现金支票	201212	2012-12-8现销B产品	0.00	58,500.00
9	2012-12-9	转账	20121209	借入短期借款	0.00	60,000.00
10	2012-12-14	转账支票	20121209	购入	58,500.00	0.00
11	2012-12-18	转账	201213	接受投资	0.00	100,000.00
12	2012-12-31	转账	201215	2012-12-31现销甲材料	0.00	5,850.00

图 11－13

②单击“文件”→“另存为”，保存类型：文本文件（制表符分隔），如图11－14所示。保存时，提示“对账单.txt可能含有与文本文件（制表符分隔）不兼容的功能，是否保持工作簿的这种格式?”，单击“是”确认。

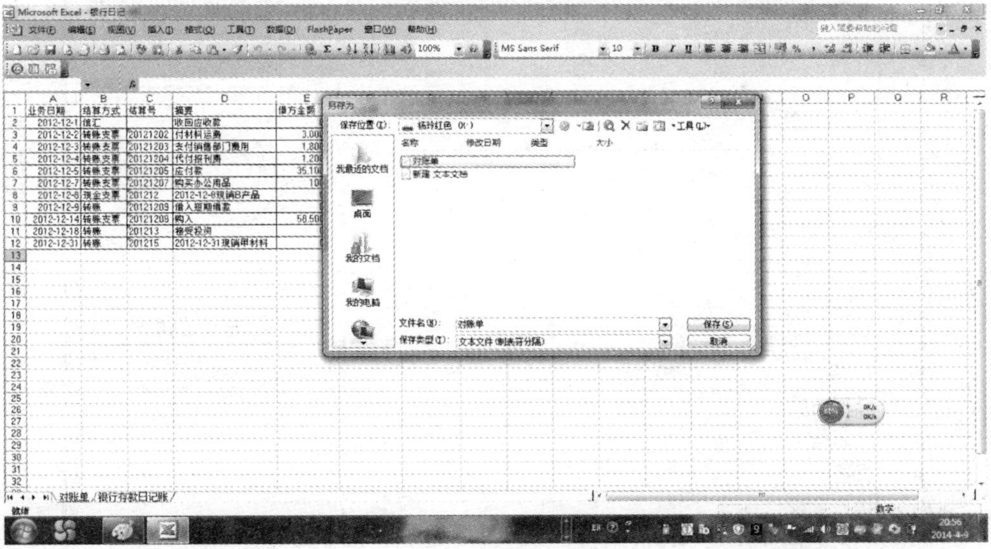

图11－14

将生成的对账单.txt文件打开进行调整，调整完毕后，一定要关闭，否则，在“出纳管理”→“银行对账单”中不能进行引入操作。对账单.txt如图11－15所示。

对账单 - 记事本

文件(F) 编辑(E) 格式(O) 查看(V) 帮助(H)

业务日期	结算方式	结算号	摘要	借方金额	贷方金额
2012-12-1	信汇		收回应收款	0.00	"111,520.00"
2012-12-2	转账支票	20121202	付材料运费	"3,000.00"	0.00
2012-12-3	转账支票	20121203	支付销售部门费用	"1,800.00"	0.00
2012-12-4	转账支票	20121204	代付报刊费	"1,200.00"	0.00
2012-12-5	转账支票	20121205	应付款	"35,100.00"	0.00
2012-12-7	转账支票	20121207	购买办公用品	100.00	0.00
2012-12-8	现金支票	201212	2012-12-8现销B产品	0.00	"58,500.00"
2012-12-9	转账	20121209	借入短期借款	0.00	"60,000.00"
2012-12-14	转账支票	20121209	购入	"58,500.00"	0.00
2012-12-18	转账	201213	接受投资	0.00	"100,000.00"
2012-12-31	转账	201215	2012-12-31现销甲材料	0.00	"5,850.00"

图11－15　对账单.txt

③在“出纳管理”→“银行对账单”中单击“文件”→“定义引入方案”，如图11－16所示，单击“新增方案”，输入方案名称：工行。单击“确定”。选择方案工行后，单击“定义公式”，打开“定义引入公式”对话框。

④在图11－17所示的“定义引入公式”对话框中，单击“打开文件”命令按钮，打开对账单.txt文件，并选择前面已保存的对账单，其文件格式为“制表符分隔”。单击“确定”后，在定义引入公式的对话框中，“银行的银行对账单

定义引入方案
方案
工行
新增方案(N)
删除方案(D)
方案另存为...
公式
列名
公式
日期
F0
结算方式
F1
结算号
F2
摘要
F3
借方金额
F4
贷方金额
F5
定义公式
关闭(C)

图 11 – 16

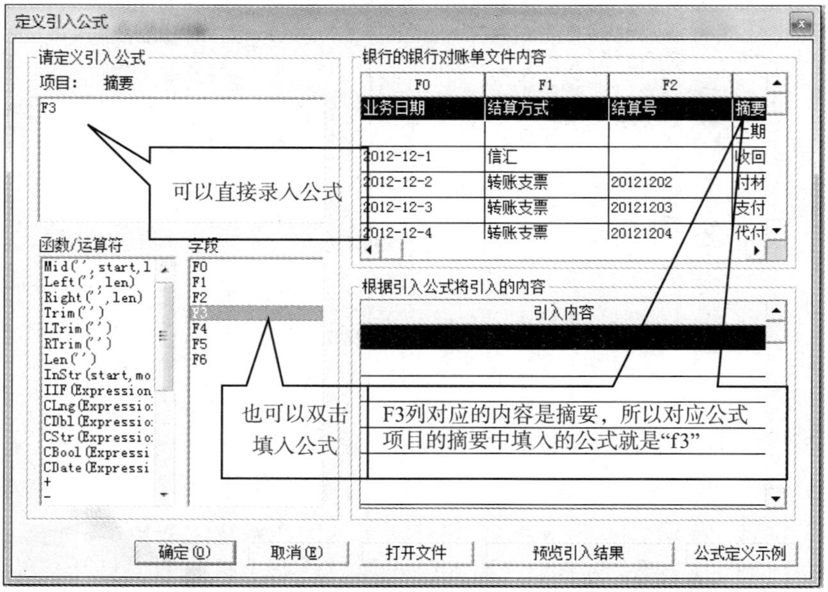
定义引入公式
请定义引入公式
项目: 摘要
F3
可以直接录入公式
函数/运算符
Mid('',start,l
Left('',len)
Right('',len)
Trim('')
LTrim('')
RTrim('')
Len('')
InStr(start,mo
IIF(Expression
CLng(Expressio
CDbl(Expressio
CStr(Expressio
CBool(Expressi
CDate(Expressi
+
-
字段
F0
F1
F2
F3
F4
F5
F6
也可以双击填入公式
银行的银行对账单文件内容
F0
F1
F2
业务日期
结算方式
结算号
摘要
2012-12-1
信汇
2012-12-2
转账支票
20121202
2012-12-3
转账支票
20121203
2012-12-4
转账支票
20121204
根据引入公式将引入的内容
引入内容
F3列对应的内容是摘要，所以对应公式项目的摘要中填入的公式就是"f3"
确定(O)
取消(E)
打开文件
预览引入结果
公式定义示例

图 11 – 17

文件内容”将会显示出来。当 F0 列对应的内容是日期时，所对应公式项目的日期中填入的公式就是“f0”，“f0”可以直接填列，也可以双击填入公式。单击“确定”，返回“定义引入方案”窗口，选择列名是结算方式、公式为“f1”，单击“定义公式”进入“定义引入公式”对话框。当“F1”列对应的内容是结算方式时，所对应公式项目的结算方式中填入的公式就是“f1”，“f1”可以直接填列，也可以双击填入公式。如此反复，完成“f2”、“f3”、“f4”、“f5”公式的定义，单击“关闭”。

⑤在“出纳管理”→“银行对账单”中单击“文件”→“引入银行对账单”，打开“从文件引入银行对账单”窗口，单击“打开文件”命令按钮，选择之前保存的对账单 . txt 文件，选择打开方式的文件格式仍然是“制表符分隔”，选择方案名：工行，单击“刷新计算结果”命令按钮，如图 11－18 所示。在计算结果中，第一行的日期不是 2012 年 12 月，所以可以选择第一行的计算结果，单击“删除行”将其删除。

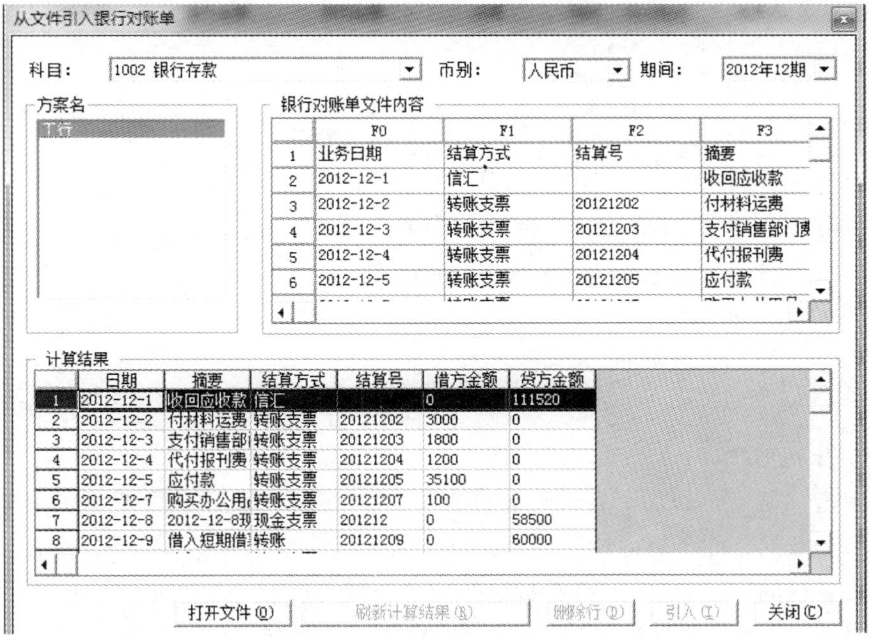

图 11－18

⑥单击“引入”，则可完成对银行对账单的引入。如图11－19 所示。

3. 银行对账

单击“出纳管理”→“银行存款对账”，在打开的对话框下选择按期间查询，单击“确定”，进入对账窗口，单击“设置”可以进行自动对账设置、手动对账设置。自动对账条件可以设置日期相同、摘要相同、结算方式相同、结算号相同。如图 11－20 所示。

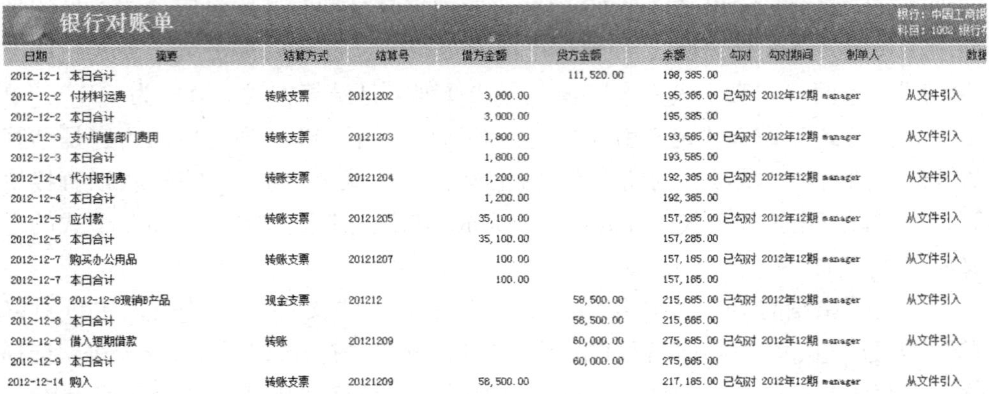

银行对账单

银行：中国工商银

科目：1002 银行存

日期	摘要	结算方式	结算号	借方金额	贷方金额	余额	勾对	勾对期间	制单人	数据
2012-12-1	本日合计				111,520.00	198,385.00				
2012-12-2	付材料运费	转账支票	20121202	3,000.00		195,385.00	已勾对	2012年12期	manager	从文件引入
2012-12-2	本日合计			3,000.00		195,385.00				
2012-12-3	支付销售部门费用	转账支票	20121203	1,800.00		193,585.00	已勾对	2012年12期	manager	从文件引入
2012-12-3	本日合计			1,800.00		193,585.00				
2012-12-4	代付报刊费	转账支票	20121204	1,200.00		192,385.00	已勾对	2012年12期	manager	从文件引入
2012-12-4	本日合计			1,200.00		192,385.00				
2012-12-5	应付款	转账支票	20121205	35,100.00		157,285.00	已勾对	2012年12期	manager	从文件引入
2012-12-5	本日合计			35,100.00		157,285.00				
2012-12-7	购买办公用品	转账支票	20121207	100.00		157,185.00	已勾对	2012年12期	manager	从文件引入
2012-12-7	本日合计			100.00		157,185.00				
2012-12-8	2012-12-8现销B产品	现金支票	201212		58,500.00	215,685.00	已勾对	2012年12期	manager	从文件引入
2012-12-8	本日合计				58,500.00	215,685.00				
2012-12-9	借入短期借款	转账	20121209		60,000.00	275,685.00	已勾对	2012年12期	manager	从文件引入
2012-12-9	本日合计				60,000.00	275,685.00				
2012-12-14	购入	转账支票	20121209	58,500.00		217,185.00	已勾对	2012年12期	manager	从文件引入

图 11－19

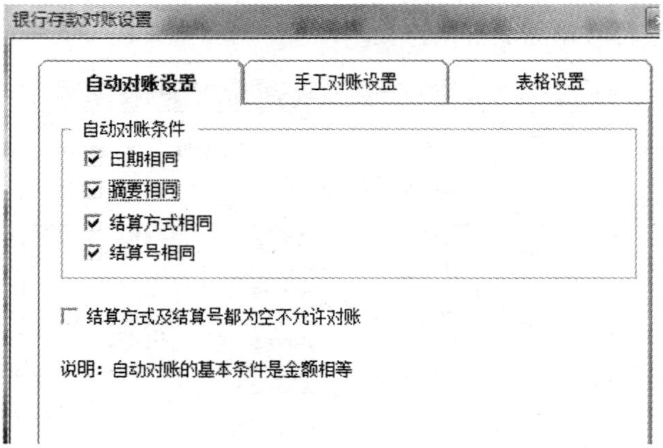

图 11－20

4. 未达账项

单击“确定”以后，自动筛选的结果是银行存款日记账有 3 笔记录是对账单上没有记载的，此 3 笔记录被称为银行方的未达账项。如图 11－21 所示，可以单击工具栏的“已勾对”，查看日记账和对账单都已登记的结果。注：银行对账包括自动对账和手动对账两种形式。自动对账两清的标志是“○”，手工对账两清的标志是“Y”。

5. 输出余额调节表

可直接在“出纳管理”→“账簿报表”→“余额调节表”下查询系统自动形成的余额调节表。如图 11－22 所示。

（五）出纳结账

（1）单击“出纳管理”→“出纳结账”，选择“结账”，单击“开始”按钮，单击“完成”结束结账。结账后，以前的日记账将不允许修改，如需修改，

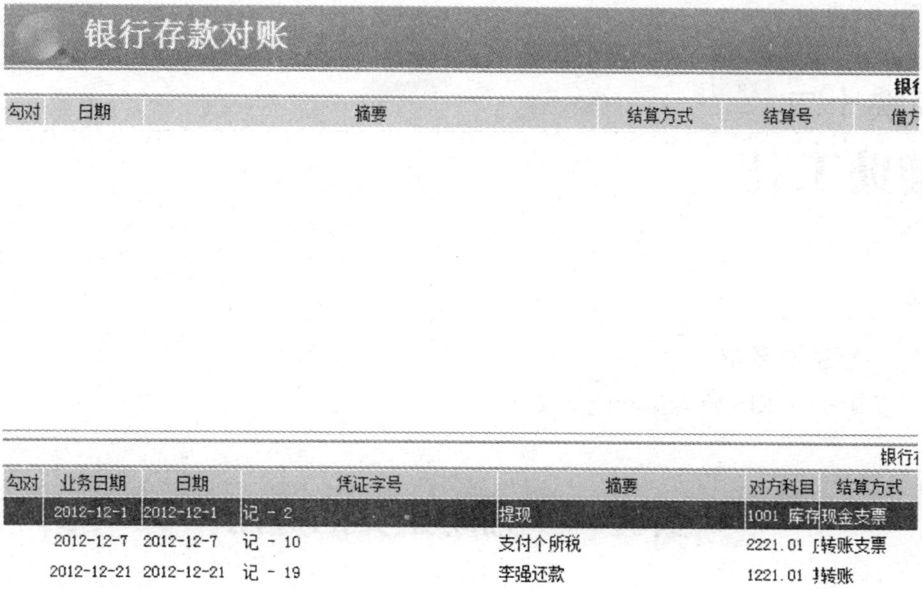

图 11－21

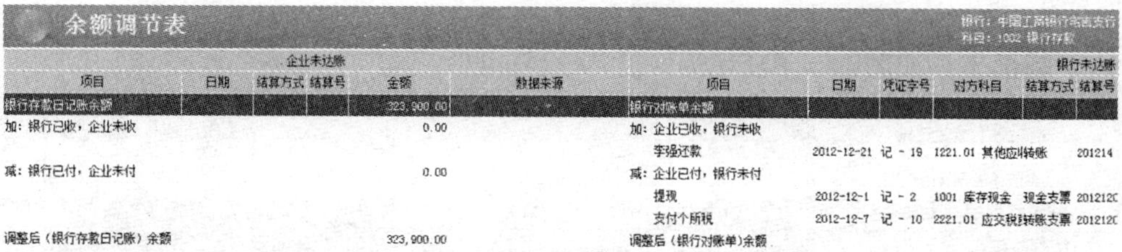

图 11－22

可执行反结账操作。即以管理者身份进入出纳系统，单击“出纳管理”→“出纳结账”，选择“反结账”，单击“开始”，单击“确定”完成。

（2）当月末对账时，可进行如下操作：单击“系统参数”→“出纳参数”，“与总账对账期末余额不等时不允许结账”的复选项可不打钩。这样即使与总账对账不符，也可以进行出纳结账的操作。

模块十二
辅助工具

目的与要求

了解金蝶 KIS 的其他功能的使用。

实验一 辅助工具的应用

12.1 辅助工具

辅助工具如图 12 – 1 所示。

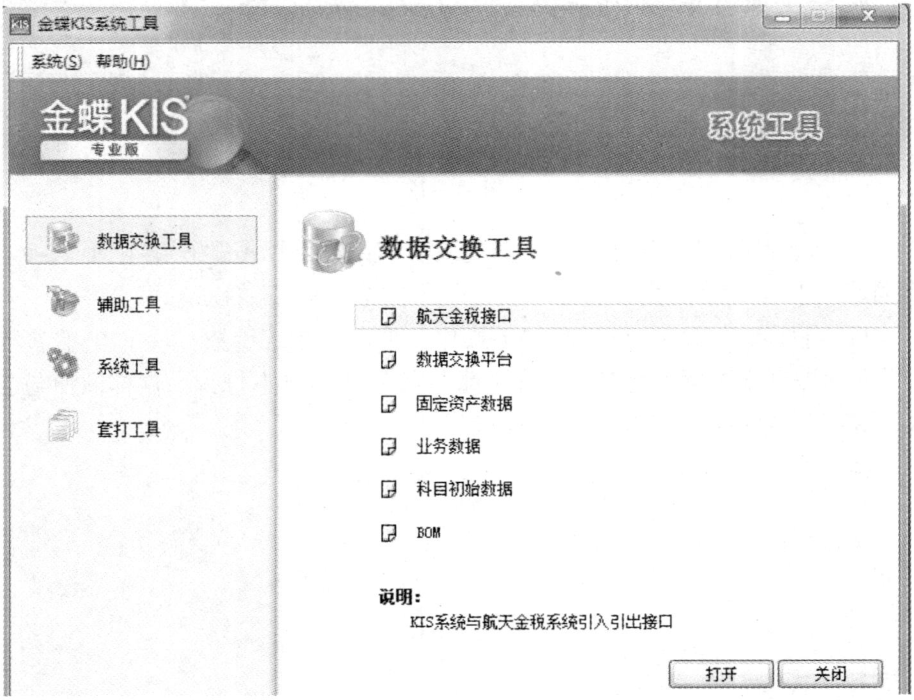

图 12 – 1

12.1.1　数据交换平台

（1）单击“开始”→“金蝶KIS专业版”→“工具”→“系统工具”，如图12－1所示，选择“数据交换工具”→“数据交换平台”，单击“打开”命令按钮。选择交换对象：基础资料，执行方式：任务方案。如图12－2所示。选择“基础资料”，单击工具栏“新建任务”，打开“基础数据资料导入导出向导”。

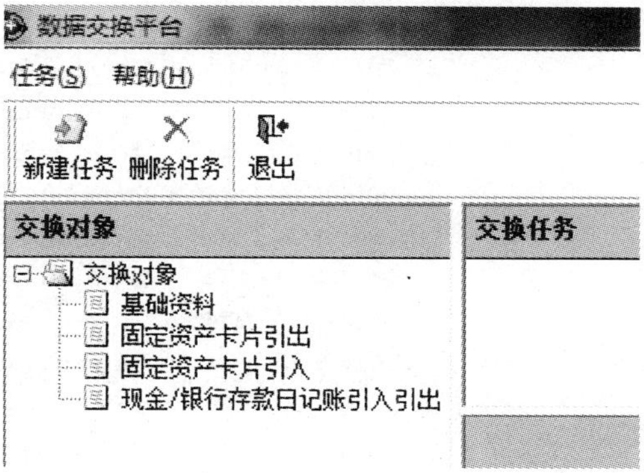

图12－2

（2）“基础资料数据导入导出向导”窗口如图12－3所示，按照“下一步”的操作提示，可选择三种任务类型：

①导出：引出时选择登录账套引出.xls文件；导出资料类别可选；可增量导出。可导出的资料有导出账套中的科目、币别、计量单位、客户、部门、职员、

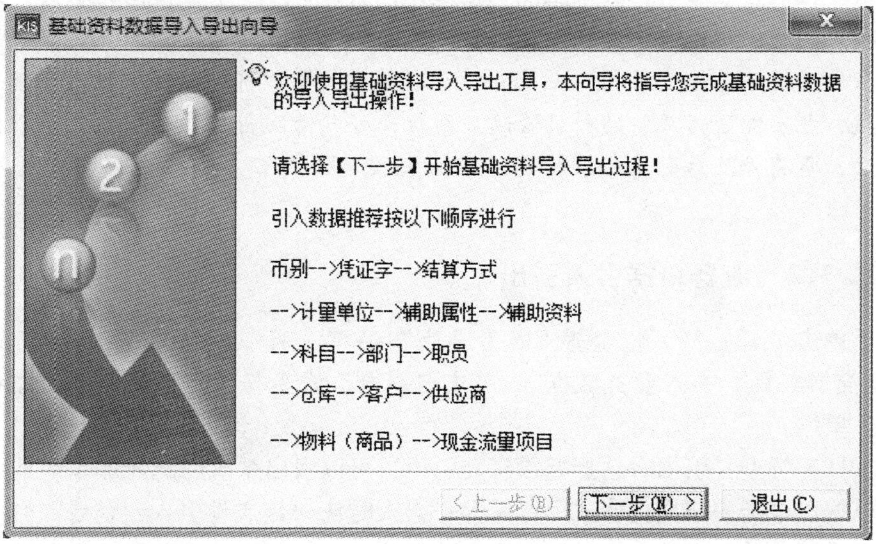

图12－3

供应商、物料等基础设置的档案。这些档案均是以.xls 的格式保存的。

②导入：将.xls 文件引入到登录账套；覆盖模式、追加模式。

③导入类别也可选择导出并导入：直接从一个账套导入到另外的账套。

注意：

①基础资料名称尽量和新建模板一致，如果有不一致，要保证互相交换数据的两个账套的同类信息名称一致。导入导出的电子表格文件如图 12－4 所示。

结算方式	2014-4-10 20:44	Microsoft Excel ...	15 KB
凭证字	2014-4-10 20:44	Microsoft Excel ...	16 KB
物料	2014-4-10 20:44	Microsoft Excel ...	59 KB
现金流量项目	2014-4-10 20:44	Microsoft Excel ...	30 KB
项目核算	2014-4-10 20:44	Microsoft Excel ...	18 KB
仓库	2014-4-10 20:44	Microsoft Excel ...	21 KB
供应商	2014-4-10 20:44	Microsoft Excel ...	30 KB
客户	2014-4-10 20:44	Microsoft Excel ...	32 KB
部门	2014-4-10 20:44	Microsoft Excel ...	23 KB
职员	2014-4-10 20:44	Microsoft Excel ...	29 KB
辅助属性	2014-4-10 20:44	Microsoft Excel ...	16 KB
科目	2014-4-10 20:44	Microsoft Excel ...	112 KB
辅助资料	2014-4-10 20:44	Microsoft Excel ...	20 KB
计量单位	2014-4-10 20:44	Microsoft Excel ...	17 KB
币别	2014-4-10 20:44	Microsoft Excel ...	15 KB

图 12－4

②正常情况是当科目的发生额及余额全部清除掉以后，并且需要修改的科目没有被其他表单或在其他档案里没有被选择，则科目处于未被使用的状态，是可以直接修改的。但是，由于金蝶软件的安装是自行进行环境检测，并且安装的数据库在使用时不能像安装 SQL 后那样能进行修改，所以即使将发生额及余额全部清除掉，也不能进行正常的科目修改。因此，可以借助图 12－4 中的电子表格进行修改，再将修改后的电子表格通过“数据交换工具”→“数据交换平台”重新引入账套。

12.1.2 业务单据引入引出

①单击“开始”→“金蝶 KIS 专业版”→“工具”→“系统工具”，选择“数据交换工具”→“业务数据”，单击“打开”命令按钮。选择交换对象：仓库业务单据。

②任务类型：引出时选择登录账套引出，可以引出系统内的入库单等业务单据，单据以电子表格文件格式进行保存；引入时从.xls 文件引入到登录账套。引入时，需明确被导入的数据是否需要有关联性，比如入库单是否需要有源单、采购发票是否需要关联入库单等。

注意：相互引出、引入的账套的基础资料要一致，过滤完单据后，一定要单击“返回”锁定过滤集，单据必须是审核过的，引入的单据日期必须是有效的。

12.1.3　业务单据自定义

①单击“开始”→“金蝶 KIS 专业版”→“工具”→“系统工具”，选择“辅助工具”→“单据自定义”，单击“打开”命令按钮。打开需定义的账套，单击“打开”，打开需要修改的单据种类。单据自定义的作用是定义单据的格式和字段。

②可定义的类型有单据头、单据体，序时簿可设置字段，单据可设置格式。

12.1.4　套打工具

①单击“开始”→“金蝶 KIS 专业版”→“工具”→“系统工具”，选择“套打工具”→“财务套打”或“业务套打”，单击“打开”命令按钮。打开需套打的账套，选择需要套打的单据种类。套打的作用是设置各种单据、账表的打印格式。

②工具类别下的财务套打只涉及账务，业务套打涉及仓存、核算相关部分。套打的对象元素有直线、矩形、固定文本、活动文本、图片。

③套打的功能：显示及选择模式有直角、文本虚框、边框选择、坐标显示；对象格式编辑针对对齐、大小、间距；可进行套打设置。

12.1.5　套打工具

①单击“开始”→“金蝶 KIS 专业版”→“工具”→“系统工具”，选择“系统工具”→“网络控制工具”或“业务套打”，单击“打开”命令按钮。打开需套打的账套，选择需要清除的任务，单击菜单“控制”→“清除当前任务”。如图 12－5 所示

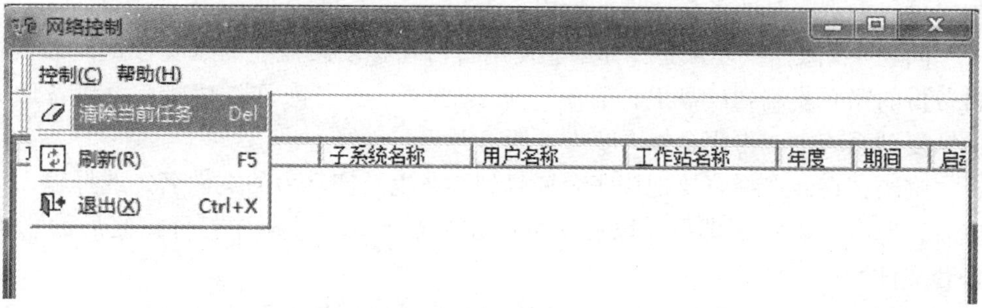

图 12－5

②以上操作可以在删除或审核时，提示用户冲突时，用来解决冲突。

实验二　数据维护

12.2　数据维护

12.2.1　系统环境部分

问题1：客户端打开账套提示：“可能不是一个账套文件或账套文件被损坏”，服务器打开正常。

分析：账套文件共享权限不完整，XP操作系统除简单共享外，一般还需要设置安全共享权限。已被损坏的账套建议重做。

问题2：客户端登录提示：“加密服务器不是有效的”。

分析：检查加密服务器是否启动，检查客户端录入的服务器名称是否正确，建议服务器电脑使用固定的IP地址，名称建议使用英文，且不超过8个字符。建议单击“开始”→“金蝶KIS专业版”→“工具”→“加密服务器”，将打开的KIS加密服务器窗口关闭后，重新进行账套的登录。

问题3：如何备份账套？为防止系统出现故障、感染病毒等不可预料的情况，造成数据丢失，影响财务工作的正常进行，应该定期对账套进行备份，并妥善保存。利用此功能，可以将账套数据资料压缩备份到硬盘上以备后用。

解决：单击“开始”→“金蝶KIS专业版”→“工具”→“账套管理”，在“操作”菜单下或工具栏上单击“备份”，可以选择手工备份或自动备份。系统即弹出备份账套的窗口，选择相应的备份路径（即想把备份的账套放在什么地方，如C盘或D盘等），同时将它们复制到移动硬盘带走。（在相应的备份路径中，可以看到账套的备份文件的后缀名为.bak和.dbb。）

问题4：怎样恢复账套？如果想使用备份在移动硬盘上的账套数据，必须先将备份的账套复制到硬盘里，通过“账套管理”→“恢复”功能，可将备份文件恢复到系统中，再用金蝶KIS专业版打开它。

解决：在此选择将要把该账套恢复到哪儿以及恢复后的文件名，选择输入完成后，单击“确定”即可。以后就可以在金蝶KIS专业版中打开恢复后的.AIS账套文件。

问题5：初始化数据录入时，界面中有些科目为什么不显示？

分析：科目下挂核算项目，但在核算项目中没有录入具体的档案，如客户档案、供应商档案等。或者操作员的科目权限没有予以设置。

12.2.2 日常业务部分

问题1：固定资产计提折旧提示“折旧费用科目设置错误”。

分析：新增固定资产卡片保存折旧费用科目时，科目未设置核算项目，之后修改折旧费用科目时要设置核算项目，或者保存的费用折旧科目本身就选错了科目。

解决：反结账到卡片新增期间，或反初始化到固定资产原始卡片并修改卡片信息。恢复初始化修改后，切记要重新启用账套。

问题2：以前期间已在使用的固定资产，本期补充录入到软件，本期是否计提折旧？

解决：录入卡片时勾选“入账前已开始使用”。

问题3：个人所得税计算公式设置，使用“如果……则……否则……如果完”设置公式，注意公式设置要完整，必须包括“如果不含税所得额 <=0 则所得税 =0”的相关设置，并且设置公式时，必须使用系统提供的运算符、条件和项目，以避免语法错误，注意公式之间的空格。

问题4：引入出纳日记账提示：“没有符合条件的记录（只引入轧账期数后的一期或二期记录）”。

解决：检查当前会计期间是否有相关凭证业务，出纳是否进行期末轧账，出纳必须逐期进行期末轧账，且建议先进行出纳轧账，再进行财务结账。

问题5：出纳初始余额录入错误如何处理？

解决：在进行余额录入前，先进行账套的备份。或反启用出纳系统，录入正确的出纳初始余额后，重新启用出纳系统。

问题6：银行存款余额调节表不平。

解决：检查过滤时截止日期的选择、银行存款对账的期间。

问题7：现金初始余额录入后不能保存。

解决：检查科目属性中的“现金类科目”是否勾选。

问题8：在应收应付或存货核算下生成凭证时，为什么提示生成凭证有误或无法生成？

解决：这两模块是通过源单收款单、付款单、采购发票、销售发票、入库单、出库单等单据事务类型来生成凭证的，首先，要确认这些源单的日期在填列时必须是经济业务发生的日期，且单据需审核；其次，确认根据事务类型做的模板设置的凭证字是否正确，模板上选择的科目，其对应的核算项目是否需要选择单据上的客商信息。

问题9：打开报表显示空白，没有任何项目。

分析：与系统环境或操作有关。

解决：恢复备份账套，从备份账套重新引入报表。

问题 10：报表表头表尾设置方法。

解决：打开“格式”→“表属性”→“页眉页脚设置”。取报表当前期间的设置公式为：&［会计年度］年 &［报表期间］月 &［报表日期］日。调整项目间的位置可使用“分段符”。

问题 11：标准系列快捷键

Ctrl + F12　　财务反结账

Ctrl + F11　　凭证反过账

参 考 文 献

［1］武迎春．新编会计电算化与实训［M］．北京：邮电大学出版社，2012.

［2］王新玲，房琳琳．用友 ERP 财务管理系统实验教程［M］．北京：清华大学出版社，2006.

［3］贵州省会计从业资格考试辅导教材编写组．初级会计电算化［M］．北京：人民出版社，2014.

［4］黄向东．企业会计实务训练教程［M］．北京：理工大学出版社，2009.